シリコンバレー式

THE PROCESS OF RADICAL INNOVATION

最高のイノベーション

MAKE ELEPHANTS FLY

スティーブン・S・ホフマン

関 美和一訳

ダイヤモンド社

マイクとシャーナ・ホフマン、
そしてナオミ・コクボへ

MAKE ELEPHANTS FLY: The Process of Radical Innovation
by Steven S. Hoffman

Japanese translation published by arrangement with
Steven S. Hoffman c/o Taryn Fagerness Agency
through The English Agency（Japan）Ltd.

はじめに

この本の目的は、スタートアップの推進力となるイノベーションが生み出される過程を逐一描き出し、僕たちの生活と経済を一変させるようなイノベーションの力を伝えることにある。

この10年間、僕はサンフランシスコで数百人もの起業家と共に働き、シリコンバレー流の手法とモデルと心構えを彼らに伝え、画期的なプロダクトやサービスを生み出す手助けをしてきた。その経験から、これだけは言える。

イノベーションは一筋縄では生まれない。

イノベーションは直線的ではない。イノベーションのプロセスは、思いがけず、お手軽でもなく、ありえないほど困難だ。だからこそ、イノベーションに失敗する人や企業がこれほど多いのだ。**イノベーションとは、象を空に飛ばすようなものだ。**

とはいえ、今の時代に生み出される価値のほとんどは、イノベーションによるものだ。そして、イノベーションを起こさなければ、競争から取り残されてしまう。

あなたが経営者であっても、誰かの下で働いているとしても、**イノベーションを起こさなければ、この世界で競争に勝ち続けることはかなわない**。起業家にとっても、大企業のエグゼクティブにとっても、中小企業経営者にとっても、フリーランスや専門職にとっても、あなたの業界を一変させるようなテクノロジーがどこかに存在する。それを利用してあなたが利益を得なければ、あなた以外の誰かがそうすることになる。イノベーションはもはや「もしあれば便利なもの」ではない。それは、ビジネスの世界への入場券なのだ。

今の時代は、ありとあらゆる大企業がイノベーションを最優先課題にしている。

それなのに、自社を優れたイノベーション企業だと考える経営者は4人に1人。イノベーションへの焦りは募り、失敗の代償が大きくなる中、ほとんどの企業は全く前進していない。大企業は数十年前の古臭い手法をいまだに使っている。世界最大級の企業が無名のスタートアップに市場をまるごと奪われてしまうのはそのせいだ。

僕は大手インキュベーター兼アクセラレーターのファウンダーズ・スペース社の船長として、イノベーションの前線に立ってきた。あだ名は「ホフ船長」だ。

シリコンバレーのスタートアップを自ら手取り足取り指導し、ビジネスモデルを作り、革新的なプロダクトを生み出し、資金を調達し、規模拡大を手伝っている。この過程で、起業家たちは絶えず実験し、失敗し、その失敗から学び続ける。僕は、そんな起業家たちの教師として、また指導者として、粗削りで中途半端なアイデアを大ヒットビジネスに変えてきた起業家たちの成功を間近で観察し、価値ある知見を学んできた。

この本では、そんな成功したスタートアップや大企業がどのように新しいプロダクトとサービスを発明するか、その過程をお見せしようと思う。同時に、すべてのイノベーターが必ず聞いておくべき、以下のような質問にお答えしたいと思っている。

- シリコンバレーの起業家はどのようにイノベーションを起こしているか？
- 最も優れた企業がイノベーションの過程で大失敗するのはなぜか？
- どうしたら、イノベーションを生み出すチームを構築できるか？
- 誰をチームに入れるべきか？　メンバーにはどのようなスキルが必要か？
- 大企業の中でイノベーションを実践するにはどうしたらいいか？
- どんな手法やプロセスを使えば、いい結果が出し続けられるか？
- どうしたら次の大きなビジネスチャンスを見つけられるか？

こうした質問への答えは簡単には見つからない。イノベーションのプロセスは複雑で、面倒で、わかりにくい。とはいえ、このプロセスを1つひとつ紐解いて説明し、皆さんの会社の中で同じことを起こすにはどうしたらいいのかを具体的にお見せしたい。スタートアップから、同族経営企業から、多国籍企業まで、どんな既存の組織でも、これからお見せするプロセスを学び、取り入れることができるはずだ。

僭越《せんえつ》ながら、僕が自分をいい教師だと思うのは、僕自身がこのプロセスを経験してきたからだ。これまでに3つのスタートアップを立ち上げた。いずれもベンチャーキャピタルの資金が入っている。自分の会社が取るべき道を、僕も苦しみながら探してきた。それがどれだけ大変かは、わかっている。ドットコムバブルの膨張と崩壊も間近で見た。２００８年の金融危機も生き延びた。大きなテクノロジーの波をいくつか乗り越え、そうしたすべての経験と成功と苦労を自分の中に取り込んで、指導の土台にしてきた。

僕はインフォスペースやセガなどの大手上場企業でも働いた経験がある。ＩＢＭ、富士通、ファーウェイといった多国籍企業の管理職のコーチングも行ってきた。アジアのさまざまな国で多くの同族経営企業を助けてきた。こうした多様な経験のおかげで、貧乏起業家の目線からも、大企業管理職の立場からも、イノベーションを見ることができる。

この本では、どちらの視点からもイノベーションを取り扱っている。スタートアップで、また世界最大級の多角的企業で、イノベーションがどのように生まれ育つかをお見せしたい。

ところで、僕たちのファウンダーズ・スペース社について説明しておこう。当社はスタートアップ企業のためのインキュベーター兼アクセラレーターだ。インキュベーターとアクセラレーターが実際に何をしているのか知らない人も多いので、ここで説明させてほしい。

・インキュベーター――例えば、ビル・グロスが作った〈アイデアラボ〉は、まず自分たちのアイデアがあり、それをビジネスとして成功させるためにチームを集め、資金とリソースを募り、人脈を構築した。

・**アクセラレーター**――自分たちが起業するわけではない。むしろ、すでに存在するアーリーステージのスタートアップを引き入れて、その成長を加速するために指導を行い、リソースや人脈や研修や資金を提供する。

僕がインキュベーター兼アクセラレーターを作ったきっかけを話しておきたい。

5年前、僕にとっては3番目のスタートアップを卒業し、少し休みを取っていた。ちょうどその頃、友達の多くがシリコンバレーでスタートアップを立ち上げようとしていて、僕に助けを求めてきた。「スティーブ、助けてくれよ！　資金集めはどうやったらいい？　ビジネスプランはどう作るんだ？　誰をアドバイザーにしたらいいんだろう？」

資金調達、商品開発、デザイン、市場戦略についての質問に、僕は喜んで答えた。数ヶ月もそうやっているうちに、みんなの質問は同じだとわかったので、答えをブログに載せた。そのブログ記事のいくつかが拡散された。面識のない起業家から、助けてくれと頼まれるようになった。それが、ファウンダーズ・スペース社を作ったきっかけだ。

僕は仲間たちと、サンフランシスコとシリコンバレーでミートアップの会を始めた。それが人気になり、ロサンゼルスにも、ニューヨークにも、テキサスにも、なんとシンガポールにも広まった。そうしているうちにファウンダーズ・スペース社は、パートタイムの趣味から、フルタイムを超えるグローバルな事業に成長した。今では世界中に50社を超える戦略パートナーがいる。本社はサンフランシスコだ。

はじめは、世界中のスタートアップがシリコンバレーの生態系を活用できるように手伝うことが僕たちの目標だった。ところが、事業が拡大するうちに、僕たちの使命も拡大し、現在では22ヶ国に戦略パートナーを持つ国際組織になった。

イノベーターはグローバルな規模で考えるべきだ。世界中の起業家にとって、ファウンダーズ・スペース社は教育と知識共有のハブになっている。

これまで僕たちはヨーロッパに力を入れてきて、今はアジアで急拡大している。中国、台湾、韓国の各地で中身の濃い講座を開き、上海にインキュベーターを設立した。日本とドイツにも事務所を開く予定だ。今後も世界中に拡大を続けていくのが目標だ。次は東南アジアとラテンアメリカへの進出を予定している。

この2年間、数千ものスタートアップが僕たちのセミナーに参加し、400人を超える起業家が僕たちのインキュベータープログラムを卒業した。

その中から、急成長中のオーガニック食品宅配企業や売上トップの仮想現実（VR）ゲームの開発会社が生まれた。また、人工知能、ビッグデータ、モノのインターネット（IoT）を活用して、職場と家庭の姿を変えるようなスタートアップも出てきた。

そんな中で、どうしてもこの本を書きたくなったのには、わけがある。**世の中にはイノベーション本がごまんとあるけれど、シリコンバレーのインキュベーターの中にいる人たちが使っているプロセスや手法を公開して、こうしたテクニックをどんな会社でも使えることを示した本が、これまでになかった**からだ。

世界的な巨大企業から、ガレージの中で生まれつつあるスタートアップまで、この手法は誰にでも活用できる。こうしたテクニックに僕自身の個人的な経験が重なり、おかげで僕は、さまざまな組織、文化、事業環境でどのようにイノベーションが起きるかについて、深く知ることができた。この経験を、誰もが使えるような教えにまとめることができたと思っている。

読者の皆さんが、自分の会社の中でシリコンバレーの考え方、エネルギー、創造性をうまく活用し、ライバルの先手を打てるようになるのが、僕の目標だ。みなさんがこの本を自分のものにし、不可能に思えるような大胆なアイデアを実現されることを、心から願っている。

「ホフ船長」ことスティーブン・S・ホフマン

第2章 小さく、少なく始める

第3章 イノベーションのコツを知る

第4章 コアの強みを活かし、価値を提供する

第5章 不安要素を取り去る

第6章

大きなリスクを取って大胆に挑戦する

第1章

イノベーションのカギは多様性と模倣

1 イノベーションのプロセスは有史以前から変わらない

「新しいテクノロジーが押し寄せた時、
自分が押しつぶす側にいなければ、テクノロジーに押しつぶされる」
スチュアート・ブランド（全地球カタログ　創刊者）

イノベーションは今に始まったことではない。

有史以前から、人間はイノベーションを起こしてきた。人類最初の大きなイノベーションは、火を発見し、それを使って暖を取り、料理を作り、敵を追い払い、暗闇を照らしたことだ。それ以来、ほとんど何も変わっていない。知識は増え、道具は改良され、人々が力を合わせるようになったとはいえ、僕たちはいまだに同じプロセスをたどっている。

異論はあるかもしれないが、人類史上、最も重要なイノベーションは、ヨハネス・グーテンベルクの活版印刷機だろう。ただの活字は今の僕らから見れば、単純な発明に思える。しかし、活版印刷にははかり知れない影響があった。この発明1つによって、それまでにないほど広い範囲に知識が伝播し、アイデアがやり取りされた。情報の自由な流れが大きな変革を生み出した。それがルネサンスと宗教改革と科学革命につながった。未曽有の規模で知識が共有されたことで、近代社会の土台ができたのだ。

それまでの何千年、何万年というもの、人類の進歩は連続的なものだった。しかし、地球規模で情報を整理し、共有し、活用する力を得たことで、人間は暗黒時代を抜け出して啓蒙時代に突入し、さらにその先へと進んだ。イノベーションの歴史を振り返ると、活版印刷の発明が、社会の乗数的な進歩のきっかけであり転換点だった。

そして、産業革命と情報時代には、それ以前の1000年よりも大量の情報と資源がより多くの人に届くようになったことで、進化が加速した。今や、途上国でも先進国と全く同じ知識が手に入る。ナイロビ大学で起業を学ぶ学生は、ニューヨークやベルリンや東京の人たちと同じオンラインの掲示板や議論やグループに参加し、情報を得ることができる。

そして今、僕たちは次の大きな1歩を踏み出そうとしている。人工知能が膨大なデータを処理し、複雑な判断を下し、これまでにない規模で意思を伝えるようになるにつれ、機械は自分で考え、行動し始めている。そんな認知時代の入口に、僕たちはいる。

人間が日常業務と複雑な判断を機械に任せるようになると、意思決定の主体は人からコンピュータに移る。これから数十年もすれば人の身体のあらゆる部分にマイクロプロセッサーが埋め込まれ、それが人間の寿命を延ばし、認知能力を高め、世界を動かす能力が増幅される。人間とコンピュータの共生によって、意思決定の一部は僕たちの頭の中でなくクラウド内で行われるようになる。そんな未来はすぐにやってくる。僕たちの脳が、24時間365日インターネットにつながるのはもうすぐだ。

夢物語に聞こえるかもしれないが、そうではない。すでに研究室の中では、科学者たちが猿の脳にワイヤレスチップを埋め込み、思考と行動を制御する実験を行っている。電動車椅子に猿を乗せ、猿が考えるだけで部屋の中を好きに動き回るような実験も行われている。猿にそれができるなら、人間にもできるはずだ。今現在、僕の脳にワイヤレスチップを埋め込めば、考えるだけで自宅の電気を点けたり消したり、電話に出たり、車を動かしたりできるのだ。

それだけではない。何の訓練もしていないネズミに特定の食べ物を食べさせることもできる。少し時間をかけて、1匹のネズミを特定の食べ物にたどり着くように訓練し、その後、ネズミの脳をインターネットにつなげて、それを別の場所にいる他のネズミの脳に直接つなげる。すると、別のネズミは訓練しなくてもその食べ物にすぐたどり着くことができる。言い換えると、脳から脳へと直接情報を送ることに成功したわけだ。

ＳＦのようだが、これが今まさに起こっていることだ。

未来に目を向けると、学校がいらなくなる日もそう遠くない。知識を脳に直接ダウンロードできる日がやって来る。他人の思考や記憶や感情もダウンロードできるようになる。この手のテクノロジーなら、脳にチップを埋め込む必要さえないかもしれない。将来は電気信号的なインターフェースか同様のテクノロジーによって、身体に何かを埋め込まなくてもそれができるようになるかもしれない。今の僕らがスマホなしの生活なんて考えられないように、未来の僕

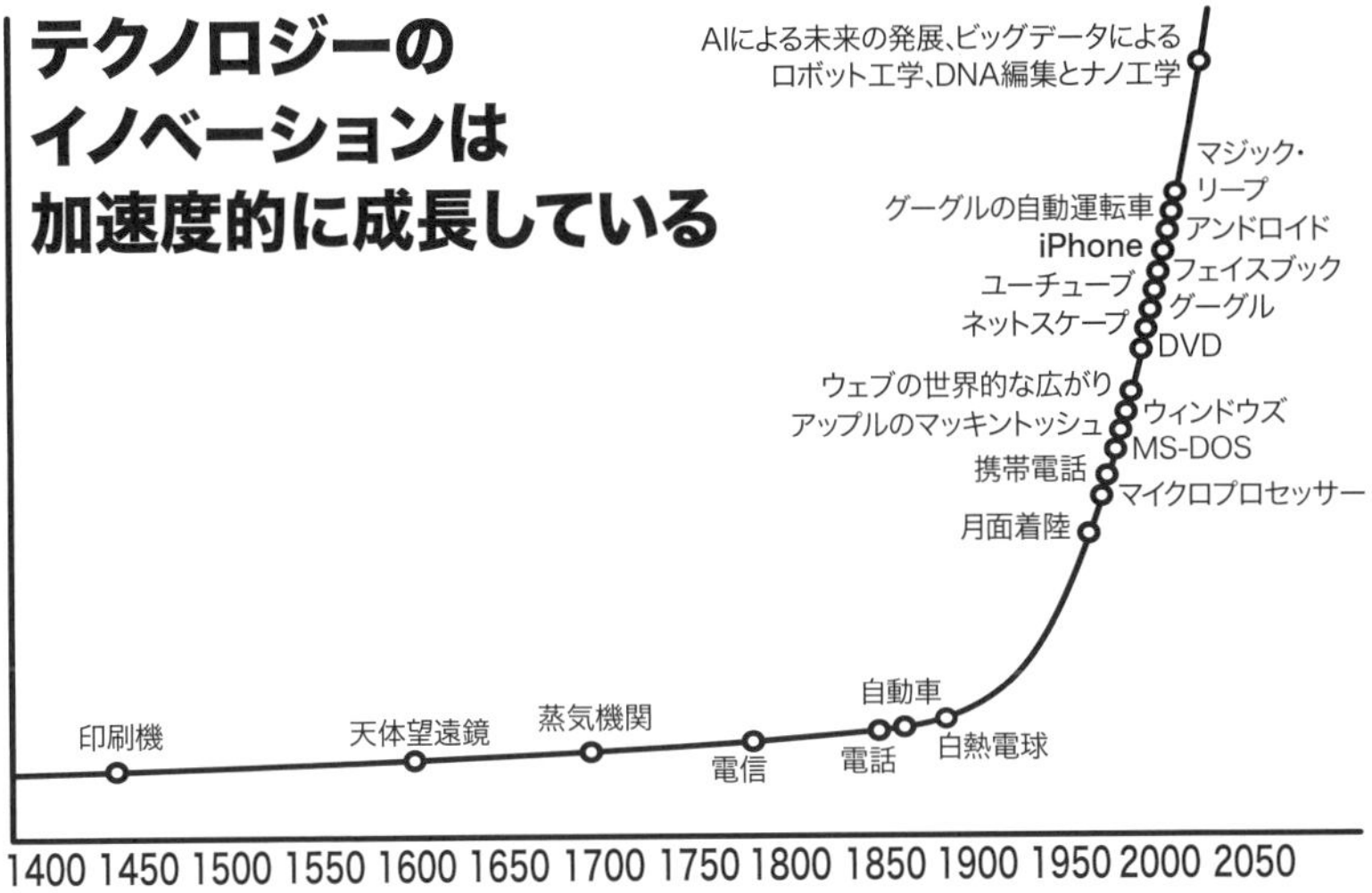

たちは脳とインターネットが直接つながっていない生活は考えられなくなるだろう。

テクノロジーのイノベーションが生き残りのカギ

テクノロジーの発達とＤＮＡ操作、ロボティクス、ナノテクノロジー、ビッグデータ、人工知能の進歩が組み合わさって、20年後の世界は今とは全く違うものになっているだろう。

　少し恐ろしく感じるかもしれないが、そんなことはない。古代人を現代の世界にワープさせたら、僕たちにとっては普通の生活でも、わけがわからないと思うはずだ。人類の9割が家畜を使って畑を耕していたのは、それほど昔ではない。工場やサービス産業で人間が働くことが時代遅れになる日も近い。

　テクノロジーの進歩は人間を解放し、より創造性のある仕事に向かわせ、それまで思いもしなかった経験や行動を可能にした。テクノロジーはまた、気候変動、食料供給、環境破壊、疾病の流行といった、この世界の差し迫った問題の解決に役立っている。そして、テクノロジーによって僕たちは人間とこの世界を違う目で見るようになるだろう。テクノロジーのイノベーションは人類という種の進化における次の段階であり、生き残りのカギになる。**大胆なイノベーションを起こさなければ、今の生活を維持していくことはできない。**

テクノロジーが進化するごとに、イノベーションを起こす能力は飛躍的に上がり続けるだろう。集積回路に搭載されるトランジスタの数は2年ごとに倍になるとした「ムーアの法則」と同じだ。コンピュータの処理能力は時間とともに乗数的に増大する。インテルの共同創業者だったゴードン・ムーアが発見したこの法則は、その後、数十年にわたって保たれてきた。最近それが崩れてきたのは、定義が狭すぎたせいだ。

ムーアの法則には、マイクロチップの処理能力という物理的な限界があった。ムーアはこの法則をイノベーションに当てはめるべきだったのだ。イノベーションの速度は定量化しにくいが、この2000年の進歩を見れば、それが直線的でないことは明らかだ。

これからの数十年のイノベーション曲線を思い浮かべてほしい。

たとえ今、どんな職業についていても、僕たち全員がこの大変革の一部であり、それが仕事と生活と人間の姿を変えることは間違いない。この変化は深く、啓示的なものになる。

今、「仕事」と呼ばれているものはそのうち人間の手を離れ、今、個人の思考や経験とされているものは機械と絡み合い、人間の脳と身体の物理的な限界を超えて広がるだろう。僕らの子供たちの世代はそのすべてを経験し、科学とテクノロジーとビジネスの限界を広げる人たちが、未来を形作るチャンスを手に入れる。

まことしやかなウソ「イノベーションは段階的に進化する」

僕でさえ、このウソを信じそうになってしまうことがある。イノベーション曲線が安定的に上昇しながら、乗数的な成長に向かうと思い込んでしまうのだ。実際の歴史は、非連続的に動いている。1歩進んで2歩下がり、その後、3歩進んだりもする。動乱、戦争、飢餓、天災はすべて、安定的な進歩を中断するものだ。

古代ギリシャ人は多くのイノベーションと理論を生み出したが、それらはルネサンス時代まで表に出なかった。哲学者のレウキッポスとデモクリトスはその一例だ。彼らは紀元前5世紀に原子の概念を生み出していた。しかし原子理論はアリストテレスとキリスト教の教義に反するものだったため、16世紀や17世紀になるまで抑圧されていた。紀元前6世紀にギリシャ人は「地球は丸い」と唱えていたが、その説も同じようにタブーとされていた。

そうした大きな壁にぶつかりながらも、全体を見れば、この世界は前に進んでいる。なめらかな曲線ではなく、ジグザグの線を描きながらイノベーションの曲線は上昇し、その速度はますます速まっている。

2 シリコンバレーの成功の秘密はテクノロジーにあらず

「どんなテクノロジーも25年周期で変わる」
マーク・アンドリーセン
（アンドリーセン・ホロウィッツ　ベンチャー・キャピタリスト）

イノベーションについての最も大きな誤解の1つは、「テクノロジーがすべて」という考え方だ。だが、じつは違う。

テクノロジーはイノベーションの過程の一部でしかなく、起業家にとって一番大切な要素とはかぎらない。内燃機関から電球からコンピュータまで、発明の歴史をたどると、そのほとんどはもともとの「発明」から「産業」になるまでに、長い時間がかかっている。

ファウンダーズ・スペース社の仕事で世界を旅してわかったのは、「新しいテクノロジーを開発または輸入するには、シリコンバレーをコピーしなければならない」と政治家や経営者が思っているということだ。そのためには莫大なカネも惜しまないという人も少なくない。だがそれは、間違った考えだ。

テクノロジーは重要だが、答えではない。成功したスタートアップを分析すると、そのほとんどは起業した時点で独自のテクノロジーを持っていなかった。以下に、今勢いのあるスタートアップの名前を挙げる。いずれも企業価値が10億ドルを超える企業だ。めったに出現しないことから、神話の一角獣にちなんで〝ユニコーン〟と呼ばれている。

- ウーバー――ライドシェア
- エアビーアンドビー――ホームシェア
- ウィワーク――コワーキングスペース
- スポティファイ――音楽
- スナップディール――オンラインショッピング
- ゼネフィット――オンライン人事ソフトウェア
- ソフィ――学生ローン
- バイス・メディア――メディアと報道
- クレジット・カルマ――無料与信スコア
- デリバリー・ヒーロー――オンライン食品注文サービス
- ウィッシュ――オンラインショッピング
- ハウズ――自宅設計
- ブルーエプロン――食材パック宅配サービス
- ドロップボックス――オンラインファイル共有サービス

・インスタカート――食品日用品宅配
・サーベイモンキー――オンラインアンケート
・バズフィード――オンラインニュース
・ジェット――オンラインショッピング
・サムタック――プロジェクトごとの専門家採用サービス
・エバーブライト――イベントプロモーションとチケット販売
・エバーノート――モバイルノート
・ワービー・パーカー――オンライン眼鏡店
・ネクストドア――地域のソーシャル・ネットワーク
・カバッジ――中小企業ローン
・ユダシティ――オンライン授業
・ボックス――企業向けオンラインファイル共有

これらの企業はいずれも、サービスの立ち上げに当たって独自のテクノロジーを開発したわけではない。彼らは既存のテクノロジーをこれまでにないやり方で応用しながら、ビジネスモデルとデザインのイノベーションに力を注いだ。**華々しい成功を収めたスタートアップが利用しているテクノロジーはたいていい既存のものか、オープンソースだ。**

世界中の誰にでも使えるテクノロジーを、彼らは使っている。シリコンバレーの連中だけが使えるものではない。海外の政府がイノベーション促進策としてテクノロジー開発に固執したり、「シリコンバレーからテクノロジーを輸入すべきだ」と声を大にしているのを聞くと、的外れだと思ってしまう。どのテクノロジーのことを言っているんだろう？

シリコンバレーから輸入しなくても、必要なテクノロジーはそこにある。ほとんどのテクノロジーはオープンソースで誰でも手に入れることができるし、そうでない場合でも、たいていは民間企業や大学や研究所から簡単に使用権を得ることができる。

〈ｉＰｈｏｎｅ〉の例を見ればわかるはずだ。

ｉＰｈｏｎｅを先端技術の塊だと思っている人もいるが、アップルの本当のすごさはデザインのイノベーションにある。スティーブ・ジョブズは、強烈な独自のユーザーエクスペリエンスを生み出す天才だった。ｉＰｈｏｎｅに使われているテクノロジーはそれほど特殊なものではない。しかも、そのほとんどはアップルでは作られていない。ハードウェアと半導体は他社が供給している。ライバルのサムスンもその中の1社だ。

アップルが他社と違っているのは、消費者とその欲求を深く理解し、彼らが商品に求めるものが何かを知っている点だ。アップルの根本的なイノベーションとは、ユーザーエクスペリエンスのデザインと、アプリの生態系にあった。

スティーブ・ジョブズとジョナサン・アイブの天才的な才能が真のきらめきを見せたのは、この部分だ。消費者はアップル製品に惹きつけられ、時間と労力を費やし、アップル製品に固執した。iPhoneが〈アンドロイド〉の2倍から3倍の値段でも、ユーザーのほとんどはアンドロイドに変えようとしない。

〈アップストア〉を見るといい。アップストアはデザインの革命であり、ビジネスモデルの改革だった。アップストアでのブラウジング、インストール、購入、管理は簡単で楽しく、それがユーザーをアップルにがっちりとつなぎとめ、アップルにとっては継続的な収益源になった。

ユーザーはソフトウェアをインストールするたびに、アップルの生態系におカネと時間を投資する。アップルを手放すと、すべてを手放さなければならなくなる。ここにアップルの価値がある。その価値はハードウェアでもテクノロジーでもない。

"テクノロジーの罠"にハマってはいけない

シリコンバレーでは、どんな手段よりもデザインのイノベーションから多くの価値が生み出されてきた。

独自のテクノロジーを持っていてもユーザーをしっかりと理解できていないスタートアップは、何も持たずに仮説から始めたスタートアップに比べて、なかなか価値を生み出せずに苦労する。解決策から始めて問題を探すからだ。

独自のテクノロジーを手にしたとたん、市場を探索する能力が狭まってしまうことはよくある。事業がテクノロジーに紐づいていて、市場機会がすぐ目の前にない場合、そのテクノロジーに合うような市場を探してしまいがちになる。これが、〝**テクノロジーの罠**〟だ。ファウンダーズ・スペース社でも、そんな罠にハマったスタートアップをしょっちゅう見かける。

最近、あるヨーロッパのスタートアップが僕たちのところにやって来た。彼らは何年もの時間と莫大な費用を費やして、３Ｄメガネなしで３Ｄ画像が見られる新しいテクノロジーを開発していた。問題は、それだけのおカネを使って技術を開発しながら、まだ商品化にいたっていないことで、もちろんビジネスモデルもなかった。

僕たちは、シリコンバレーの投資家が納得するようなプロダクト・マーケットフィット（ユーザーを満足させる最適なプロダクトを最適な市場に提供している状態）を必死になって一緒に探した。研究開発に何百万ドルも投じる前に市場を検証していたら、もっとうまくいっていたはずだ。

自分たちのテクノロジーが際立った優位性を与えてくれると思いたくなるのは無理もないが、実際にはそれが前進を妨げ、チャンスを狭めてしまう。**独自のテクノロジーがあってもビジネスチャンスがはっきりと見えていない企業は、テクノロジーに合うソリューション（問題解決への取り組み）を考えがちになる。**そんなソリューションはたいていの場合、そもそもありもしない問題を解決するようなものでしかない。

現実を見たほうがいい。事業を始めるに値するほどの、本当の大規模な問題を発見することがそもそも難しいのに、特定のテクノロジーの条件と制約に合う問題を発見するとなれば、なおさらハードルは高くなる。

現金やクレジットカードに代わると思われた〈ビットコイン〉は、いい例だ。〈ブロックチェーン〉は天才的なテクノロジーだが、クレジットカード代わりにビットコインを使おうという人はいない。これこそ、存在しない問題へのソリューションだ。アンドリーセン・ホロウィッツのような名だたるベンチャーキャピタルから多額の資金を調達した後で、解決すべき問題探しに奔走するビットコインのスタートアップをいくつも見てきた。だが問題が存在しないことが問題だった。消費者は現状に満足していた。

あれだけもてはやされていたビットコインだが、僕は1社にも投資しなかった。仮想通貨に未来がないとは思わない。紙の通貨はいずれなくなり、すべての通貨は電子化されるだろう。ただ、僕の分析は単純だった。僕のクレジットカードは簡単で便利で信頼でき、買い物をすれば2％のキャッシュバックが受け取れる。一方で、ビットコインはややこしくて不便で変動が激しく、おまけもつかない。ブロックチェーンの利点は、2者間の取引をオープンで分散した台帳に記録できることだが、消費者としての僕はそんなことはどうでもよかった。

テクノロジーオタクとしての僕はビットコインにワクワクしていたけれど、今回は消費者としての僕のほうが勝った。シリコンバレーは流行に流されがちで、魅力的な新しいテクノロジーが出現するとみんなが惚れ込んでしまうが、酔いはすぐに覚める。

新しいテクノロジーを開発することに躍起になっているグーグルは、誰よりも多くのプロジェクトを断念することでも知られている。

〈グーグルグラス〉〈グーグルウェーブ〉〈グーグルバズ〉〈グーグルプラス〉といったグーグルのプロダクトの多くは、いまだに問題の見つかっていないソリューションだ。

２０１６年の第２四半期には、壮大なプロジェクトが８億５９００万ドルの損失につながった。仮想現実（ＶＲ）や拡張現実（ＡＲ）の次の波でも、同じことが起きるだろう。**プロジェクトの９割は、存在しない問題へのソリューションなのだ。**それでも投資家は魅力的なテクノロジーに惑わされて、いいビジネスといいプレゼンの区別がつかず、そこに群がるだろう。ＶＲとＡＲは、ビジネスよりもテクノロジーが先走りしている典型例だ。テクノロジーを採用するかどうかはビジネス次第だ。逆ではない。

僕は歴史の本が好きだ。とくに有名な発明家の伝記が好きだ。歴史が示すように、ほとんどの発明家は大金持ちになれないし、新しい産業を起こすこともできない。

ノーベル物理学賞の候補にもなったニコラ・テスラの波瀾の人生を見るといい。テスラは蛍光灯、ラジオ、リモコン、電気モーター、レーザー、ワイヤレス通信を発明したが、亡くなった時は一文無しで無名のままだった。天地がひっくり返るほどの発明を多く残した人が、一文無しで死ぬなんてことがあり得るのだろうか？

残念ながら、そんな発明家はテスラだけではない。世紀の大発明をしながら貧しいまま亡くなっていった人たちをここに挙げてみる。

- ヨハネス・グーテンベルク――活版印刷機
- エドウィン・アームストロング――ＦＭラジオ
- アントニオ・メウッチ――電話
- ルドルフ・ディーゼル――ディーゼルエンジン
- ジェフリー・ダマー――集積回路
- チャールズ・グッドイヤー――加硫ゴム

僕はなにも「発明家になるな」と言っているわけではない。発明家は、社会の中でかけがえのない役割を果たしている。ただ、発明を現実の事業にするのは簡単ではない。ありえないほど難しいことなのだ。特定の技術にこだわらない次の世代の起業家がそこに事業機会を見つけて、それが突破口になるケースのほうがはるかに多い。

既存のテクノロジーを利用する

僕はエンジェル投資家として、独占的な技術を持つスタートアップをいくつも見てきた。彼らはその技術に莫大なおカネと時間を投じてきたがために、自分たちの技術をどうしても使いたがる。でも、その技術に合うプロダクト・マーケットフィットはなかなか見つからず、さらにおカネがかかることが判明することも多い。

新しいテクノロジーを持ちながら消費者のニーズが見えないスタートアップがやって来るたびに、僕はまたかと苦々しい気持ちになる。たいていの場合は、うまくいかないことが見えている。カギを渡されても、開けるべき扉がないようなものだ。それよりは、**宝箱をもらって、それを開ける方法を見つけるほうがずっといい**。それが賢い起業家のやることだ。

大企業もまた、テクノロジーの事業化が得意ではない。とくに、その会社のコアビジネスでないテクノロジーの場合はダメだ。

ベル研究所は世界を揺るがす発明を次々と生み出した。世界初のトランジスタ、太陽電池、HDTV。しかし、こうした画期的な発明から利益を得たのは彼らではなかった。利益を得たのは、ベル研から技術使用許諾を得て、それをもとに新たな産業を築いた起業家たちだった。

イノベーションを生み出す目的でゼロックスが１９７０年代に設立したパロアルト研究所は、さらに顕著な例だ。ここから、〈イーサネット〉〈グラフィカルユーザーインターフェース〉〈ビットマップディスプレー〉〈アイコン〉〈ポップアップメニュー〉〈オーバーラップウィンドウ〉〈マウス〉〈オブジェクト指向プログラミング〉などが生まれた。だが、そのどれもがゼロックスの利益には貢献せず、ゼロックスの凋落を食い止めもしなかった。

テクノロジーの恩恵を得るのは、それを生み出した会社や個人ではないことが、ここでもわかる。**そこにビジネスチャンスを見出し、飛びつく起業家だけが、利益を得る**。

例えば、スティーブ・ジョブズだ。ジョブズはゼロックスの最も優れた発明を利用して、

〈マッキントッシュ〉を作り出した。

トーマス・エジソンもまた、いい例だ。電球を最初に発明したのはエジソンではない。映画の撮影機、発電機、電池、電報もエジソンの発明ではないが、彼はそこにビジネスチャンスを見出し、成功への新たな道を切り開いた。エジソンは事業機会を見極める達人で、バラバラなものを1つにまとめ、製品を市場に出し、その功績をすべて自分のものにした。

真のイノベーターとはそういうものだ。

エジソンは、発明家とイノベーターの違いを表す象徴的な存在だ。**イノベーションはビジネスチャンスを切り開くが、発明は新しい科学やテクノロジーを世の中に送り出す。**

この本の読者の皆さんは、研究室で一生をすごしたいわけではないだろう。既存の技術を活用して、自分たちの産業を変えたいと思っているはずだ。

ならば、ここで心したほうがいい。最終的な着地点の見当がつかないまま、研究開発に莫大な金額を投じる罠にハマらないでほしい。むしろ、世界とその問題に目を向け、既存のテクノロジーを利用し、あなたの目的に合うように仕様を変えて、需要があるかどうかを市場で試してみよう。それから、その事業機会を深掘りするほうがいい。

まことしやかなウソ「発明家は孤独である」

人は孤独な天才の姿にあこがれる。たった独りで逆境に立ち向かい、世界を変えるヒーローが好きなのだ。しかし現実には、偉大な発明がいきなり生まれることはない。先人たちのすべての業績が積み重なった上に、偉大な発明がある。アイザック・ニュートンはこんなふうに短くまとめている。「よく見ると、巨人たちの肩の上にそれが乗っている」

偉大なイノベーターの人生を振り返ると、緊密な協力とアイデアのやり取りをそこに見ることができる。次々と発明を生み出したとされるトーマス・エジソンも、実際には仲間たちと密に協力していた。自身は名声に固執していたが、特許の多くには同僚の名前があり、業績の大半は仲間たちのものだった。

アルベルト・アインシュタイン、ヴォルフガング・モーツァルト、ジークムント・フロイトもまた、他者と密に協力していた。名声を得たのは彼らだが、その業績は他者との協力的な過程から生み出されたものだった。彼らは既存のアイデアや研究をやり取りし、盗み、変え、その上に新しいものを積み上げた。アインシュタインは同僚の実験的研究に大いに頼っていた。モーツァルトの父親もまた作曲家であり指揮者で、息子の教師であり協力者だった。フロイトはグループを作って議論を交わし、そこから多くの偉大な思考が生まれた。

T・S・エリオットの有名な言葉がある。「未熟な詩人は模倣する。成熟した詩人は盗む。下手な詩人は盗んだものを改悪し、優れた詩人はそれをいいものにするか、少なくともそこから違うものを作り出す」。協力であれ、協調であれ、剽窃《ひょうせつ》であれ、天才が独りで最高のアイデアを生み出すことはない。

3 同質の教育や人の集まりからイノベーションは生まれない

「僕はシリコンバレーの申し子だ。シリコンバレーの人はどんなことでもできると思う」
イーロン・マスク（テスラおよびスペースX 最高経営責任者）

ところで、シリコンバレーの成功のカギがテクノロジーでないなら、いったい何だろう？知性でないことは確かだ。頭脳は成功のカギではない。それよりもはるかに重要なのは、**勢いと多様性**だ。

シリコンバレーは、世間ののけ者、ハッカー、ヒッピー、芸術家、技術者の集まりから始まった。例えば、「全地球カタログ」を創ったスチュアート・ブランド、果物しか食べずめったに風呂にも入らなかったスティーブ・ジョブズ、マウスの生みの親で「すべてのデモの母」として有名なダグラス・エンゲルバート、宇宙船地球号という言葉を世に広めたバックミンスター・フラー、「メリー・プランクスターズ」というサイケデリック集団を率いたケン・キージー、そしてホームブリュー・コンピュータ・クラブを仲間と結成したゴードン・フレンチ。他にも大勢いる。

シリコンバレーで創造性が爆発したのは、ＭＢＡと芸術家とオタクの科学者とＬＳＤでラリッたヒッピーたちが、同じ場所でアイデアをぶつけ合ったからだった。こうした出会いから、世界を変える多くの企業が生まれた。

混沌とした時代、そして人々が自由を求めた１９６０年代と70年代に、１つの場所に創造性豊かな人が集まったことで、人間に可能なことの限界に革命が起きた。「世界を変える」という考えが、抽象的な概念でなくなった。それはみんなの使命となり現実となった。その場にいる人すべてが呼吸する空気の中に、その使命は広まった。

リスクを取ること、実験すること、精神を研ぎ澄ませること、そして新しいテクノロジーが混じり合うことで人々の創造性が広がり、起業家や発明家の特徴が形成されていった。元証券マンでも、学者でも、研究者でも、マーケッターでも、デザイナーでも、ハッカーでもよかった。彼らは〝シリコンバレー教〟に改宗し、象を空に飛ばすことができると信じた。

多様性がシリコンバレーをダイナミックな場所にする

多様性、自由な思考、理にかなわない楽観主義といったルーツは、今もシリコンバレーのイノベーションの原動力になっている。

ジョブズの言葉を借りるなら、**シリコンバレーの人たちは「違う考え方をする（シンク・ディファレント）」。反抗的であることを楽しみ、逆境をはね返し、現状に疑問を唱え、人の行**

かない道を行く。芸術と科学の境目はますますあやふやになっている。

レオナルド・ダ・ヴィンチもまた、シリコンバレーの精神的な支柱とされている。発明家、画家、彫刻家、建築家、科学者、音楽家、数学者、エンジニア、解剖学者、地理学者、天文学者、植物学者、作家、歴史家、詩人、地図製作者を1人で名乗れる人が他にいるだろうか？

60年代にシリコンバレーで始まったテクノロジーの産業革命は、今も力強く続いている。〈リンクトイン〉の共同創業者のリード・ホフマンは、こんな言い回しでそれを表現した。「**シリコンバレーは場所じゃなくて、心の在り方だ**」と。

僕がベイエリアに舞い戻った理由もそこにある。まだ、シリコンバレーがイノベーションの中心地になるずっと前だった。90年代の半ばにサンフランシスコの街を歩きながら、いくつものサブカルチャーが狭い場所の中で隣り合わせに花開いているのを見たことを憶えている。

ヘイトアシュベリー地区には不良やロッカーやはぐれ者や逃亡者がいた。カストロ地区では自由を愛するキラキラのゲイたちがパーティーに明け暮れていた。サウス・オブ・マーケットは芸術家やオタクやおしゃれな若者の場所に生まれ変わりつつあった。金融街はインベストメントバンカーやトレーダーやスーツ姿の人たちで溢れていた。ミッション地区はラテン系の文化にどっぷりとハマっていた。中華街は70年代からあまり変わっていなかったが、一方で商売っ気のある新興の中国人たちはリッチモンド地区になだれ込み、再開発を助けていた。

その少し南のシリコンバレーにはテクノロジーの巨人が集まり、富が集積され、ベンチャー資金が流れ込んでいた。僕はここで創造性が爆発することを確信した。そしてその一部にならなければ、と感じた。

今やシリコンバレーは伝説となり、街の隅々にベンチャー資金が溢れ、ユニコーンが郊外で踊り、その勢いはとどまるところを知らない。世界で最も賢い人たちが、地球上のいたるところから富と名声を求めてやってくる。この現代のゴールドラッシュによって、さらに多様な思考が集積される。1つの小さな地域に、世界一の頭脳が集い、交わり合っている。

シリコンバレーのイベントに行くと、カリフォルニアの出身はたいてい僕1人だ。1度のイベントで、インド人投資銀行家、韓国人脳科学者、エストニア人デザイナー、チリ人ボタニスト、中国人ベンチャーキャピタリスト、エジプト人数学者、タイ人起業家とアイデアを交換できる。こうした機会に立ち会うたびに、彼らの独自の文化的な視点、考え方、体験、問題解決へのアプローチが共有されることになる。

この体験が、スタートアップにどんな意味を持つかを考えてみてほしい。シリコンバレーで起業すれば、地球上のあらゆる場所から来た賢い人材を選び放題だ。人材を正しく選べば、多様な新しいアイデアやビジネスのやり方をいくらでも見つけることができる。

この多様性がシリコンバレーをダイナミックな場所にしている。

イノベーション人材センターの調べによると、**性別、人種、性的指向の多様性をもともと備えている会社や、努力して多様性を獲得した企業は、多様性のない企業より市場シェアを前年より伸ばせる確率が45%高く、新市場を獲得できる確率は70%高い。**

異分野のコラボレーションが大きな飛躍を引き起こす

シリコンバレーには、もう1つの文化的利点がある。世界のほとんどの地域と違って、ここでは権威を無条件に尊重することはない。尊敬は努力して勝ち得るものだ。誰もが何かに貢献できるし、すべての人に役割があり、誰でも意見を言う権利がある。それがカリフォルニアの文化だ。

上司が正しいとは限らない。実際、上司が新しいアイデアに心を開かないようなら、最も優秀な人材は船を飛び降りて他のスタートアップに参加する。

ここには、実力主義の文化が染み付いている。人脈があろうが、過去に何をしていようが関係ない。今、何をしているかだけが重要なのだ。「シリコンバレーは、世界中のどの場所よりも実力のある人が成功する。年齢や性別や政治信条や人種は関係ない。優れたアイデアを持ち、それを実行できる力があれば、世界を変えられるし、いやというほど金持ちになれる！」と言うのは、〈テッククランチ〉の創業者マイケル・アーリントンだ。

この**反骨精神と異質性がシリコンバレーの強みだ。人種と文化の多様性、移民への開放性、そして違いを受け入れる精神が、シリコンバレーの大きな競争優位になっている。**

僕はアジアに行く機会も多いが、中国人も韓国人も日本人も、カリフォルニアの人たちに負けず劣らず優秀だ。あっと驚くほど優れた技術者もいるし、起業家精神に溢れたビジネスマンもいる。しかし、シリコンバレーにあって彼らにないのは、現状を変えようとする熱意と、文化的多様性、そして非伝統的なアイデアやものの見方を受け入れる姿勢だ。
アジアの国では、ほとんどの親は子供にエンジニアリングとビジネスを勉強させたがる。その結果、ハイテク業界で働く人の大半が、エンジニアの学位かＭＢＡを持っている。中には、両方という人もいる。社会に出ていく学生のアイデアと経験はほぼ同じだ。そのことだけでも、「人と違うものの見方をする」という点で不利になる。

イノベーションとは、新しい何かを創り出すことだ。誰も見たことのない何かを、誰も試したことのない何かを生み出すことだ。

同じような教育制度をくぐり抜け、同じような傾向を持つ人が集まって、新しいものを生み出すのは至難の技だ。多くの国家は競争力を高めたいと焦り、成功を確かなものにしたいと急ぐあまりにチャンスを逃している。彼らは多様性のある生態系を築くことに力を注いでいない。**教育制度も親も、若者には、常識ではなく情熱に従うよう励ますべきだ。音楽や彫刻や人類学や創作や宗教や哲学に興味のある生徒は、人が行かない道を行くことを褒められるべきだ。**

中国やインドや韓国や日本といった、伝統的な価値観と教育制度のある国がイノベーションを起こせないわけではない。こうした国でもすでにイノベーションは起きているし、これからは一層速い速度でイノベーションが生み出されていくだろう。彼らは豊富な人材と文化と歴史とアイデアを持つ、グローバルなプレイヤーだ。しかし、成長を加速させ、創造性と発明と発見の革命を起こす余地はまだある。さまざまに幅広い経験や知識を持つ人材を集めることが、真にイノベーティブな生態系を築く際に欠かせない要素になる。

大きな飛躍はいつも、異分野のコラボレーションによって引き起こされる。人類学と言語学とコンピュータ・サイエンスの掛け合わせが、偉業につながることもある。音楽家がコンピュータ・ハッカーと一緒になって話し始めると、新しいアイデアが生まれる。それがシリコンバレーの秘密のレシピだ。それこそ、シリコンバレーが持つ「**不当な優位性**」なのだ。

昨年、北京を訪れた時、ある母親が小学生の息子の描いた絵を見せてくれた。僕はぶっ飛びそうになった。あまりにもすごかったので、芸術家になるべきだと母親に言った。ところが、それが気に障ったらしく、たちまち否定的な反応が返ってきた。息子の作品を褒めながらも、不安定な仕事には就いてほしくないと言う。食べていけるのか？　どんなキャリアを積むのか？　生活はどうなるのか？　その母親は息子に投資銀行家になってほしいと思っていた。

こうした視野の狭い考え方は、世界中で見られる問題だし、それが長い目で見た競争力と進歩を阻んでいる。アメリカでは、連邦政府、州政府、地方政府による芸術助成金は、過去20年にインフレ調整後で見ると15％減っている。残念ながらこれからも芸術助成金は減っていく方向にある。国家が真のイノベーションの生態系を築くつもりなら、すべての要素が必要だということを心しなければならない。

創造性、多様な考え方、文化、教育はイノベーションに欠かせない要素だ。

4 時代の波に乗るのは早すぎても遅すぎてもダメ

「最も優れたスタートアップは、長年そこにあったアイデアを、完璧なタイミングでものにした場合が多い」

クリス・ディクソン（アンドリーセン・ホロウィッツ　ベンチャー・キャピタリスト）

スタートアップの成功に一番欠かせない要因は何だろう？

それは意外にも、ここまで語ってこなかったことにある。創造性でも、チームでも、顧客でも、プロダクトでも、テクノロジーでもない。それは、**タイミング**だ。**適切な時期に適切なものを持っていること**だ。それがカギになる。

ハリウッド映画のプロデューサーに聞いてみるといい。彼らは何もかも万全に手を打てる。スターを配役し、才能ある監督を指名し、大々的に宣伝できる。それでも、失敗することがある。逆に、そこまでの映画でなくても、人々の心を打てばヒットする。「市民ケーン」と「スネーク・フライト」を比べればわかるだろう。

どんなビジネスにも同じことが言える。レストランオーナー、株式ブローカー、家電メーカー、銀行家、不動産開発業者もそうだ。タイミングを外すと、ほぼ確実に失敗する。

それでは、タイミングをどう見極めたらいいのだろう？　それには、「**波**」を読む必要がある。この世の中のすべてには波がある。〈ビーニーベイビーズ〉のぬいぐるみも、不動産バブルも、ビルボードのトップ40も、新しいテクノロジーも、ファッションもそうだ。堅苦しい企業や金融の世界でも、人々の思考や行動やビジネスのやり方は波によって左右される。

今現在、大きなイノベーションの波が訪れている。僕がこの本を書く理由もそこにある。ゼネラル・エレクトリックのCEOから、中国・杭州にある家族経営の繊維工場の管理者まで、誰もがスタートアップに遅れをとるまいとして、どうしたら今の時代に合うように事業を作り変えることができるのかを考えている。だから、僕のところにやってくる起業家たちには、「**イノベーションを起こしたければ波を読め**」と言っている。

社会の中では、いくつもの違う種類の波が起きている。最近の波の1つは、フィットネスの波だ。この波に乗って大儲けしたスタートアップは多い。スポーツクラブのフランチャイズを経営する〈クロスフィット〉は、激しいワークアウトのプログラムを展開した。運動を記録する〈フィットビット〉もまたこの波に乗って上場を果たした。常軌を逸した過酷な競技に男女が参加する〈タフ・マダー〉は、ムキムキのフィットネス上級者に受けた。〈ルルレモン〉はヨガの波に乗り、ヨガウェアとアクセサリーのブランドを世界で展開した。

大切なのはタイミングとスピード

波に乗れるかどうかは、ある意味でスピードにもかかっている。その時に素早く漕げなければ、波を逃してしまう。サーファーならわかるだろう。

優れたスタートアップの創業者が自分たちでテクノロジーを開発しない理由もそこにある。独占的なテクノロジーを開発すること自体は悪くないが、それには時間がかかる。その間に、目の前の波を逃してしまうかもしれない。

だから、**賢い起業家は、既存のテクノロジーとオープンソースの技術をできる限り使おうとする。そうすることで素早く動け、波が消える前に乗ることができる。**

小さなスタートアップを、世界を変えるような企業へと押し出す波の力は、決してあなどれない。どれほど革新的なアイデアを持っていても、タイミングが早すぎたり遅すぎたりすれば、確実に失敗する。最高の経営チームがいても、ベンチャーキャピタル（VC）がどれほど支援しても、ものすごい人脈があっても、世界にその準備ができていなければ、成功できない。

ドットコムバブルの最中に起業した、オンライン食料品宅配サービスの〈ウェブバン〉はいい例だ。ベンチマーク・キャピタル、セコイア・キャピタル、ソフトバンク、ゴールドマン・サックス、ヤフーから8億ドルを調達し、上場時には3億7500万ドルを調達した。だが、アイデアはよかったが、早すぎた。1999年には誰もネットで食料品を買おうとしたがらなかった。波はまだ来ていなかったのだ。だからこの象は空を飛べなかった。

シリコンバレーのVCがトラクション（成功の兆し）にこだわるのは、波の証拠を見たいからだ。例えば、売上、利用者、報道、社会資本、そのすべてが兆しになる。**波の証拠が多ければ多いほど、ベンチャー投資家は興奮する**。これまでの経験から、波を捉えることができれば上場か事業売却まで持っていけることがわかっているからだ。たとえプロダクトの中身がそこそこでもいける。

ゲーム会社の〈ジンガ〉はいい例だ。ジンガはソーシャルゲームの波に乗った。上場を果たし、その直後に大コケした。ゲーム業界にとっては大打撃だったが、早めに株を売却して濡れ手に粟の利益を手にしていたVCはあまり気にしなかった。

セルフラーニング機能搭載のサーモスタット〈ネスト〉もそうだった。ネストはモノのインターネット（IoT）の初期の波に乗った。そのデザインは美しく革命的で、それが世界中のギークの想像力を刺激した。サーモスタットという退屈な機器を、誰もが憧れる製品に変えたネストのブランド名は、家庭におけるスマート機器の未来を示す言葉になった。

この波は大きかった。グーグルがネストを32億ドルで買収したほどだ。買収以降、ネストの売上は期待はずれだったが、VCにはどうでもよかった。ベンチャー投資家にとってネストはホームラン案件だった。そして、その要因は完璧なタイミングにあった。

メンローパークのサンドヒルロードにオフィスを構える有名ベンチャーキャピタリストがこぞって同じ時期に同じものに投資する理由はそこにある。集団で崖から飛び降りるネズミとは違う。彼らは波を見て、タイミングよくそれに乗りたがる。

企業ソフトウェアの波に続いて、ソーシャル・ネットワークの波があり、ゲーム投資の波があり、その後も別の波が次々と起きてきた。一方ですぐに消える波もあり、そこに乗った投資家は損をする。クリーンエネルギー技術（クリーンテック）は原油価格の下落によって立ち消えになった。

幸運の波を見つけられる人材

スタートアップを約束の地へと運んでくれる波もある。〈フェイスブック〉〈ツイッター〉〈リンクトイン〉〈スナップチャット〉といったソーシャル・ネットワークのサービスがそうだ。

この数十年の間にシリコンバレーを席捲した大きな波の1つを検証してみよう。アップルが導いたモバイルの波だ。最適なタイミングで発売された〈iPhone〉は世界中の人の想像力を刺激し、そのプラットフォームの上に無数のスタートアップが生まれた。高齢者世代から孫世代まで、誰もがスマートフォンを買わずにいられなくなった。それがどんなふうに役に立つのかわからなくても、スマホを持たずにはいられなかった。

マスコミもこの波に飛び乗り、需要を煽った。くだらないアプリで100万ドルを手にした人たちの成功談が、火に油を注いだ。カワイイ系モバイルゲームの〈アングリーバード〉は、独立系開発者のお手本になり、みんなの気持ちをクギ付けにした。

モバイルアプリの開発で数億や数十億といった利益を手にするスタートアップが数多く現れ

た。ものすごい大波だった。

しかしこの波もまた消えていく運命にあった。今はアプリを出しただけでは、世界は喜んでくれない。人々もマスコミも同じ話に飽きてきた。アプリは多すぎ、競争は厳しすぎる。本当に独特な何かがないと、注目されない。簡単でおいしい儲け話はもう残っていない。アプリの開発者に聞いてみるといい。ヒットアプリを出すのは、数年前に比べてはるかに難しくなっている。僕から起業家へのアドバイスは？　もちろん、「次の波を読む」ことだ。

投資家が何よりも気にかけるのは、既存の市場を破壊して新しい市場を作るようなテクノロジーだ。

今、岸に押し寄せている大きなテクノロジーの波といえば、ロボティクス、ＡＩ（人工知能）、ビッグデータ、金融テクノロジーなどだ。こうした分野にシリコンバレーの資金は向かっている。この波がすべて消え失せるのだろうか？　それは時が経たないとわからない。しかし、波に賭けるほうが、その逆に賭けるよりも成功できる確率ははるかに高い。

だからこそ、多様なチームが必要になる。波が大きくなる前にそれを見つけるのは難しい。それが水平線のかなたのさざ波でしかない場合も多い。何を探しているかがわかっていないと、それを見つけることはできない。早期発見のカギは、**死ぬほど好奇心が強く、仕事を超えて何にでも興味を持つ人たちをチームに参加させる**ことだ。

オキュラスの創業者、パーマー・ラッキーが仮想現実（ＶＲ）の波を見つけたのは、彼がオタクでVRの可能性に魅せられていたからだ。それは彼の情熱であり趣味でもあった。世界初のVRヘッドフォン〈オキュラスリフト〉をもし彼が作っていなかったとしても、誰かが作っていたことは確かだ。タイミングは完璧だった。そしてテクノロジーがそこにあった。仮想世界に入り込むというこれまでにない強烈な経験は、多くの人を魅了する。いずれにしろ、こうした製品が生まれていたことは間違いない。

だが、そのテクノロジーも、ラッキーが作ったものではない。それは南カリフォルニア大学が開発した、オープンソースのコードだった。ラッキーは、完璧なタイミングで強烈な動画を作り、〈キックスターター〉に投稿しただけだ。ラッキーはラッキーだった。しかし、そんなタイプの人材がチームにいなければ、幸運は訪れない。

仕事中毒の人は波を捉えられない

でも、そんな波を捉える人材とは、どんな人たちだろう？　たいていは、仕事以外の趣味や関心事に時間と労力を惜しみなく注ぎ込む人たちだ。彼らはその中で、社会の姿を変えるようなトレンドを発見する。

僕は創業チームと話していて、彼らが仕事以外に何もしていないと心配になる。その傾向は大きな危険信号だ。アジアではとくに、これが大きな問題だ。スタートアップの創業者たちはみんな、完全な仕事中毒なのだ。彼らは誰よりも必死に働けば成功できると信じている。確かにそういう面もあるけれど、行き過ぎると成功の足を引っ張ることになる。というのも、彼らは点と点をつなげて、次に何が来るかを見る能力に欠けているからだ。

例を挙げよう。北京で、あるスタートアップの創業者と夜9時にホテルで飲むことにした。飲み終わって、「これから帰宅?」と聞くと、彼女は驚いた顔をして「まさか、オフィスに戻るわ。管理職はみんなまだ私を待っているから。朝2時まで働くのが普通」と言った。最悪なことに、野心満々のスタートアップの創業者には、趣味に割く時間などないというわけだ。

別の野心的な若い女性に、美術館に行くことがあるかと聞いたことがある。返事は、「美術館? とんでもない。週末も働いているから」

そんなふうに、仕事だけの狭い世界にとらわれていること自体が大きなハンデなのに、多くの創業者はそのことに気づいていない。僕みたいな活動的なカリフォルニア人は、仕事だけの人生などおかしいと思ってしまうが、多くの起業家は仕事しか目に入らず、小説を読むことも、劇場に行くことも、週末に自然を散策することもなく、仕事以外の人間関係さえない。

恋人を作る暇もないというスタートアップの創業者は多いが、それは健全じゃない。ビジネスにもよくない。他人に心を開いてはじめて、人生を味わうことができ、世界や社会で何が起きているかが理解できる。すべてを閉ざしてしまえば、次に来る波を逃すばかりか、人生までも逃してしまう。

スタートアップの創業者やイノベーターは、少なくとも週に1日は、仕事と全く関係のないことに費やすべきだ。自分が強烈に惹かれる何かに没頭するといい。すぐには何の役にも立たないことでかまわない。ハンググライダーに挑戦してもいい。海洋学を学んでもいい。自己改善グループに入ってもいい。波はそうやって見つけるものだ。

まことしやかなウソ「優れたイノベーターは既存市場を破壊する」

必ずしもそうとは言えない。確かにイノベーションを起こして大きな市場を破壊すれば見返りはあるが、多くのイノベーターはこれまでに存在しなかった全く新しい市場を創り出している。サーモスタットのネストも、クラウドストレージの〈ドロップボックス〉も、メッセージングの〈スナップチャット〉もそうだ。イノベーションが既存市場を破壊するとは限らない。イノベーターは新しい市場を作ることができる。

1つの波にこだわってはいけない

波によって、ビジネスの姿が一変することがある。波が押し寄せると、そこに巻き込まれたすべてのものが力を失い、新しいビジネスチャンスが生まれる。

テクノロジーの波を見てみよう。モバイルの波が来た時、この地上のすべての産業のルールが書き換えられた。その余波は今も続いている。1つ、また1つと産業がモバイルに移行し、そうしなければ取り残されて死んでいく。

膨大なデータを取り込んで分析し、行動やプロセスのパターンを探る、いわゆるビッグデータの波も同じだ。人工知能もそうだ。

こうした波が来るたびに、多くの大企業が時代遅れになり、ほとんどは自分たちが時代遅れになっていることにも気づかず、気づいた時には手遅れになっている。彼らは、何も変わっていないと思い込んでビジネスを続ける。だが、1つのスタートアップがテクノロジーを使って自分たちに都合よく市場を変えると、既存勢力はあっという間に競争力を失う。

すべてのイノベーターは、新しい波に目を向けてほしい。それがテクノロジーの波であれ、社会の波であれ、政治の波であれ、経済の波であれ。そうした波が成功のカギになる。しかし、**1つの波だけにこだわってはいけない**。波自体が重要なのではない。**1つの波に乗り遅れても、また次の波が来る**。過ぎ去った波を追いかけるより、次の波に目を向けるほうがずっといい。

過ぎ去った波を追いかけて苦しむスタートアップを何度も見てきた。みんな少しだけ乗り遅れたために、どれほど頑張っても追いつけない。頑張りすぎて、ヘトヘトになってしまう。どれほど時間とおカネを注ぎ込んだかは関係ない。間違った方向に向かえば、助からない。

むしろ、方向を変え、水平線を見つめ、次の波に集中したほうがいい。そこにチャンスがある。それがあなたのビジネスを1つ上のレベルに上げてくれる。岸を振り返って過ぎ去った波を見ても仕方がない。それがどれほど大きな波であっても、過ぎてしまえばどうでもいい。それはもう過去の波だ。イノベーションは未来にある。

5 シリコンバレーの巨人たちも模倣から始めた

「独創性とは考えぬかれた模倣だ」
ヴォルテール（哲学者、作家）

シリコンバレーの人たちは認めたがらないとは思うが、**「パクり」は賢い戦略だ**。華々しく成功したスタートアップの多くは、基本的に先人をパクり、その上にイノベーションを積み重ねている。

〈フェイスブック〉は、ソーシャル・ネットワークの走りだった〈フレンドスター〉と〈マイスペース〉をパクって、ユーザーエクスペリエンスを改善した。〈ウーバー〉は〈リフト〉をパクっていた。素人の運転手がカギだと気づいたのはリフトだったが、ウーバーの動きのほうが素早く賢かった。スティーブ・ジョブズはパロアルト研究所から技術を借りてきて〈マッキントッシュ〉を作り、ビル・ゲイツはスティーブ・ジョブズをパクって〈ウィンドウズ〉を開発し、それからマイクロソフトの企業市場での優位性をテコにして拡大した。

うまくいくことがわかっている何かをパクれるなら、わざわざリスクの高いものを新たに発明する必要があるだろうか？　発明とイノベーションは難しく、失敗がつきものだ。

シリコンバレーでイノベーションに挑戦する理由はただ1つ。パクるだけでは充分ではないからだ。誰かの最高のアイデアをパクるだけで大儲けできるなら、シリコンバレーの全員がそうするだろう。そうしないほうがおかしい。

パクれるならパクればいい

シリコンバレーから何もかもパクっている中国では、このやり方が今のところうまくいっている。市場が隔離され、シリコンバレーのイノベーションが中国に入ってくるまでに時間差があるからだ。その時間差が起業家にとってはビジネスチャンスであり、そこから莫大な価値が生まれる。

中国の巨大企業を見てみよう。〈百度《バイドゥ》〉〈アリババ〉そして〈テンセント〉。いずれもパクりから生まれたが、それをはるかに超えた存在になった。

百度はもともと〈グーグル〉を真似た検索エンジンだ。アリババは、〈アマゾン〉と〈イーベイ〉と〈ペイパル〉のいいとこ取りをしたイーコマースのプラットフォームだ。テンセントは〈ＩＣＱ〉と〈カカオトーク〉に発想を得て〈ウィチャット（微信）〉を作り、今では中国のメッセージアプリで独占的な存在になった。

皮肉なことに、この3社は期待を超えたイノベーションを起こし、そのプロダクトは新しい市場を切り開き、他社からパクられるようになった。今ではフェイスブックがウィチャットをパクっている。つまり、**パクれるならパクり、パクれない時にはイノベーションを起こせ**ということだ。

残念ながら、シリコンバレーにいる世界のリーダーには、パクれるものが存在しないので、イノベーションを起こすしかない。「ありがちな」プロダクトは、シリコンバレーでは注目されない。はじめからダメとわかっている。競争は過酷で市場の動きは速く、何か独特な価値を提供できないかぎり、追いつくのはほぼ不可能だ。

だから、シリコンバレーの起業家は必死にイノベーションを起こそうとする。彼らがイノベーションを好きだからではない。イノベーションは難しく、カネがかかり、残酷で、痛みを伴う。しかし、シリコンバレーで成功する道は他にない。イノベーションを起こすか、さもなければ雑魚のままでいるかだ。

シリコンバレーには無数のパクり会社があるが、ほとんどのパクり会社は大化けしない。余分な機能やサービスを追加するだけでは、イノベーションとは言えない。真のイノベーターは、消費者のニーズを見出し、誰にもできないやり方でそのニーズを満たす。新しいチャンスを見つけ出し、その根底にある価値を理解しなければ、過酷な競争の中で先頭に立つことはできない。

中国は今まさに、その最中にある。数年前はパクっていれば儲かったが、今はパクるだけでは成功できなくなっている。中国という隔離された市場でさえも、そうなのだ。シリコンバレーで生み出される最新のアイデアを無数の中国企業が追いかけているため、急いでパクっても他の多くのパクり会社と競争しなければならなくなる。

ジャック・マー（アリババ会長）と馬化騰《ポニー・マー》（テンセントＣＥＯ）の時代には、海外からアイデアを持ってきて、急いでビジネスを立ち上げれば、国内企業と過酷な競争をせずとも市場を独占できた。そのやり方は日に日に通用しなくなっている。

これは中国にとってはいい傾向だ。政治家やビジネスマンはしょっちゅう「中国のスタートアップにはイノベーションが足りない」と愚痴っている。より独創性のある革新的なアイデアを生み出すための複雑な処方箋を考えている集団もあるほどだ。だが、そんな努力は必要ない。問題は自然に解決するはずだ。

中国企業は必要に迫られてイノベーションを始めるだろう。まさしく、「必要は発明の母」だ。パクりが利かなくなれば、パクらなくなる。シリコンバレーでもそうだったし、日本企業も韓国企業も同じだった。経済が成熟し、ビジネスが価値体系の上方に移行するにつれ、競争のためのイノベーションが必要になる。

まことしやかなウソ「いいネズミ捕りを作れば、人は買ってくれる」

偉大な製品を作ればお客が店に押し寄せるかというと、そうでもない。製品は複雑な公式の一部でしかない。マーケティング、タイミング、市場でのイメージ、ライバル、流通、その他の要因もある。他の要因があるべき場所に収まっていないと、イノベーションは誰にも認められない。〈アップストア〉には、その存在さえ誰も知らないアプリが無数にある。その中にはもちろん、これまでより優れたネズミ捕りがあることは間違いない。

すべてのイノベーションはパクリから始まる

ここではっきりさせておこう。**すべてのイノベーションは過去の何かのパクリから始まる。**それが学びというものだ。ただし、偉大な起業家はパクるだけでなく、それを自分のものにする。ピカソが言ったように、「**いい芸術家は模倣し、偉大な芸術家は盗む**」のだ。

ウィリアム・ショックレーから、マーク・ザッカーバーグ、イーロン・マスクまで、シリコンバレーの天才起業家はみな、盗むところから始めた。

ウィリアム・ショックレーは自分だけの名前でトランジスタの特許を取りたいがために、同僚のジョン・バーディーンとウォルター・ブラッテンの名前を外そうとベル研に働きかけたが、失敗した。

マーク・ザッカーバーグは〈フレンドスター〉〈マイスペース〉〈ハーバードコネクション・ドットコム〉〈ホット・オア・ノット〉〈ハーバード・オンライン・フェイスブック〉をパクっていたが、その後、独自のプラットフォームを開発した。

〈テスラ〉を立ち上げたのはイーロン・マスクの功績とされるが、実際にテスラを創業したのはマーティン・エバーハードとマーク・ターペニングの2人で、エバーハードがCEOに就いている。マスクはあとから投資家兼取締役兼共同創業者として参加した。

とはいっても、トランジスタを開発したショックレーの功績や、ソーシャル・ネットワークを作り上げたザッカーバーグの努力や、テスラを変身させたマスクの才能を貶めたいわけではない。ただ、きらめくような才能のある起業家が、何かを模倣し、その上にイノベーションを積み重ねて、手柄を独り占めするケースは多いということだ。

だからみなさんも、今ある何かを模倣し、それを独自のものにしてほしい。

第2章

小さく、少なく始める

6

小さな「アイデア」で始める

「些細なことが積み重なって偉大なことがなされる」

フィンセント・ファン・ゴッホ（画家）

イノベーションを起こすには、大きなことを考えなければならないと思っている人は多い。あなたが大企業の経営者なら、組織全体にまたがるような、大規模なイノベーションプロジェクトを実行する必要があると思っているだろう。全員が力を合わせなければならない。おカネに糸目はつけていられない。これが会社の未来そのものであり、次の大きな収益の柱は、イノベーションによってもたらされる。

だが、これは真実からはほど遠い。**本物のイノベーションを起こすには、大きく考えてはいけない。小さく考えなければいけない。**

大規模なイノベーションのプロジェクトはたいてい失敗に終わる。多額の予算、大人数のチーム、大きな結果が求められるからこそ、失敗するのだ。

ことイノベーションに関しては、たいてい**一番小さなアイデアが産業を変える力を持つ。**

〈ポストイット〉も面ファスナーの〈ベルクロ〉も、使い捨てカミソリもそうだ。これまで産業に革命をもたらしたのは、いずれもシンプルなアイデアだった。

今となっては、付箋なんて当たり前で、誰でも思いつきそうに見える。だが、それまで誰も思いつかなかった。しかもそれは、失敗のおかげでひらめいたアイデアだった。

３Ｍで科学者として働いていたスペンサー・シルバーは、超強力な粘着剤を開発しようとしていた。それなのに偶然、「粘着力の弱い」付けたり外したりできるような糊が生まれた。５年もの間、シルバー博士はこの発明を製品化しようと試みた。でも、誰も見向きもしなかった。しかし、あるとき同僚が賛美歌のしおりにこの新しい糊を使おうと思いついた。一連のちょっとしたひらめきがポストイットにつながったのだ。

偉大なイノベーションが起きたプロセスを振り返ると、同じような経過をたどっているケースが多い。優れたアイデアは壮大なビジョンからではなく、ちょっとした実験と偶然の発見から生まれている。壮大なビジョンは後付けだ。発見秘話はマスコミによって書き換えられ、人々の心の中で違うストーリーができあがる。

チームが小さく考えられる環境と構造を創る

テクノロジーのスタートアップにも同じことが言える。僕たちにもお馴染みの例を挙げよう。〈ユーチューブ〉の始まりは、壮大なビジョンがきっかけではなかった。世界中の動画とクリエイターと視聴者をつなぐためのグローバルなプラットフォームを目指していたわけではない。始まりは全く違うものだった。最初は、出会い系サイトの〈ホット・オア・ノット〉をパクって動画を加えた〈チューン・イン・フックアップ〉というサービスだった。でも、そこに人が集まらなかったので、創業者たちは他のアイデアを考え始めた。

ひらめきが生まれたのは、2つのちょっとした不満からだった。1つ目は、創業者のジョード・カリムがジャネット・ジャクソンの「おっぱいポロリ」動画をオンラインで見つけられず、イライラしていたこと。2つ目は、共同創業者のチャド・ハーリーとスティーブ・チェンが、ディナーパーティーの動画をメールで送ろうとして、容量不足で送れなかったことだ。

そこで、動画共有の簡単なしくみを作ったところ、反響がすごかった。あっという間にいくつかの動画が拡散され、ユーチューブの情報量は爆発的に伸び、動画コンテンツはすべてここに集まるようになった。

ユーチューブが世界最大のオンライン動画サイトになったのは、壮大なビジョンがあったからでも、計画があったからでもない。小さなイノベーションが強烈な効果をもたらした結果だ。もし最初からグローバルな放送局を目指していたら、ユーチューブは生まれていなかった。

例えば、かつて〈デジタル・エンタテインメント・ネットワーク〉というスタートアップがあった。ドットコムバブルの時期にテレビ番組をインターネットで流そうとしていた。壮大なビジョンはあったが失敗だった。コンテンツにカネがかかりすぎ、広告も取れなかった。

多くのスタートアップが同じような失敗をしている。

例えば、僕のところにやって来たある台湾企業は、すべてのスマート機器を解錠できるような単一のアプリを作ろうとしていた。スマート自転車の鍵から自動車、自宅、引き出しなど、すべてを解錠できるアプリだ。課金モデルは無理だと諦め、アプリを無料にして、アプリ内でソーシャル・ネットワークを築こうとした。自動車メーカーからIoT機器メーカーまで、あらゆる企業とパートナーを組むことを狙っていた。さらに複雑なことに、このアプリで解錠するには、スマート機器に特殊な仕様が必要だった。そんなやり方で、これほど大規模で複雑なものを軌道に乗せるのは、はなから不可能だった。

僕は単刀直入に、こう言った。「小さく考えたほうがいい。君たちのアプリを高く評価してくれる顧客を1社選んで、そこに力を注ぐべきだ」と。安全に価値を置く企業を狙って、セキュリティのソリューションを売り込むことを勧めた。

社内のドア、机、ファイル棚、倉庫といった重要なアクセスポイントを、単一のスマホアプリで制御できるようにするのがいい。スマートロックの数に従って課金できるし、付加価値のあるサービスを提供することもできる。元の計画よりそのほうがはるかにシンプルで、狙う顧客も1種類に限られ、はっきりとした収益モデルもできる。

このピボット（方向転換）が成功するかどうかはまだわからないが、僕は期待している。

3人のスタートアップでも、3万人の多国籍企業でも、イノベーションのプロセスはほぼ同じだ。**チームが小さく考えられるような環境と構造を創り出さなければならない。**

7 少ない「人数」で始める

「小回りのきく優秀なチームはいつも、動きの遅い大きなチームに勝る」

ポール・ブライアント（アメリカンフットボールコーチ）

繰り返しになるが、この本は、スタートアップの創業者から大企業の管理職まで、イノベーションを起こしたいすべての人に向けたものだ。その上で、チームの規模について話したい。

ほとんどのスタートアップは少人数で始まる。おカネがないからだ。創業者たちと、数人のアルバイトくらいだ。一方、大企業には、はじめから大人数のイノベーションチームを作る余裕がある。だが、大人数のチームを作るのは大間違いだ。理由を説明しよう。

インキュベーターの経営とグローバル企業のコンサルティングの両方の経験から、理想的なチーム規模は2人から8人だと僕は考える。人数が少ないほうが、お互いに協力し、意思を通わせ、うまく親密に仕事ができるからだ。大人数では築けない絆がそこに生まれる。少人数なら全員が親しくなり、お互いの長所と短所を理解し、より深い関係を築くことができる。するとチームワークはよくなり、がっつりと組んで一緒に仕事ができるようになる。

大人数のチームは逆に、メンバーがより慎重になり、自分の身を守るようになる。たくさんの人の前では僕でさえ発言に気を遣う。失敗して間抜けに見られたくないと思ってしまう。コミュニケーションが堅苦しくなり、スケジュールは厳密になり、会議の決まりごとが多くなり、人間関係はややこしくなり、メンバーの役割も複雑になる。個人の力よりも集団の力学に重きが置かれるようになる。

人は誰しも集団に溶け込みたいという気持ちがある。その欲求は人間の思考や行動に刷り込まれている。大人数のグループの中では、少人数のグループにいる時と同じように振る舞うことはできない。グループの規模が変われば、メンバーの心理も変わる。大きな集団には階層ができやすい。大人数をまとめて導くにはそのほうが都合がいいが、ピラミッド型の組織は創造性や自由な思考を解き放つには適していない。秩序が乱れてしまう。

理想のチーム人数は「ピザ２枚」分

少人数になればなるほど、チームはよりフラットになる。親密なチームでは、メンバーは上司と部下ではなく、自ずとパートナーとして振る舞う。これがイノベーションには欠かせない。人が深く関わり合い、アイデアを自由に共有することで、創造性が発揮される。少人数ならそれがしやすい。とくに、はずかしがり屋や内向的な人や慎重な人ならなおさらだ。

少人数のほうがいい理由がもう1つある。メンバーの数が10人を超えると、仕事のスピードが下がる。大人数の集団は少人数に比べて動きが遅い。新しいアイデアを試す時は、とくにそうだ。イノベーションには素早い実験の繰り返しが必要で、メンバーをのけ者にすることなく、チームで急いで判断しなければならない。

僕の経験では、**チームの成功のカギは、すべてのメンバーが全力でプロセスに貢献できる構造になっているかどうかだ**。しかし、チームが大人数になればなるほど、全員が貢献することは難しくなる。10人を超える人が同じ部屋にいたら、どんなことにも合意できなくなってしまう。頭が痛くなるようなこともある。

多数決で最良のアイデアを選ぶというのも、全員に参加してもらう1つの手だが、それでは少数派が100%貢献できなくなってしまう。多数決はチーム内の分断につながることも多い。一部の人たちがいつも否定されることになりかねない。その結果、派閥ができる。イノベーションチームに派閥ができると、政治がプロセスを支配するようになる。そうなると最悪だ。多数決のもう1つの欠点は、少数派を仲間はずれにしたいために、賛成できなくても多数派になびく人が出てくるということだ。

大人数のチームでなくても、リーダーが最良のアイデアを選ぶというトップダウンのチームもある。しかし、チームリーダーに全員の声を吸い上げるスキルがなければ、真のコラボレーションが進むことはなく、チームの全員が等しく意思決定の過程に貢献したり参加したりする力を与えられたとは感じられなくなる。結局は、少数の人たちだけが積極的にイノベーションを起こし、残りの人たちはただそれに追随するだけになる。

チームが大きくなればなるほど、イノベーションのプロセスに関わる人の割合は少なくなる。それならイノベーションのチームを作る理由はない。

構造がどうであれ、全員が積極的にイノベーションのプロセスに貢献でき、意思決定に参加できるようなチームが理想だ。僕が憧れるジェフ・ベゾスは、これを「**ピザ2枚の法則**」と呼んでいる。つまり、**ピザ2枚でお腹がいっぱいになれる人数でなければ、チームが大きすぎる**ということだ。僕はピザ半分でお腹がいっぱいになるので、4人いればいい。

理想的なチームに必要な人材

では、理想的なイノベーションチームをどう作ったらいいだろう？　僕たちの会社では、シンプルな公式を掲げている。

- **ハスラー**――チームの中に少なくとも1人は、「ビジネス」と「顧客」と「市場」を深く理解している人が必要だ。ほとんどのスタートアップでは、それがＣＥＯだ。企業のビジョンとプロダクトを世界に売り込むのが、この人だ。この役割を負うのは、リーダーとして、またコミュニケーターとして優れた人でなければならない。

- **ハッカー**——最新のテクノロジーに精通し、それを使って事業を変えるのが、ハッカーだ。最初からチームにテクノロジーオタクを入れておくことは欠かせない。イノベーションとは、産業と社会を破壊するような新しいテクノロジーの波に乗ることだ。だから、テクノロジーを使って世界を一変させて再構築する方法を理解している人が必要になる。またこの人は、自分から手をかけて、コーディングや検証といった面倒な仕事をしてくれるようなテクノロジーの天才でなければならない。少人数のチームでは、誰かに任せている余裕はない。実際の仕事をしてくれる人が必要になる。たいていのスタートアップでは、それが開発責任者またはＣＴＯ（最高技術責任者）になる。
- **ヒップスター**——この人が、クリエイティブ面のリーダーだ。優れたスタートアップでデザイン思考がどれほど大切かは、いくら強調してもし足りない。デザインがイノベーションの核になることは多い。ちょっとしたデザインの変更が大きな影響を及ぼすことがある。どんなイノベーションチームにも、はじめからデザイナーの参加が必要になる。〈ユーチューブ〉〈スライドシェア〉〈エッツィー〉〈フリッカー〉〈ゴワラ〉〈ピンタレスト〉〈ジョウボーン〉〈エアビーアンドビー〉〈フリップボード〉〈アンドロイド〉そして〈スクエア〉。いずれも共同創業者にデザイナーがいた。アクセラレーターの「５００スタートアップ」を仲間と立ち上げたデイブ・マクルーアは、「どんなチームにもハスラーとハッカーとヒップスターが必要だ」とよく言っている。だが、僕はここに、４番目のメンバーを加えたい。

・ホットショット――高度に専門的な何かに挑戦している場合には、チームにその分野の専門家が必要になる。チームが解決しようとしている特定の問題について、その仔細を深く理解している誰かが必要だ。その人物は、博士号を持つ研究者か、その分野で長い経験のある誰かでなければならない。経営者ではなく、高度な知識を持つ誰かがチームにいるかいないかが、ブレークスルーの実現を左右する。イーロン・マスクの〈スペースＸ〉に専門家がいなければ衛星を軌道に乗せることは絶対にできなかった。分子生物学者のクレイグ・ヴェンターのチームも同じだ。彼らは、人間の遺伝子情報と臨床データをすべて集めて世界最大のデータベースを作るという、壮大な使命を持っている。

この４種類のスキルを併せ持つスタートアップは、成功の確率が格段に高くなる。ただ、すべてのイノベーションチームにこの４種類の人材が絶対に必要だというわけではない。２人で始めた偉大なスタートアップもある。その場合は、１人の創業者がいくつかの役割を負っている。

マーク・ザッカーバーグがいい例だ。ザッカーバーグは優秀なプログラマーであり、ビジネスを完璧に理解している、その分野の専門家でもある。しかもプロダクトのデザインにも優れている。とはいえ、彼が１人ですべてをやったわけではない。彼がチームを築き、そのチームが〈フェイスブック〉を目覚ましい成功に導いた。

僕たちのところにやってくるスタートアップにこうしたカギになるメンバーが抜けている場合、真っ先に「今すぐにこの穴を埋めてほしい。成功したかったら、立ち上げからチームに適材を引き入れるしかない！」と伝える。

僕が資金調達を助けた〈ロケットオン〉というスタートアップの例を紹介しよう。

ロケットオンはインターネットの仮想世界を運営するスタートアップだった。ユーザーがアバターを作ると、どのウェブサイトでもそれを使える。グーグル、アマゾン、CNN、アダルト・スウィムなど、多くのサイトでそれができる。友達とチャットしたり、ゲームをしたり、音楽を聞いたり、世界中のどのウェブページのニュースについても話し合える。

だが、3ヶ月にわたって投資家に売り込んだが、結局、投資には至らなかった。すごくいいアイデアだったのに、どうして投資してもらえないのかわからなかった。ところが、チームのカギになるメンバーが抜けていることにハッと気がついた。プロダクトの責任者だ。ベンチャーキャピタル（VC）が投資を見送っていたのは、そのせいだった。彼らはそこに穴があると見ていたが、僕には教えてくれなかった。

その穴を埋めることを、僕は優先させた。ちょうど運良く仕事を辞めた友人がいて、彼はその役目にぴったりの人材だった。彼を経営陣に引き入れた翌日に、僕たちは一緒に投資家に売り込みに行った。プレゼンの内容は前回と全く同じだった。違っていたのは、新しい共同創業者が横に座っていたことだけだ。最初のVCからは、説明を聞いた後で「パートナー会議にもう一度来てほしい」と言われた。いい兆候だった。次のVCは、プレゼンした日にその場で投資を決めてくれた。

適材をチームに引き入れれば、うまくいくという例だ。

大企業の中でイノベーションチームを作る場合は、ハスラーとハッカーとヒップスターとホットショットの他に、あと数名の人材が必要になる。

- **政治家**——大組織の中でプロジェクトを支援し、リソースを確保し、部署間の調整をするという、大切な役割を負う。政治家がチームにいなければ、ほとんどのプロジェクトは日の目を見ずに終わってしまう。
- **オーガナイザー**——プロジェクトへの支持を取り付け、それを維持することに加えて、プロジェクトを管理して、日々の経費に目配りをする人が必要になる。

それ以外の人材については、肩書や階級や経験年数で選んではいけない。専門性とやる気と好奇心のある人を仲間に入れるべきだ。**ハングリーで野心があり、心が開かれていて、企業の伝統に挑戦し、限界を広げ、その途中で失敗することもいとわないような誰かがチームには必要だ。**

1人ぼっちのイノベーションは難しい

1人で創業したスタートアップは、チームで立ち上げたスタートアップに比べてうまくいかないケースが多い。どうしてだろう？　その答えは1つではない。

まず、**大規模なビジネスは1人では築けない**。数十億ドル規模の1人企業があるだろうか？野心的な夢を実現させるカギは、目標達成に必要な人材を引き入れることだ。最も成功したCEOのほとんどは、人材を見出して引き寄せることに極めて優れている。

また、**アイデアを交わし、前提を疑う仲間がいることで、人はよりクリエイティブになれる**。ソクラテスはそのお手本だ。ソクラテスは仲間のアテネ人にすべてを疑うよう促した。どんな大胆な質問でも受け入れた。物事の現状に疑問を投げかけるソクラテスメソッドは、イノベーションのプロセスに欠かせない要素だ。ファウンダーズ・スペース社では、僕がソクラテスを演じて、真実を突き止めるまでスタートアップに延々と質問を投げ掛ける。

お互いにも現状にも自由に挑戦するような多様なメンバーを集めてチームを作ることで、イノベーションの起きやすい力学を生み出すことができる。だが、創業者1人のスタートアップでは、それが難しい。

では、1人ではイノベーションを起こせないのだろうか？　決してそんなことはない。能力のある人なら、目覚ましい結果を出せる。しかし、**適材を集めたチームはたいてい、1人の個人を上回る成果をあげる**。異なる化学物質の組み合わせが劇的な結果を生み出すことを、化学者ならわかるだろう。個々人のアイデア、経歴、知識が混じり合い、1人では思いつかないひらめきが生まれるのだ。

複数のメンバーがいることのもう1つの利点は、**より多くの仕事をこなせる**ことだ。新しいアイデアを生み出すことは最初の1歩にすぎない。大変なのは、そのアイデアが実際に望ましい成果につながると証明することだ。チームで力を合わせれば、分析と検証のスピードを上げられる。

またメンバーがいることで**やる気が起こる**という面もある。創業者が1人の場合、ある時点で壁にぶつかると、やる気を失ってしまいがちだ。逆に、複数の創業者がいることで、やり続けなければいけないという気持ちになる。

ファウンダーズ・スペース社でもしょっちゅうそれを見ている。不可能に見えることでも、チームなら闘いを続けようという気になる。仲間をがっかりさせたくないからだ。

〈ハッシュプレイ〉がいい例だ。ハッシュプレイは〈ツイッチ〉に似た仮想現実ゲームの配信プラットフォームを開発していた。アマゾンに9億7000万ドルで買収されたツイッチは、ゲーム実況の配信プラットフォームだ。同じことが仮想現実でもできるはずだった。

正直に言えば、最初、僕はあまり乗り気になれなかった。VR版ツイッチの開発なんて、とても無理だと思ったのだ。ただの動画配信とはわけが違う。VR体験には数々の技術的な難題があり、ハードウェアの制約もある。それでも、チームは稀に見るほど優秀だった。だから、僕はチームに賭けることにした。プロダクトに自信があったわけではない。
創業者が1人だったり、チームが優秀でなかったりすれば、おそらくこのスタートアップは跡形もなく潰されていたはずだが、メンバーは見事な働きを続けた。方向を転換し、実験を繰り返し、彼らに適したモデルを発見した。数々の障害にぶつかりながら、彼らは今も前に進んでいる。メンバーはみな命運を共にしている。それがチームの力だ。

1人の創業者より**チームで働くほうが生産性も上がる**。1人だと仲間のプレッシャーがなく、力を出し切るようお尻を叩いてくれる人もいない。立ち上げからチームがいると、いい雰囲気ができる。そのスタートアップが全員のチーム努力によるものだと感じられる。個人のプロジェクトだとは思わなくなる。これがカギだ。

イノベーションチームとその文化が、新しいビジネスの核になる。なお、その文化は、すべての人を受け入れるような協力的な文化でなければならない。

大企業の中では、1人ぼっちのイノベーションは、うまく機能しているチームと比べて組織に馴染みにくい。例えば、個人が革命的なアイデアを思いついたとしても、「すべて1人で考えた。手柄を会社と分けるなんておかしい。何もしてくれなかったのに!」と考えてしまうかもしれない。

シリコンバレーの歴史を振り返ると、今、僕たちの身の回りにあるテクノロジーの革命を起こしてきたのは小さなチームだった。インテル、ヒューレット・パッカード、アップル、グーグル、アマゾン、ストライプ、ゼネフィット、エアビーアンドビー。まだまだある。

伝統的な大企業も、組織内に小さなチームを作ることで、恩恵を受けてきた。

ＩＢＭが生き返ったのは、社内の少人数チームがコンピュータシステム〈ＡＳ／４００〉を開発したからだ。ロッキード・マーティンの有名な「スカンクワークス」では、少人数チームに大きな裁量を与え、〈ＳＲ71〉などそれまでにない革新的な航空機を開発した。スティーブ・ジョブズが「マッキントッシュチームはいわゆる組織内起業家だった。大きな組織の中のガレージ起業家の集団だった」と言ったのはよく知られている。

大企業の中でイノベーションチームを立ち上げるなら、２人から８人が望ましい。そのくらいが理想的だ。

とはいえ、1人で実験してもいいし、10人を超える所帯のチームでうまくいくかどうかを試してみてもいい。少人数ルールにも、もちろん例外はある。産業やプロジェクトの大きさ、技術の複雑さ、それに関わる人たちの個性にもよる。**大切なのは柔軟性だ**。

どうしても1人でやりたいという人がいたら、そうさせればいい。10人を超えるメンバーが必要だと言うなら、そうさせて結果を細かく測ればいい。生産性が高ければ、そのまま続けさせていい。そうでなければ解散して、またはじめからやり直せばいい。

8

少ない「予算」で始める

「予算はキツキツがいい。制約のあるほうがいい。それが創造性を刺激する」

リンク・ニール（グッド・ミスティカル・モーニング　共同制作者）

おカネがないほうがイノベーションが起きやすいのはなぜだろう？

予算が多いほうが、リソースも人材も多く、進歩も速く、結果もいいと思いがちだ。でも、そうとは限らない。じつのところ、イノベーションチームが多額の予算を要求する場合には、その費用を正当化できるような提案を出さなければならない。会社がその提案を認めると、イノベーションチームはその計画を実行して結果を出すことへのプレッシャーを感じるものだ。そうなると、新しい道を自由に模索できなくなる。

一方で、早い時点で焦点を絞ることが命取りになる場合もある。

イノベーションとは模索そのものなのに、詳細な提案を出した時点で計画に縛られる。現実には、その時点ではそれが正しい計画かどうかわからないし、計画どおりに実行できるかどうかもわからない。新しい可能性を開くどころか、可能性を閉ざしてしまうことになる。

大きな予算のもう1つの欠点は、チームが大人数になってしまうことだ。チームリーダーは目標を定め、スケジュールを立て、タスクを割り振り、進捗を記録しなければならなくなる。するとチームの視野はますます狭くなり、他の選択肢が開かれなくなる。でも本来、イノベーションチームが初期にやるべきことは反対で、発見と実験に集中するべきなのだ。

アイデアを絞って、計画を立て、それを実行することは、イノベーションのプロセスとは正反対だ。イノベーションは、さまざまな可能性に心を開き、新しいアイデアを試し、それがダメでも失敗から学び、森の中に分け入って、まだ見ぬ何かを見つけようとすることから生まれる。チームが指示待ち社員でいっぱいになると、リーダーはただの管理職《マネジャー》になる。リーダーとマネジャーの役割は全く違う。

チームが大所帯になればなるほど、部下も上司も方向性を変えるのがおっくうになる。たとえ、方向性が間違っているとデータが示していても、方向転換しにくい。だが、素早い方向転換こそイノベーションの真髄だ。そこでチームは学び、ブレークスルーが生まれる。予算が多く、計画に従うプレッシャーが大きいほど、方向転換は難しくなる。

大きなイノベーションはおカネがない時に起きる

典型的なスタートアップを考えてみよう。**大きなイノベーションのほとんどは、おカネが全**

くない時に起きる。スタートアップにおカネが流れ込み始めると、イノベーションは止まり、創業者は規模拡大に集中する。有効なビジネスモデルが見つかっている場合はそれでもいいが、ビジネスモデルが未熟なら、資金が流れ込むことで逆に規模拡大が妨げられてしまう。

事例をいくつか挙げよう。

〈カラー〉はイベントの際の画像共有アプリを提供するスタートアップで、4100万ドルを調達した。問題は、カラーに有効なイノベーションがなかったことだ。あったのはただの壮大なビジョンだけだった。資金調達のタイミングも早すぎた。ほとんどのスタートアップなら銀行に4100万ドルもあれば飛び上がって喜ぶはずだが、カラーの場合はそのおカネが仇になった。自由に実験ができなくなってしまったのだ。

4100万ドルもの現金と引き換えに、ベンチャーキャピタル（VC）はビジョンの実現を期待した。おカネの上にあぐらをかいていることはできなかった。それが終わりの始まりだった。何度か続けて方向転換に失敗したカラーは、二束三文で資産をアップルに売却せざるを得なかった。

これはよくあるパターンだ。**準備の整わない時点でスタートアップが大金を調達すると、大コケする。**

〈ファブ〉もまた、そんなスタートアップの1つだ。ECサービスを提供するファブは、2億ドルを使い果たしても、有効なビジネスモデルを見つけられずじまいだった。もしそれほどおカネがなかったら、優れたビジネスモデルを見つけていたかもしれないと僕は思っている。でもおカネがあったせいで、失敗してしまった。ユーザー獲得に莫大な費用を投入する余裕があったせいで、そのユーザーを維持できないという現実に目を向けることができなかったのだ。ファブのジェイソン・ゴールドバーグＣＥＯは「この２年で２億ドルも使った。２億ドルだ！　それなのに、ユーザーが何を欲しいのかがまだわかっていない」と書簡に書いていた。

そんな創業者はゴールドバーグだけではない。スタートアップが厳しい現実から目をそらすためにおカネを使い、投資家も自分も欺いているというケースは多い。とりあえず時間を稼いで物事を軌道に乗せようと思っても、実際には現実を避けているにすぎない。おカネのおかげで、問題から逃れることができるのだ。本当のプロダクト・マーケットフィットを見つける前に資金調達をすると、そうなってしまうのは無理もない。

今、僕は、投資家から多額の資金を調達して次世代のＩｏＴ機器を開発中のスタートアップを手がけている。彼らは資金がうなるほどあるので、大人数のチームを雇い、ビジネスの基本的な問題から目をそらす余裕がある。ユーザーは誰か？　彼らは具体的に何を望んでいるのか？　それらをまだ突き止めていない。

僕は彼らに面と向かって「研究開発を止めて潜在ユーザーを引き入れることに時間を使ったほうがいい」と言った。しかし、投資資金が流入すればするほど、問題から目をそらしがちになる。創業者は、最高のテクノロジーを開発することを優先させていいというお墨付きを投資家が与えてくれたように感じてしまうのだ。

まことしやかなウソ「大々的に立ち上げたほうがいい」

〈グーグルプラス〉〈グーグルグラス〉〈グーグルウェーブ〉など、派手な発表イベントは印象に残る。しかし、グーグルの後ろ盾があってもなお、これらのサービスはコケてしまった。いずれも革新的なプロダクトだが、時にはあまり派手に立ち上げず、ユーザーに集中したほうがいいこともある。イノベーションが絡む場合、大々的な立ち上げによって期待が増幅されると、結果として失望も大きくなる。

おカネがありすぎると害になる

かなりの金額を調達したばかりのスタートアップ創業者に、彼らのアイデアではうまくいかないと説得するのは至難の技だ。**カネがうなるほどある起業家は楽観的になりがちで、方向性が間違っていても耳を貸そうとしなくなる。**計画に基づいて資金を調達しているので、そのおカネが銀行口座にある今になって計画を変える必要も感じられない。

すべて起業家が悪いわけではない。投資家にも責任がある。アイデアがうまくいくという証拠を求めずにおカネをつぎ込む投資家も多い。事実より直感で決めている。それは怠惰というもので、投資家にも、起業家にも損になる。

残念ながら、証明されたビジネスモデルよりも壮大な夢を売り込むほうが資金を調達しやすい。アイデア段階なら将来性があるように見えても、ビジネスモデルの段階ではそれほどキラキラ輝いて見えないからだ。

〈ウェブバン〉はまさにそんなアイデアの1つだった。世界一のオンライン食品スーパーを作り、生鮮食品を家庭に届けるというビジョンを持っていた。1995年から2001年のドットコムバブルの時代で、アイデアはドンピシャだったが、悪魔は細かいところに潜んでいた。現金を使い果たしたウェブバンは夢を諦めざるを得なかった。皮肉なことに、10年後に同じ夢を追いかけるスタートアップが次々と現れ、アマゾンのような大企業もここに参入してきた。

もう1つの大コケの例が〈38スタジオ〉だ。このビデオゲーム会社は7500万ドルをドブに捨て、今は存在しない。オンラインショッピング会社の〈ブー・ドットコム〉は1億3500万ドルを調達したが、37万2500ドルで売却された。発明家のプラットフォームだった〈クァーキー〉は1億8000万ドルを調達したものの、ビジネスモデルに大きな欠陥があった。他にも同じような例は数えきれないほどある。

〈パノ・ロジック〉の創業者だったニルス・バンガーは、次のようにうまく言い表している。

「おカネがありすぎると害になる。早いうちから資金を集めすぎると、それが足かせになり、選択肢が限られる。莫大な資金を調達したということは、もうビジネスモデルを見つけたという意味で、規模拡大をしなければならなくなる。でも、本物のビジネスモデルを見つけていないのに資金調達してしまうと、会社がまだビジネスの仕組みを見つけようとしている間に、取締役会は規模拡大を期待するので、問題が起きる」

デスクトップの仮想インフラを開発していたパノ・ロジックは、資金集めも市場ポジショニングもうまくいったのに、結局倒産してしまった。バンガーはさらに「おカネをもらいすぎると、使わなくちゃいけないというものすごいプレッシャーがかかる。そして準備不足のまま使ってしまったり、外部の力に影響されて使ってしまったりする」とも語っている。

逆に、予算が限られていると、イノベーティブな考え方が生まれやすくなる。おカネもリソースもないからこそ、野心的な起業家ならとくに過激なアイデアを思いつくことがある。彼らはすばしこく動き、他の人が見落としたことや、無理だと思ったことに挑戦する。おカネがなければ常識外のことを考える。普通の計画を実行する時間もリソースもないからだ。

自宅のどこかをおカネをかけず手っ取り早く修理したい時と同じだ。部品もないし、ホームセンターに行く時間もない時のことを考えてほしい。頭を使えば、何かいい方法を思いつくものだ。制約があると、工夫せざるを得なくなる。

スタートアップも同じだ。おカネがないために新しいテクノロジーを発明できなくて、やむをえず既存のテクノロジーやツールをこれまでにない方法で活用しようとするスタートアップも多い。ここからイノベーションが生まれる。既存の技術とサービスを組み合わせて、新しい何かを創り出せば、自分たちで開発するより速く安く市場に提供できるようになる。

既存のテクノロジーを利用することの利点は多い。

- 研究開発に時間を使わなくていい
- ほとんどのバグが判明している
- 製造の心配をしなくていい
- 自分たちで開発するよりはるかに安い
- オンラインでも紙でも詳しい仕様が記録されている
- 行き詰まったら、誰かの助けを借りて問題を解決できる
- おカネを払えばプロの支援を受けられる
- すでに誰かがやったことを繰り返さずに済む

既存のテクノロジーは、新しいものよりも速く広く普及しやすいことも、重要な利点だ。すでに検証され、ユーザーにも馴染みがあるために、多くの人が取り入れやすい。もし〈ウーバー〉が、スマホではなく独自の車両呼び出し機器を発明していたらどうなっていただろう？　絶対に失敗していたはずだ。だから、証明され、市場で利用されているテクノロジーを使うことには大きな利点がある。

おカネがないほうがいい結果を生む

リソース不足がイノベーションを生み出す例を挙げよう。

メキシコでは、公的な保険がきく医療機関が不足しており、ほとんどの人が自費で民間の医療機関にかかる。だが、自費診療は非常に高額だ。それがペドロ・イリゴージェンのひらめきにつながった。イリゴージェンは医療費を下げるためのアイデアを考えるうち、メキシコシティでコールセンターを運営することを思いついた。

イリゴージェンは既存のコールセンターに医療の訓練を受けたスタッフを配属し、世界中の先進的な病院で使われているのと同じ診断システムを備え付けた。彼が発明したものは何もない。既存のサービスを使って、新しい形で組み合わせただけだ。

イリゴージェンは月額5ドルで、誰でも必要な時にこの医療コールセンターに電話をかけられるサービスを提供することにした。

このちょっとしたイノベーションがメキシコの医療に革命を起こした。今、医療にかかわる問題の62%は、電話で解決されている。深刻な問題の場合には、スタッフが専門家を紹介する。患者は助かるし、会社は紹介料を受け取る。紹介料の一部は患者への割引となり、患者も得をする。患者にとっても、イリゴージェンの会社にとっても一石二鳥だ。会社名は〈メディカル・ホーム〉という。

医療業界でもずっと前から同じことができたはずだが、異なる経歴を持つアウトサイダーだからこそ限られたリソースで解決策を生み出すことができた。

これは、**おカネがないほうがいい結果が生まれる**という象徴的な事例だ。イリゴージェンは研究開発にかけるおカネも、医療ビジネスの経験もなかった。だからこそ非凡な考えにたどりつき、全く新しい形でユーザーに価値を提供することができた。

ひるがえって、大企業が研究開発費を増やしたからといって、イノベーションが生まれるわけではない。

「イノベーションは研究開発予算と全く関係ない。アップルが〈マッキントッシュ〉を思いついた時、ＩＢＭは研究開発費に少なくとも１００倍はかけていた。おカネじゃないんだ。人材と、導き方と、ひらめきがすべてだ」と言ったのはスティーブ・ジョブズだ。

このことは、ブーズ・アンド・カンパニーのデータでも証明されている。研究開発予算の大きな企業のエグゼクティブ６００人を招いて、どの会社が一番イノベーティブかを評価してもらった。最もイノベーティブとされたのはアップルだった。だが、アップルの研究開発費は70位。２番目のグーグルの研究開発費は20位にも入っていなかった。

２００４年と07年のノキアの研究開発費は総額で２００億ドルを超えていた一方で、アップルは25億ドルだった。この間に、アップルは〈ｉＰｈｏｎｅ〉を発売したが、ノキアは衰退の一途をたどっていた。

つまり、ライバルより多額の予算があってもイノベーションの助けにはならないし、むしろイノベーションを阻害する場合もあるということだ。**おカネがないことで「自前主義」の呪縛から逃れられることもあるし、それがチームの刺激となってより速く製品が開発されたり、新しいアイデアが生まれたり、創造性が花開くことも多い。**

9 少ない「時間」で始める

「何かを考えることに時間をかけすぎると、
いつまでたってもそれを成し遂げられない」
ブルース・リー（武道家、俳優）

パーキンソンの法則（病気ではない）とは、「仕事は時間があればあるだけ膨張する」というものだ。ビジネスプランを完成させるまでに6ヶ月の猶予を与えると、終わるのにかならず6ヶ月かかる。6日しかなければ、なんとかやり方を工夫して6日間で終わる。

このパーキンソンの法則は、韓国の人たちにはお馴染みだろう。

韓国企業は、残業を社員の忠誠心と献身の証しと見る。「アジアで誰よりも必死に長時間働く」と自慢するのが韓国の人たちだ。では、先進国の中で韓国の生産性がトップでないのはなぜだろう？　答えは簡単だ。同じ仕事をするのに長い時間がかかるからだ。夜10時までオフィスにいるのが当たり前なら、夕方5時までに仕事を終わらせようとは思わない。

それと同じで、スタートアップのチームがプロトタイプ作りに3ヶ月の猶予があると思っていたら、3週間では終わらない。**イノベーションを生み出すチームを作ろうと思ったら、緊迫**

感を生み出さなければならない。この世界のどこかに、今この時、同じプロジェクトを行っているライバルがいる。もしあなたのチームが素早く動かなければ、市場を失ってしまう。

短い締め切りで緊迫感を生み出す

僕たちの会社で短期間の集中プログラムを行っているのはそのためだ。6ヶ月かそれより長いプログラムを運営しているインキュベーターも多いが、それでは長すぎる。プロセスをずるずると引き延ばしていいことは何もない。

僕たちは反対のやり方をする。1ヶ月かもっと短い期間にプログラムを凝縮し、その中で起業家にアイデア、教育、指導、チャンスをふんだんに与える。ファウンダーズ・スペース社は「超高速」アクセラレーターで、起業家は毎日、朝から晩まで必須の課題について集中講義を受け、きめ細かなワークショップと多くのフィードバックが与えられる。

時間を制限することで、密度が濃くなり、よくある3〜4ヶ月間のインキュベーションよりも、ちょっと長めのハッカソン（ハック×マラソンの造語。もともとは、プログラマーやデザイナーで構成された複数のチームが規定の時間や日数でプログラミングに没頭し、アイデアや成果を競い合う開発イベント。近年はIT以外の業界でも活用されている）のような経験ができる。

現在の一番人気は2週間のプログラムで、今すぐに立ち上げと運営を目指す海外のスタートアップがシリコンバレーにやってくる。その多くは、数ヶ月先まで待ってからプログラムの最終日に投資家にプレゼンテーションをするやり方を好まない。彼らがシリコンバレーにいる時間は限られている。だから、素早くやり方を見出す必要があるのだ。

スティーブ・ジョブズは緊迫感を生み出す名人だった。ジョブズは「現実歪曲空間」を創りだし、チームに不可能な仕事とありえない締め切りを与え、「きっと可能だし、やらなきゃならない」と部下を説得していた。彼はありえないような期待を奇跡的になんとか実現させていた。

大きな成功を収めているスタートアップはみな、何らかの形で現実を歪曲している。おカネがほとんどない中で、ちっぽけなチームが、グーグル、フェイスブック、アマゾンといった、うなるほどリソースのある巨人に立ち向かうには、それしかない。**短い締め切りを設定することには、大きな価値がある。**

そのいい例がハッカソンだ。起業家とプログラマーとデザイナーが1組になり、24～48時間の間に新しいプロダクトまたはサービスを考える。一晩か二晩徹夜して、ブレインストーミングとデザイン、プログラミングを行うと、目覚ましい結果が生まれることがある。

買い物アプリの〈カルーセル〉とタクシーアプリの〈イージータクシー〉は、そんな中から生まれたサクセスストーリーだ。次のスタートアップもまた、ハッカソンの勝者だ。

・グループミー――スカイプに8000万ドルで買収された
・エアポスト・ドット・アイオー――ボックスに買収された
・アペタス――グーグルに買収された
・スリックログイン――グーグルに買収された

イノベーションは短距離走

ハッカソン的な短期集中プログラムには次のような多くの利点がある。

・緊迫感がある
・プレッシャーの下でチームに使命感と絆が生まれる
・仕事にやりがいと重要性を感じられる
・1つのことだけに集中できる
・コミュニケーションとコラボレーションが緊密になる
・メンバーが最善を尽くすことを強いられる
・目標に届いた時の達成感が大きい

ニューヨーク証券取引所に上場した〈シャッターストック〉は、年に1度24時間のハッカソンを開催し、新しいアイデアを募り、社員同士のコラボレーションを促している。シャッターストックは5000万点を超える無料のストックフォト、グラフィック、イラスト、動画、音楽を集めたコンテンツ共有企業だ。彼らのハッカソンからは最高のアイデアの1つ〈スペクトラム〉が生まれた。スペクトラムは色彩別に写真を検索するツールだ。

フェイスブックもハッカソンを開催する。そこから生まれたのが、〈「最高!」ボタン〉だ。今では「いいね!」として知られている。

要するに、凝縮された短い時間の中でアドレナリンが湧き出るような環境に置かれたチームは、脳細胞が刺激され、そうでなければ決して思いつかないようなアイデアやイノベーションが湧くことがある。そのうえ、メンバーが普段のオフィス環境ではできない形で、チームとして力を合わせることができる。

もちろん、この状態を長く続けることはできないが、**厳しい締め切りを設けてイノベーションを触発すれば、優れた結果を生み出すことができる。**カギになるのは、チームが全力疾走し、何かを創り出し、その後回復できるような形で、締め切りを設定することだ。

イノベーションの短距離走のための僕流の方程式をここに書いておこう。

まずは、イノベーションのプロセスをいくつかの短距離走に分け、定義づける。それぞれの短距離走には、はっきりとしたゴールがなければならない。たとえば、「顧客ニーズの発見」「ビジネスモデルの証明」「プロトタイプ作り」といったことだ。スタートアップのプロセスにおける段階はいずれも、短距離走として定義できる。ここにいくつか例を挙げてみよう。

- イノベーションが起きそうな分野をランダムに掘り起こす
- 新しい製品のアイデアを出す
- 有効なビジネスモデルを開発する
- 市場があることとその規模を検証する
- 使えるプロトタイプを作る
- ユーザーからフィードバックを得る
- プロダクト・マーケットフィットを証明する
- マーケティングのキャンペーンを設計する
- 事業のツテになりそうな人に連絡をとる
- 売り込みのプレゼンを作る

短距離走のテーマができたら、チームを集め、きつい締め切りを設定し、走り出そう。最後にどんな結果を出すべきなのかをはっきりと書き出し、全員に何が期待されているかがわかるようにしておこう。

チームの競争心に火をつけたい場合には、コンテスト形式にしてもいい。ハッカソンがそうだ。ライバルチームを走らせ、勝ったチームがご褒美を受けとり、みんなに認められる。社内でも同じことができるし、このやり方でやる気を上げ、会社全体に刺激を与えることができる。すべての事業部門から審査員を集めてフィードバックを与えてもらったり、イノベーションチームの生み出したものに新しいアイデアを足してもらうこともできる。

何よりも、これを楽しいものにしてほしい。この短距離走は前向きな挑戦でなければならない。チームメンバーに苦労させるだけのつらい訓練であってはならない。ハッカソンでは食事、飲み物、音楽、ピザが振る舞われる。そんな楽しい雰囲気が参加者の気分を盛り上げ、やりがいも生まれる。

締め切りの力

試験が近づくと、学生は先送りをやめてきちんと勉強しなければという気分になる。目の前のテストのおかげで学生の気持ちが刺激され、そうでなければ勉強しない学生が教科書を開いて学ぼうとする。数週間、または数ヶ月間の遅れを取り戻そうとして、徹夜で勉強する。

締め切りの力を表す究極の例が、アポロ13号の有人月飛行だ。

ミッションの途中で爆発が起き、空気清浄システムが破損した。NASAの地上チームが数時間のうちに解決策を見出さないと、飛行士たちは死んでしまう。この極度に厳しい締め切りの中で、エンジニアと科学者が必死になって考えつく限りのあらゆる手段を試し、空気清浄システムの修復に努めた。そして、最後の最後になって、原始的な解決策を思いつき、フラフラになった宇宙飛行士がそれを実行した。それがうまくいき、飛行士は命拾いした。これは、不可能に思える状況でも、必要に迫られればチームがあっというような解決法を思いつく好例だ。

企業の中でも締め切りが一般的に効果を持つことを示す例が〈ＩＤＥＯ〉だ。ＩＤＥＯは、アップルのマウス第1号をデザインしたことで有名な、革新的デザイン企業だ。ロボット、医療機器、家電、自動車、おもちゃなどのデザインコンテストで何度も受賞し、すばらしい評価を得てきた。彼らは3ヶ月かそれより短い締め切りを設定する。クリエイティブな力を引き出すには、時間のプレッシャーが欠かせないという。

締め切りは、メンバーがその意味を理解していなければ効果はない。言い換えれば、時間のプレッシャーは、きちんとした理由のある前向きな挑戦でなければならないということだ。比較的短い時間でプロジェクトを完成させることがなぜ成功につながるのかを、チーム全員が理解していなければならない。理由もなく急かされているとメンバーが感じたら、逆効果だ。創造性が刺激されず、意味のない負担になってしまう。

ＩＤＥＯでは、締め切りはクライアントのためだ。クライアントは1年も待ってくれない。6ヶ月も待てないクライアントもいる。クライアントはプロダクトを世に出す必要があり、すぐに結果が出ることを期待する。その挑戦が前向きでかつ必要なものだから、ＩＤＥＯのチームは明確な目標に向けてやる気になれるし、それが集中力と創造性を増幅させるのだ。

締め切りをはっきりと認識する

締め切りがはっきりしている場合もあれば、あやふやな時もあるが、締め切りがあやふやだとうまくいかない。

「3ヶ月以内ならいつでもいいから終わらせてほしい」と言えば、たいていの人は締め切りを無視してしまう。締め切りの日時がはっきりと決まっている場合、もしそれまでにできなければ何らかの不利益が降りかかる。締め切りがあやふやで、特定の期間が設定されていない場合には、結果への責任もあやふやで、やる気にならない。

人間の心の中で、締め切りは意外な区切り方をされている。

トロント大学ロットマン経営大学院のヤンピン・チューとディリップ・ソーマンは、「時間の分類がタスクの開始にどう影響するか」についての研究を行った。

翌週の火曜日に締め切りを設置すると、多くの人は翌週の月曜日まで仕事に取り掛からない。しかし、カレンダーの色付けを変え、週末と平日を同じ色にすると、締め切りが連続した同じ時間の区切りの中にあるように見える。すると、前の週のうちにその仕事に取り掛かる社員が増える。人間の脳は、日数でなく、時間の区切りを優先する。1つの時間枠の中に締め切りを組み込めば、人は早めに行動を起こす。

「人間は、未来の時間を今の時間の延長とは考えません。意思決定や仕事を終わらせる日までに残された日数を考えるのではなく、未来の時間を区切りで考える傾向があるんです。例えば、締め切りは来週だとか、来月または来年だ、といったように」とソーマンは言う。言い換えると、その区切りが来るまで、締め切りはあやふやなままなのだ。その区切りが来ると、意識の中で締め切りがはっきりする。

だから、数週間または数ヶ月先の締め切りに向けてチームに仕事を始めさせたければ、毎週の締め切りを設けるか、全期間を1つの区切りとして認識させる必要がある。いずれのやり方もいい結果につながる。

イノベーションにも休憩が必要

締め切りにはもちろん効果があるものの、両刃の剣でもある。逆効果になりかねない。どんな種類の創造性も極度のプレッシャーの下で花開くとは限らず、すべての人が目の前の締め切りに反応するわけでもない。**問題を少し寝かせて、チームが深く考えられるような休憩時間と短距離走を交互に混ぜる必要がある。**緩急の組み合わせが最高の結果につながる。

イエール大学経営大学院のジェニファー・ミューラーは、ハーバード・ビジネス・スクールのウィリアム・シンプソンとリー・フレミングと共に、7社における22のプロジェクトチームを研究した。そこで、「極度の時間のプレッシャーの下では、創造性を羽ばたかせるのは難しい」ことがわかった。そのプレッシャーが長い期間にわたって続く場合はとくにそうだった。プレッシャーが続くと、次のような結果になりかねない。

・思考がまとまらず集中できない
・仕事が細かく分断される
・仕事の意義を見失う
・永遠に自転車を漕がされているような気分になる
・計画やスケジュールがいつもぎりぎりで変更になる

僕の対処法は、休憩を挟むことだ。その間、メンバーは時間のプレッシャーから解放される。**休憩を挟むことで、チームは課題に優先順位をつけ、あれこれと探索し、次の突破口に向けてパズルのピースをまとめることに集中できるようになる。**

イノベーションのプロセスを、1つひとつのユニットに区切って、その後に判断を下すことを僕は勧めている。

短距離走の部分には明確な締め切りと目標を設けなければならない。

例えば、仮説の検証、プロトタイプ作り、ビジネスモデルの開発といったことだ。その後、休憩を宣言し、ペースをゆるめ、これまでにやったことを分析し、別の可能性を探る時間をたっぷりとチームに与える。それからリーダーが判断を下す。

判断は二者択一で下す

新しいデータを集めたら、次は1歩下がって判断を下す時だ。その判断は通常、二者択一だ。今の道をそのまま歩き続けるか、今の道がうまくいかないことを認めて新しい道を考えるかだ。

ここでの目標は、プロセス全体の前進スピードを速めることだ。締め切りは短い場合は1日ということもありうるし、休憩もその程度でいい。決まったルールや締め切り期間があるわけではない。短距離走と休憩の時間は、どんなふうにも設定できる。どんな問題を解決しようとしているかにもよるし、チームの能力、手に入るリソース、メンバーの個性なども関係する。

いずれにしろ、**時間を区切り、締め切りを設け、明確な目標を掲げる**ほうがいい。判断を下す時が来たら、その判断が実証的なデータの裏付けに基づいていることを確認しよう。意見や思い込みで決めてはいけない。質の悪いデータを使って先に進んでも、真実があいまいになるだけで、そのうちさらに大きな問題にぶつかる可能性が増える。

このプロセスを正しく管理したければ、短距離走と休憩のバランスをとり、動きのある環境を創り出すことで、チームが素早く進みながらも生産性を維持し、長期戦で疲れきったりストレスが溜まったりしないようにしてほしい。

10 小さな「範囲」で始める

「10フィートもあるような長い棒で『夢』に触れるなんて、馬鹿げている」
ロバート・メトカーフ（イーサネット　共同発明者）

スタートアップ創業者の多くは壮大な夢を持ち、その夢に見合うような大きなプロジェクトを掲げてやって来る。事業範囲がバカでかくなってしまうのは、わからなくもない。そのほうがプレゼンの見映えはいいが、手を広げすぎて失敗してしまうスタートアップも多い。

壮大な夢にとり憑かれて、ユーザーの欲しいプロダクトを結局作れない起業家は多い。そのことを理解していない投資家も多い。大きく考えるほうがいいと思っている。偉大なスタートアップは初めから世界を変えるべきだと熱く信じているのだ。

確かに、最終的に世界を変えた偉大なスタートアップは多いが、ほとんどは最初から壮大なことを始めたわけではない。**成功するスタートアップはたいてい、はじめは比較的小さな問題に取り組んでいる。** もともとのアイデアがどのくらい大きかったかがわかるのは、いつも後になってからだ。

1つのカテゴリに狙いを絞り、集中する

たとえば〈ツイッター〉がそうだった。もともとは、オデオという潰れそうなポッドキャスト会社が、副業として始めたプロジェクトだった。彼らの目標は、簡単に使える超短いブログツールを作ることだった。優秀なエンジニアが1週間かそこらで、ツイッターの原型をプログラミングしたのが始まりだった。利用者のターゲットは狭く、機能も最低限のものだった。発表した時は、海のものとも山のものともつかなかった。

しかし、意外にもユーザーはそれを気に入り、SXSW（毎年3月に米国オースティンで開催される音楽や映画やインタラクティブの大イベント）で拡散されて、全世界がツイッターに飛び乗った。ツイッターの成功の決め手は、単純で機能が限られていたことだと僕は思っている。ターゲットを絞ることで、彼らは誰もが一瞬で理解できて使い始められるプロダクトを作り出した。それに独自の機能が組み合わさって、ツイッターは多くの人の心を捉えることができた。

偉大なスタートアップの始まりは、たいていそんなものだ。〈ドロップボックス〉を見るといい。クラウドストレージを提供していたスタートアップは他にもあるが、ドロップボックスは単純で使いやすかったので、すぐにヒットした。

グーグルもそうだ。始まりはただの検索ボックスだった。〈アドワーズ〉も〈Gメール〉も〈グーグルアナリティクス〉も〈グーグルドキュメント〉も〈グーグルマップ〉も、その他の

機能はなかった。最高の検索エンジンを構築することが、彼らの目標だった。ヤフーははるかに先行していたけれど、ヤフーの検索エンジンはインターフェースがごちゃごちゃしていて、結局は検索機能のすべてがお払い箱になった。グーグルはシンプルさを維持し、ライバルをすべて打ち負かした。

小さく始めた会社の一番有名な例はアマゾンだ。はじめから世界中のすべてのものを売ると宣言していたわけではない。1つのカテゴリだけに狙いを絞り、そこに集中した。それが書籍だった。オンラインで売るのが一番簡単そうだったからだ。世の中には数百万冊もの書籍があり、書店にすべてを収めることは不可能だ。腐るものではないし、配送も簡単。それに、人は本が好きだ。その選択はドンピシャで、アマゾンはそこから軌道に乗り今日に至っている。

コアの機能から始めて、外側に広げる

初期の段階で1つのことが本当にうまくできたスタートアップは、成功する可能性が高い。数えきれないほどの機能があっても役に立たない。それは失敗のもとだ。

外食の時のことを考えてほしい。「何を食べようか？　ピザ？　一番美味しいピザ屋はどこだろう？」と探す時、ピザも寿司も中華料理もある店は怪しいとすぐにわかる。プロダクト選びもレストラン選びと同じ。欲しいものがあれば、人は一番いいものがあるところに行く。

僕たちのところにやって来たスタートアップに、よくこんな質問をする。「君たちのプロダ

クトがユーザーのためにできる一番大切なことは何だろう？」

チームはそこに99％の時間と労力をつぎ込むべきだ。それ以外の機能はあとでいい。コアの部分がうまくいかないと、その他すべてがうまくいかない。たくさんの新しい機能を上乗せしても、プロダクトやサービスの核になる価値は変わらない。

僕はいつも創業者に、**コアの機能から始めて、そこから外側に広げるべきだ**とアドバイスしている。外から始めて内側を固めるのではない。核から始めることで、出発点と目標が明確になる。チームが何に集中すべきかがはっきりする。

コアになる部分に絶対に欠かせない機能でなければ、後回しにしたほうがいい。ＭＶＰ（実用最小限プロダクト）を開発するコツは、コアの価値だけに集中して他に何もしないことだ。そのためにはプロダクトをできる限り早くユーザーに届け、フィードバックを得て修正し、本当にユーザーのほしいものを作ることだ。

そう言うと簡単に聞こえるが、スタートアップはいつもここで苦労する。ＭＶＰを発表しても、ユーザーが気にも留めてくれないことはしょっちゅうだ。そこで、別の機能を付け加えれば、魔法のように軌道に乗ると誤解してしまうスタートアップも多い。絶対にそんなことはない。逆に、チームは自らを欺き、時間とおカネを使い、結局失敗してしまう。

製品発表を遅らせるのはよくあるパターンだ。もっと機能を加えないと成功できないのではないかと足がすくんでしまうのだ。

新製品の公開は恐ろしい。その瞬間に市場の審判が下される。それに、失敗したい人などいない。だから審判の日を先延ばしにして、より良いもの、より強固なプロダクトを作り続け、成功の確率を上げようとする。

発売までには、ユーザーが望む限りすべての機能がついた立派なプロダクトができている。それがうまくいけばいい。でも、**本物の革命的なプロダクトは、最初から完璧ということはない**。何度も繰り返し修正を重ねるのが普通だ。プロダクトがイノベーティブで実験的であればあるほど、より多くの修正が必要になる。

問題は、機能を加えれば加えるほど、修正が難しくなるということだ。ソフトウェアのプロジェクトを考えてみるといい。プログラムの行数が多いほど、簡単な修正でも難しくなる。しかも、プロダクトの検証も複雑になる。

そのうえ、機能を増やすと、分析データがややこしくなる。単機能なら、ユーザーがどう反応したかがすぐにわかる。でも機能が複数になると、ぐちゃぐちゃになる。ユーザーはこれに反応しているのか、それとも別の理由だろうか？　このプロダクトのどこが気に入っているのだろう？　どの機能を取り除いたらいいのだろう？

ここで道を見失ってしまうチームをこれまで多く見てきた。ユーザーにとって何が一番大切かを忘れてしまうのだ。変更を加えようとするたびに、「本当にそうなのか？」と自分たちを疑い始める。そうなると悪夢だ。

機能を減らすほど大変なことはない。ユーザーは不満を持つかもしれないが、それが的を射たフィードバックとは限らない。馴染んだものが急に消えたから、愚痴っているだけかもしれない。機能を減らすくらいなら、はじめからないほうがずっといい。

ツイッターを見るといい。最初の成功からほとんど何も変えていない。むしろ、規模拡大にエネルギーのすべてを注いでいるし、それは簡単なことではない。サービスを維持するだけで精いっぱいだ。機能が多ければ、規模拡大はさらに難しくなる。プロダクトを軌道に乗せるには、シンプルに留めることが効く。焦点を絞ることの利点は次のようなものだ。

- 簡単に開発できる
- 簡単に欠陥を見つけられる
- 簡単に修復や改善ができる
- 短期間で世に送り出せる
- 簡単に使える
- 明確なフィードバックが得られる
- 簡単に規模拡大できる
- 簡単に市場化できる

イノベーションは難しい。だから、最初からすべてをシンプルに留めることは欠かせない。これが原則だ。**ユーザーが本当にほしいものを1つ見つけること。それだけでビジネスが成り**

立たなければ、すべてを止めて、はじめからやり直したほうがいい。機能を増やしても、絶対にうまくいかない。

小さな変更から大きなイノベーションが生まれることもある

では、ユーザーが本当にほしいものがどうやったらわかるのか？

誰も見つけていないその1つのものとは何なのか？

最大のイノベーションが比較的ささいな変更から生まれることがある。革命的なイノベーションを生み出すのは、思考の大転換でも技術的なブレークスルーでもなく、たいていは物事のやり方をちょっとだけ変えてみたというようなことだ。

プロクター・アンド・ギャンブル（P&G）を例にとってみよう。P&Gは1950年代から〈パンパース〉ブランドのオムツを製造してきた。50年間改善し続けてきたから、何もかも考え尽くしていてもおかしくない。オムツなんてそれほど複雑になりようがない。それでも、P&Gは昔と変わらず今も商品改善とイノベーションに必死に取り組んでいる。彼らがイノベーションを起こそうとしている分野の1つがオムツの「感情的な働き」だ。言い換えると、使いやすく、ユーザーの感情が満たされるオムツをどうしたら作れるか、ということだ。

赤ちゃんがオムツ替えの間にどうばたつくかを観察したパンパースのチームは、新しいアイデアを思いついた。オムツの正しい替え方を示した簡単な絵をつけることにしたのだ。夜中のオムツ替えに苦労していた親たちに、これは大いに役立った。また、赤ちゃんを起こさないよう、あまり音のしないテープを開発した。そのちょっとした変更は大きなブレークスルーには思えないが、オムツの世界では、重要な発明だった。

スタートアップの〈オネスト・カンパニー〉もオムツのイノベーションに取り組んでいる。だが、パンパースと正面からがっつり戦っても勝ち目はない。すべての面でパンパースに勝るオムツを作るのは不可能だ。そこで、１つのことだけに集中した。今注目を集めている環境にやさしい、有害物質を含まない商品の開発だ。１００％自然素材を使うことで、環境に気を遣い、赤ちゃんへの有害な化学物質の影響を心配する親たちに、直接訴求した。

オネスト・カンパニーのオムツは内側と外側に植物由来の生地を使い、サステナブル認証を受けた森から伐採した木を原料とした吸収剤を使用し、塩素加工も漂白もせず、自然のシトラスとクロロフィルからできた消臭剤を使っている。超吸収剤の核になっているのは生分解性物質で、グルテンフリーの小麦とトウモロコシの組み合わせだという。

食べられるくらい健康的に聞こえるこのイノベーションは、大ヒットとなった。

正直に言えば、オネスト・カンパニーのオムツがパンパースより機能的に優れているかどうかなんて、ほとんどの親には全くわからない。それでも、オネスト・カンパニーのオムツのほうが赤ちゃんにとって安全で環境にやさしいと感じている。１つのことだけを誰よりも極めることで、オネスト・カンパニーはブランドを構築し、手強いライバルたちを出し抜いている。

オムツがヒットしたあと、オネスト・カンパニーは環境にやさしい商品の品揃えを増やした。石鹸、洗剤、日焼け止め、生理用品。その成功のカギは、**最初に焦点を絞り、ユーザーのほしいものを正確に理解してから、拡大していった**ことだった。

まことしやかなウソ「創造性豊かな天才だけがイノベーションを起こせる」

創造性は確かにイノベーションの助けにはなるが、いいアイデアに目を留めてそれを実行するには、創造力に秀でた天才でなくてもいい。普通の人が非凡な発見をし、そこからビジネスを成功させた例はいくらでもある。最高のイノベーションが創造的なアイデアからではなく、ただのデータ分析から生まれることもある。

〈インスタグラム〉がそうだ。ユーザーのデータを分析し、何がうまくいって何がうまくいかないのかを知ることが成功のカギになった。彼らが創った〈バーブン〉というごちゃごちゃしたアプリのほとんどの機能を、ユーザーは使っていないことがわかった。使っていたのは、友人との共有と画像フィルターの機能だけだった。そこで他の機能をすべて取り除き、インスタグラムとして新しいアプリを発表すると、それが広まった。〈ピンタレスト〉も〈イェルプ〉も〈グルーポン〉も、同じやり方で軌道に乗った。

ほとんどの場合、イノベーションとは、斬新なアイデアを思いつくことではなく、むしろユーザーがプロダクトやサービスに求めているものを正確に把握することなのだ。

11 大きなチャンスを狙う

「もしチャンスがドアをノックしなければ、ドアを作ればいい」
ミルトン・バール（コメディアン）

ここまで、ビジョンも予算も時間も焦点も限られているほうがいいと説いてきた。小さいことはいいことだと言ってきたが、大きなアイデアを軌道に乗せるためには、大きなチャンスが必要になる。チャンスとは、1万ポンド（4・5トン）の巨象を空中に浮かせるほどの力、つまり世界を変えるという夢を叶える原動力になるものだと考えてほしい。

ベンチャーキャピタルは巨大市場の可能性に投資する

ベンチャー投資は今や、グローバルなイノベーションの原動力になっている。ベンチャーキャピタル（VC）は、スタートアップに資金を投入し、スタートアップはそのおカネで遺伝子医療から仮想現実まであらゆるイノベーションを起こしている。

ベンチャー投資家は現代のキングメーカーで、どのイノベーションに成長のチャンスを与えるか、どのイノベーションを葬るかを決める立場にある。

イノベーションに資金を与えるかどうかは、リスクを正当化するほど市場が大きいかどうかという基準がもとになる。小さなアイデアから始まったプロジェクトでも、資金調達の時期までに、そのスタートアップが次の〈ネットフリックス〉か〈ボックス〉になると信じられなければ、VCは資金を投下しない。

中小企業に投資したいベンチャー投資家はいない。彼らの時間は限られているし、どこかに莫大な資金を投資しなければならないので、市場が巨大でなければ投資する意味がないのだ。

なぜそうなのかを説明しよう。

ベンチャー投資は〝出口（エグジット）〟が前提だ。つまり、事業売却か上場が大前提にある。イノベーションや特許やテクノロジーは二の次だ。破壊的なイノベーションでも儲からなければ投資チャンスにはならない。VCにとっては時間のムダだ。

10社かそこらに投資した中で、当たるのは1社か2社で、それがファンド全体のリターンを叩き出している。それが、ファンドメーカーと呼ばれる投資先だ。上場したスタートアップのリターンは、ポートフォリオの他のすべての投資リターンを合わせたものよりも大きい。大手投資家が一塁打や二塁打ではなくホームランを狙いにいくのはそのせいだ。

しかも、巨大ファンドになると、莫大な金額を投資しなければならない。彼ら自身にも投資家がいて、大きなリターンを要求する。ＬＰ（リミテッドパートナー）と呼ばれるこうした投資家としては、ベンチャーキャピタリストが彼らのカネを10年も遊ばせておいてもらっては困る。それでは多額の運用手数料を支払っている意味がない。今すぐにすべてのカネを投資してほしいのだ。普通は３年以内に投資することになっている。

運用資産が５億ドルを超える大型ファンドは、そのカネを文字どおりどこかに投げ入れる必要がある。そこまで莫大な運転資金を受け入れられるのは、〈スポティファイ〉や〈ウィワーク〉といった、大きな成長可能性のある企業だけだ。この現象が、企業価値が10億ドルを超えるユニコーンの爆発的な増加につながった。

今時、大手ＶＣにとって５０００万ドルは、ほんのはしたガネだ。そんな少額では彼らの貴重な時間のムダなのだ。ＶＣはスタートアップの成功に欠かせない存在として自分たちを売り込み、自分たちが投資したスタートアップの取締役に入ることを要求する。とはいえ、１人が取締役を掛け持ちできる会社の数は限られるので、その時間に見合った大きなリターンが必要になる。だから、次の巨大企業になるチャンスのあるスタートアップにしか投資できない。中小企業にしかならないスタートアップの取締役になって時間をムダにしても意味がない。

では、このことがスタートアップの生態系にどう影響しているのだろう？

数十億ドル規模の市場で素早く成長できることが証明できないスタートアップは、投資を見送られる。10倍のリターンが見込まれたとしても、振り向いてもらえない。

計算してほしい。もしＶＣが１００万ドルを小さなスタートアップに投資して10倍のリターンが保証されたとしても、わずか1000万ドルにしかならない。数十億ドル規模のファンドにとって1000万ドルは誤差の範囲内だ。だから、今日の大手VCは難しい状況に置かれている。ユニコーンになりそうな企業を見つける必要があるのに、なかなか見つからない。ユニコーンは珍しいからユニコーンと呼ばれるのだ。ということは、投資家の欲を満足させるために、あまりに多くの高すぎるユニコーン企業が生まれているのだろうか？

これだけは確かだ。サンドヒルロード（カリフォルニア州の道路で、200〜300番地のエリアに全米で最も多くのVCが集まる）のVCコミュニティは、自分たちのビジネスモデルを維持する必要がある。あまりに多くの資金を集めすぎて、そうしないわけにはいかないのだ。

エンジェル投資家・シード投資家は成長の可能性に投資する

その対極にあるのが、エンジェル投資家とシード投資家だ。彼らのモデルにはユニコーンは要らない。エグジットの金額はそれほど多額でなくてもかまわない。取締役にもならないし、バリュエーション（企業価値評価）の低いアーリーステージで比較的少額の資金を投資するだけだ。

問題は、エンジェル投資家の資金が入ったスタートアップが次のラウンドで資金調達をする時には、エグジットで大儲けできる可能性を証明しなければならないということだ。それができなければレイトステージのベンチャー投資家は投資してくれない。賢いエンジェル投資家やシード投資家が、大きな可能性を望めないスタートアップを避けるのはそのせいだ。市場が小さく、限られた売上の見通ししかないスタートアップは上場の候補にならない。大きな市場において成長できそうなスタートアップでなければ、売却の見通しもグンと下がる。

何度も投資を見送られたら、まずいと思ったほうがいい。人間に酸素が必要なように、スタートアップには資金が必要だ。おカネなしでは長くは続かない。エンジェル投資家とシード投資家のおカネが入っていても、次のラウンドでの資金調達に失敗して死んでしまうスタートアップは多い。

実際、ほとんどの買収案件は、大きな市場で成長の可能性がある事業だ。市場での成長可能性ではなく、テクノロジーまたはチームを手に入れるために企業がスタートアップを買収する場合には、投資家が払ったバリュエーションよりもたいてい低くなる。小さな市場だけに特化したスタートアップは〝出口〟も小規模になるか、まったくエグジットできない。すると、ほとんどのエンジェル投資家やシード投資家にとっては、リスクが高すぎてリターンに見合わない。

企業は自社の事業に価値を加えるものに投資する

スタートアップへのもう1つの投資主体は企業だ。

エンジェル投資家やVCと違って、企業はそれほどリターンにこだわらない。どちらかと言

う と戦略的な価値に目を向ける。自社のコア事業に大きな価値を加えてくれるようなスタートアップに投資するケースが多い。

とはいえ、企業は保守的なので、名門ＶＣが投資家として名を連ねている時だけ投資する場合も多い。すると、その企業の条件とＶＣの望みの両方を満たさなければならなくなる。だから、成長機会が小さいと、結局そのハードルを超えられない。

投資家のエゴを満たせばいい

投資家がスタートアップに大きな成長機会を求める理由は、ただのエゴだったりもする。ＶＣでもエンジェルでも、投資家は結局、人間だ。〈ツイッター〉や〈オキュラス〉や〈フェイスブック〉や〈フィットビット〉に初期投資していれば自慢になる。

エンジェル投資家はもともと個人のカネ持ちで、その多くはリターンのためだけに投資するわけではない。自慢したいから投資する。仲間に自分の賢さを見せつけたいのだ。誰も知らないスタートアップより、「初期の〈ネスト〉に投資した」と言うほうがかっこいい。

ＶＣも同じだが、その上にもう1つ動機が加わる。投資家からおカネを集めるために、成功例を挙げたいのだ。

〈パランティア〉〈フリップカート〉〈スクエア〉〈シャオミ〉といった有名企業でポートフォリオを固めれば、見映えがいい。僕の知る限り、すべてのＶＣはさらに大きなファンドを目指す。１つのファンドがクローズすると、次のファンドを始める。ポートフォリオにスター企業の名前があると、いい宣伝になる。

企業ＶＣも同じだ。彼らの目的は社内の賞賛と昇進だ。ユニコーンに何社か投資していれば、履歴書の見映えがよくなる。このすべての要因が重なって、スタートアップ生態系のユニコーン化が起き、価値が膨張する。そしていわゆるデカコーン、つまり１００億ドルを超える企業価値を持つユニコーンが生まれる。

まことしやかなウソ「いいアイデアはめったにない」

この罠にハマってはいけない。いいアイデアはどこにでもある。優れたイノベーションを持つスタートアップが爆発的に生まれているのはそのおかげだ。問題は、いいアイデアを見つけることではない。優れたアイデアを現実の商売にすることが難しいのだ。ほとんどのスタートアップはここで躓《つまず》く。アイデアは素晴らしくても、プロダクト・マーケットフィットを見つけることができないのだ。

社内イノベーションは世界を変える事業を目指す

大きな成長機会が見えなければ、あるいはエゴを満たすためでなければ、投資家はイノベーションに資金を投下しないというのが現実だ。だが、企業内でイノベーションのプロジェクトを率いる社内起業家も同じだろうか？　そうとも、そうでないとも言える。

巨大な多国籍企業の中には、10億ドル規模の事業にならないプロジェクトは廃止する会社もある。経営陣は小規模事業には興味がないし、彼らのビジネスモデルに合わない。自社の財務に大きなインパクトを与えるような収益をもたらす事業でなければ、時間とリソースのムダだと考えるのだ。問題は、最高のアイデアと大きな事業機会の多くが一見、最初は比較的小さな事業のように見えることだ。

ウーバーのCEOだったトラビス・カラニックは、事業規模が小さいからと最初は参加を断っていた。参画したのは、しばらくこのアイデアを練ったあとで、「ドライバーの数が増えればサービスの質が上がり、タクシー業界を打ち負かすことができる」という魔法の公式に気づいたからだった。もし、スマホを通した高級ハイヤーの配車サービスというニッチな市場に固執していたら、大きなチャンスを見逃していただろう。

〈インターバル・リサーチ・コーポレーション〉はもう1つの例だ。

1992年にシリコンバレーで創業して以来、関わった誰もがこの会社を史上最も革新的な企業だと確信していた。なぜなら、イノベーションの世界で最も有名な2人がこの会社に関わっていたからだ。マイクロソフトの共同創業者のポール・アレンと、ゼロックスのシステム開発部で部長を務めたデイビッド・リドルだ。ゼロックスのシステム開発部は、〈アイコン〉

〈メニュー〉〈ドローイング〉〈テキストフォーマット〉といった今も使われているイノベーションを開発してきた。彼らにかなう人がいるだろうか？

その上、参加していたのはアレンとリドルだけではなかった。彼らは業界最高のチームを作ろうとしていた。彼らなら世界最高の頭脳を簡単に採用できた。その中には、コンピュータ音楽をはじめて創った人や、インクジェットプリンタの発明者や、カオス理論を開発した天才もいた。チームの中には超心理学者もいた。

彼らの使命は世界一のイノベーション企業を作ることだった。革命的でないものは受け入れられないとされた。パロアルト研究所の生まれ変わりとして、次世代の数十億ドル事業を生み出すことを目的としていた。

ではどうなっただろう？

なんと、大コケしたのだ。実際には多くのイノベーションを生み出したものの、ほとんどが日の目を見なかった。経営陣は大型の事業を成功させることに固執し、時間をかける価値がないような小規模プロジェクトをすべて排除した。大胆な夢と過大なエゴを満足させるためには、大ヒット事業が必要だったのだ。

彼らの研究所から生み出されるアイデアのほとんどは暇つぶしのように見えた。ちょっと面白い副業または趣味といった程度のもので、世界を変える事業の種には見えなかった。小さなイノベーションにリソースを浪費したくなかった彼らは、この手のプロジェクトをたびたび早期に打ち切った。それが結局、彼らの致命傷になった。

壮大な結果を出さなければならないというプレッシャーは、小さなアイデアを育てる力を損なってしまう。彼らが生み出した種の中には、そのうち巨木になったものがあったかもしれないのに、あまりにも早く根っこを引きぬかれてしまった。それが失敗だった。

イノベーションが成熟するには時間がかかる。経営陣は素早く動かなければと焦りすぎて、世界を変えるようなビジョンに少しでも届かないものはすべて排除してしまった。今ならわかるが、**大きく考えながらも小さく始めることが成功につながる。**その逆ではない。

インターバル・リサーチは結局、壮大なビジョンと天才的な才能を持つスタートアップを5社も立ち上げることができなかったばかりか、期待に沿えたスタートアップは1つもなかった。バックミンスター・フラーが言ったように、「毛虫を見ると、それが蝶になるとは思えない」という教訓だった。

未来を予測するのは不可能

それでは、どうしたら早い段階で、めざとく大きなビジネスチャンスを見つけることができるのだろう？　シリコンバレーの投資家が知りたがるのは、この点だ。それがＶＣの〝聖杯〟と言っていい。

数少ない幸運な投資家が教訓を教えてくれたとしても、いつでも非常に早い段階で蝶を見分けることができている人はいないように思う。**成功の兆し（トラクション）が見えない段階で**

は、どのイノベーションが次の大ヒットビジネスになるかを見分けるのは至難の技だ。

スタートアップはどんなふうにでも変わる。その危険な旅路で出合う幾千もの出来事の1つが破滅につながることもあれば、劇的な変化を導くこともある。方向転換、市場の変化、革命的なアイデア、規制の変更、株式市場の暴落、新しいライバル、技術の失敗、創業者のゴタゴタ、特許の問題。数え上げたらきりがない。それを予想する術《すべ》もない。

有名ベンチャーキャピタリストのビノッド・コースラは、こうつぶやいていた。

「未来を予測するのはほぼ不可能だ。警戒と熟慮と議論が欠かせない」

もちろん、有望なスタートアップを見つけることに長けた投資家がいないわけではない。優れた勘と洞察力とデータを持つクリス・サッカのような才能ある投資家は、成功する可能性のほとんどないスタートアップをいつもうまく回避し、成功する確率の高いビジネスだけに的を絞っている。経験豊富な投資家はよく、「プロダクトや市場ではなく、チームに賭ける」と言いたがる。優れたチームは嵐を乗り切り、何が起きても解決の方法を見つけるが、ダメなチームは問題の兆候が起きただけでバラバラになってしまう。

とはいえ、チームに賭ければすべてうまくいくわけでもない。もちろん、ベテラン起業家の成功確率が初心者より高いかというとそうでもない。

〈ユーチューブ〉の共同創業者たちはいい例だ。起業家が夢に見るような資金と人脈があった彼らでも、次に立ち上げた〈AVOS〉はまだ軌道に乗っていない。この数年間に方向転換を繰り返し、何がうまくいくかを試している状態だ。要するに、優秀なチームを選べば助けにはなるが、それは多くの要因の1つにすぎない。

大企業内のイノベーションチームにも同じことが言える。どれが成功するかはだいたいわかると思っているかもしれないが、誰も見向きもしなかった隅っこのプロジェクトがその会社の未来になる場合も少なくない。〈ツイッター〉〈Gメール〉〈バッファー〉〈ドウォーラ〉〈トゥードゥーイスト〉はみんな、おまけ的なプロジェクトとして始まった。

理論家のパトリック・ヴィギュエリ、スヴェン・スミット、メルダッド・バグハイの3人は、『マッキンゼー式最強の成長戦略』(エクスナレッジ)の中で、「本当に壮大なアイデアのほとんどは、はじめは小さく見える」と説いている。10億ドルを超える事業アイデアはいずれも、最初は2億ドルのアイデアのように見える。**たくさんの小さなことが1つの場所に収まった時にはじめて、飛躍的な成長が起きる。**それが意図された結果の場合もあるし、偶然のこともある。大手投資家がポートフォリオに分散投資するのはそのためだ。

1社か2社が当たれば、負けを取り戻せる。すべての卵を1つのかごに入れるVCは長続きしない。セコイア・キャピタルもクライナー・パーキンスもグレイロックも、その他の最大手VCはみな、さまざまな業種のさまざまなスタートアップに賭けている。

賢いアーリーステージの投資家は、慎重に投資先を選ぶ。サイコロを転がして祈るようなことはしない。有望な若い会社を見つけて、意味のある節目に達するまでに必要なギリギリの資本を差し出し、節目に到達したところで事業を見直し、引き続き資金を提供するかどうかを決める。

未来を見通せる水晶玉でも持っていない限りは、このやり方が一番いいリスクヘッジになる。その会社がトラクションを得るようになれば、他の投資家を呼び込む助けになり、プロラタ権（増資の際に、出資比率に応じて追加出資する権利）を行使して、同じ所有権を維持しながら、より多額の資金をつぎ込んでもいい。

ベンチャー業界では、こうして小さなアイデアを大きな事業機会に変えている。

大きな可能性のある事業機会の見つけ方

では、賢い投資家は大きな可能性のある事業機会をどう見つけるのだろう？　この点だけに絞って本が1冊書けそうだが、ここでは５つの基準にまとめることにする。

- **チーム**——その使命に情熱を持って心血を注いでいる創業者のいるスタートアップを探そう。ＣＥＯだけではなく、アルバイトからエンジニアまでチーム全員に会って評価したほうがいい。チームの全員が、知的で有能で熱心に使命を信じているかどうかを見てほしい。ＣＥＯが優れたチームメンバーを集めて鼓舞できなければ、成功はおぼつかない。
- **ユーザー**——ユーザーと話をしよう。彼らはプロダクトにホレ込んでいるか？　エアビーアンドビーの共同創業者のブライアン・チェスキーは、「１００万人がなんとなく好きなものより、100人がホレ込むものを作ろう」と言っている。ユーザーがホレ込むようなプロダクトであることを確認してほしい。ユーザーの語りが止まらないようなプロダクトでなければ、成功しない。そのうち行き詰まる。

・**プロダクト**――そのプロダクトは素晴らしい体験をユーザーに提供しているだろうか？ と言っても、機能が多いとか、見映えがいいとか、そういうことではない。そのプロダクトがユーザーの望みとぴったり一致しているかどうかだ。極めて単純で平易なプロダクトが最高の体験を与えてくれることは多い。

・**市場**――最初はニッチな市場に的を絞っていても、大きな市場へと拡大し、数十億ドル規模の企業になれる可能性がなければならない。そうでなければ、エグジットできない。

・**秘密のレシピ**――偉大なスタートアップには、いずれも、ライバルたちと自分たちを分ける、何らかの特徴がある。その会社がやっていて、他の誰もやっていないことは何だろう？ それは、本当に違っていて価値のあることか？ それとも、何かの焼き直しに余分な機能がついただけなのか？

賢い投資家が考慮するポイントは他にも多くあるが、ここには一番大切なものを挙げた。スタートアップに投資してきた僕の個人的な経験から言うと、**事業の核になる仕組みを隅々まで理解し、手に入るデータをすべて分析し、そこから事業機会が投資に値するほど本当に大きいか？ を逆算してほしい**。近道はない。

第3章

イノベーションのコツを知る

12 自分たちの思い込みを疑う

「変化がなければ進歩もない。
考え方を変えられない人は、何も変えられない」
ジョージ・バーナード・ショー（作家、脚本家）

ある産業の姿を大きく変えてしまうような、ちょっとしたアイデアを思いつくには、どうしたらいいのだろう？

自分たちの考え方を疑うことは、その1つのやり方だ。人間は皆、何かを信じている。だが、普段は何を信じているかを意識していない。それが当たり前だと思い、決して疑ったりしない。人が当たり前のように真実だと信じていることでも、必ずしも真実でないことは多い。

例えば、地球は丸い（違う）。時間は連続している（違う）。目の前のモノが本当にある（違う）。自然淘汰の理論を最初に思いついたのはダーウィンだ（違う）。現実は、地球は楕円で、時間は非連続であり、脳が創りだしたものを僕たちは見ている。自然淘汰の概念を最初に唱えたのはギリシャの哲学者エピクロスで、それは紀元前4世紀だった。

さらに複雑なことに、人は常に情報を選別し、分類している。無限の変数を持つ極めて複雑な世界を理解するために、人は情報を分類し、過剰に単純化してしまうのだ。

最も影響の大きな選別フィルターは、その人の世界観だ。その世界観が、政府や宗教や社会への見方を決めている。人はその世界観に基づいて、新しい情報を受け入れることも、型にはめることもあれば、廃棄することもある。それが人類の歴史を通して重要な役割を担ってきた。ギリシャの神々から神話の怪物から神に似た指導者まで、人はその世界観に基づいてすべてを信じてきた。社会の世界観は強固で、それ自身が現実になりうる。

そのいい例がキリスト教会だ。キリスト教会は中世の間ずっとヨーロッパの考え方を支配し、アリストテレスの世界観を受け継いだ快楽主義的な考え方を厳しく抑圧してきた。カトリック教会が物事の本質や科学的手法を支配する唯一の権威ではない可能性に人々が心を開いたのは、啓蒙時代になってからだった。もちろん、今の時代には今なりの偏見があるが、その中にどっぷり浸かっていると自分の偏見は見えない。

ビジネスでよくある3つの思い込み

ビジネスを考える時にも、同じくらい頑固に染み付いた考え方がある。

僕たちはその前提をもとに、どんなアイデアも情報も選別し、型にはめ、都合のいいように変える。集団思考はとりわけ頑固で、ピラミッド型の階層を持つ大企業のほとんどはその考え方を社員に刷り込み、極めて頭の切れるマネジャーでさえ周囲に迎合しなければ仲間はずれになってしまう。強烈に反対してくれる人がいなければ、自分の考えを疑うこともない。ただ、それが当然だと思い込んでいると、ある日突然ライバルが出現し、間違いだったと証明する。でもその時にはもう遅い。ここで3つのよくある思い込みを挙げよう。

- 利益率の低い事業では、コスト削減が成功のカギになる
- インセンティブ報酬を与えれば社員の成果が上がる
- スタッフに責任を取らせれば、失敗が減る

どれも真実ではない。いずれも〝まことしやかなウソ〟だ。

スタンフォード大学で組織行動を教えるジェフリー・フェファーは、人の思い込みとそれが事業に与える影響を研究する第一人者だ。フェファー教授は航空業界を分析している。この業界には、万年赤字で競争力のない航空会社が多く存在する。

フェファー教授の話によると、「参加者にさまざまな航空会社のパイロットの給料を予想してもらったところ、一番赤字の大きな会社が一番パイロットの給料が高いと予想しました。つまり、給料が低ければ全体のコストも低く、そのほうが財務的に安定し、利益も大きいと考えているわけです」。

ところが実際には、サウスウエスト航空のような一番給料の高い航空会社が、ユナイテッド航空のような厳しいコスト削減を行っている会社より、一貫して高い業績をあげていた。人々

の思い込みと違って、コスト削減は高い利益につながらず、顧客満足度の向上にもつながらない。社員は不満を募らせ、離職率が上がり、サービスの質は低下する。

もう1つの例はホールフーズだ。ホールフーズは他のスーパーのようにコスト削減と価格にこだわらず、むしろ反対の方向に向かった。コストを上げたのだ。他の店では買えないような、一段上の上質な食材を販売することにした。顧客は喜び、伝統的な薄利多売産業の中でホールフーズは高い利益率を得ることができた。

インセンティブ報酬についても、同じような思い込みがある。

世界中の企業経営者は、「社員はボーナスによってやる気が上がり、成果も上がる」と考えている。ただし、ボーナスは生産性を短期的に向上させるが、その後は全体的に生産性が下がる。ボーナスのせいで、社員は個人の利益に目が向いてしまい、本質的な仕事のやりがいを忘れてしまうからだ。最も高い成果をあげている人たちは、おカネのために仕事をしていない。気分がよくなるから仕事をするのだ。それは、自分の価値の一部だ。ボーナスは、このやる気をくじくものだ。

「過去100年間の研究から、インセンティブ報酬は教育にいい結果をもたらさないことは明らかです」とフェファー教授は言う。インセンティブ報酬をもらっている教師は、成果をあげていない。むしろ、そうでない教師のほうが成果が高かった。

もう1つの誤解は、社員に行動の責任を取らせるほうがいいという考え方だ。サウスウエスト航空では、社員に失敗の責任を問えばミスを隠すようになることがわかった。するとさらに失敗が増える。誰の責任も問わず、失敗についてオープンに語ることを奨励し、変化を起こすために力を合わせるよう促したほうが、その先の失敗を減らすことにつながった。

今挙げたことは、よくある思い込みの例だ。検証すれば真実でないことがわかるはずだ。

ある前提が正しいのは一定期間だけ

〝真実ではない、よくある思い込み〟にとらわれていない人であっても、やはり自分の前提を疑ってかかったほうがいい。なぜなら、ビジネスの世界は常に変わり続けているからだ。

新しい市場はいつ何時でも出現する。新しいビジネスモデルが古いビジネスモデルに置き換わる。新しいテクノロジーが産業を根底から覆す。テクノロジーが前進するごとに津波が押し寄せ、新しい可能性が開かれる。**成功し、生き残るには、今のビジネス環境における自分の思い込みに常に疑問を投げかけ、その前提がいまだに正しいことを確かめなければならない。**

ある前提が正しいのは一定期間だけだ。すべての前提は過去の経験に基づいている。

だから、新鮮なデータを集め、それらの前提を再検証し、ビジネスの土台が今も揺るぎないことを確かめる必要がある。事業が破綻する一番の原因は、重要な前提がもはや現実に通用しなくなっていることにある。

スティーブ・マッキンニーは言う。「どんな事業規模でも、どんな産業でも、経営者はもれなく自分たちのビジネス、産業、製品、顧客、ライバル、能力について思い込みを持っている。例えばよくあるのは、『それを作れば彼らはやって来る』という思い込みだ。多くの企業、サービス、プロダクトの核心にこの思い込みがある。そのせいで、無数の間違った思い込みが実際には検証されないまま隠されることになる」

思い込みを検証する方法

では、思い込みをどう検証したらいいだろう？

僕はよくスタートアップに、自分たちのビジネスについて真実だと思っていることをすべて書き出してほしいと頼む。どう販売するか、どう流通させるか、どう売り込むか、といったことから、なぜ特定のパートナーや流通経路を選んだのかということまで、書き出してもらう。それから、そのリストを見ながら、項目の1つひとつに体系的に疑問を投げ掛ける。スタートアップは次のように自問しなければならない。

「もしそれが真実でなかったとしたら？」

「自分のビジネスはどう変わるだろう？」

「新しいテクノロジーを使ってこの問題に対処したらどうなるか？」

「そうしたら、違うやり方が可能になるだろうか？」

このやり方で、それまで思いもつかなかったような新しいアイデアと事業機会が表に出るはずだ。コスメ事業を例にしてみよう。

真実だと思い込んでいることの例

- ティーンエイジャーの女の子がターゲット層（母親は？）
- ティーンエイジャーの女の子はきれいになりたい（賢くなりたい子もいる？）
- ティーンエイジャーの女の子はかわいいデザインが好き（洗練されたデザインは？）
- ティーンエイジャーの女の子は社会問題に関心がない（環境問題は？）
- ティーンエイジャーの女の子は店で現金を支払う（モバイル決済は？）
- ティーンエイジャーの女の子はモールで買い物をする（スマホでは？）
- ティーンエイジャーの女の子はあまり高価でないものを望む（オーガニックは？）

質問の例

- ユーザーは自分たちのプロダクトをどう見るだろう？
- サプライチェーンは改善できるだろうか？
- 別のマーケティングのやり方があるか？
- 最高の流通パートナーがいるか？
- 新しいビジネスモデルを探ってみる価値はあるか？

- 自分たちのプロダクトの新しいユーザーを見つけられるか？
- 自分たちが見逃している市場があるか？
- どのような戦略的関係が自分たちの事業を一変させるか？
- 自分たちが時間とおカネをムダにしている点はどこか？

事業のすべての側面において、正しい質問をすることが大切だ。あるいは、既存のテクノロジーのリストを作って、それを思い込みと突き合わせてみてもいい。この問題にこのテクノロジーを使ってみたらどうだろう？それによって、どう変わるだろう？別のやり方でユーザーのニーズを満足させられるか？

例えば、製造メーカーのための保安システムを開発する企業なら、既存のテクノロジーをすべて一覧にして、それを使って工場の保安体制をどう強められるかを見てもいい。そのリストには、音声認識、ビッグデータ、人工知能、ロボティクス、生体センサーなどのテクノロジーが含まれるだろう。それらのテクノロジーを使って、ユーザーのニーズを満たすソリューションができるかどうか考えてみるといい。そうすれば、夜間に工場内を見回りしてくれる保安ロボットを開発できるかもしれない。生体認証を使って建物に入る人をチェックし、人工知能とビッグデータで彼らの経歴を調べるような保安ゲートを作れるかもしれない。

ファウンダーズ・スペース社では、スタートアップにビジネスプランを１行ずつ丁寧に見直させ、その中に含まれた思い込みをすべて書き出してもらう。その思い込みが真実であることを証明するためにどんなデータが必要なのか？　それを支える証拠はあるのか？　そのデータはどのくらい信頼できるのか？　出所はどこか？　マーケティングの計画や事業戦略と成功に欠かせない他の書類についても、同じことを尋ねる。

思い込みを1つひとつ疑い、確かめたほうがいい。本気で自分の考え方を疑ってみるつもりなら、以前に遡って、これまでのキャリアで学んだ最も重要なことを自問してほしい。

元上司から何と言われたか？

ビジネス書が何を真実だと伝えていたか？

教授や指導者は何と言っていたか？

最初に学んだ時には真実だったことでも、今は真実でないこともあるかもしれない。ソクラテスのつもりで、一番恐ろしい思い込みを疑ってみよう。ただし、やりすぎて何もかもが毒だと誤解しないように気をつけよう。

それから、これは1人でやらないほうがいい。チームで一緒にやってほしい。事務アシスタントからCEOまで、全員がすべてを疑ってほしい。

神聖なものは何もない。何も除外してはいけない。これまでに足を踏み入れたことのない場所に、足を踏み入れる許可をチームに与えてほしい。イノベーションチームには、あなたの会社の聖域に疑問を投げさせ、必要ならば既存の収入源を奪う許可を与え、最終的に企業の姿を変えることを許してほしい。

しかし、自問だけで終わってはいけない。外部の意見も必要だ。会社の同僚や関係者は事業に近すぎて、正しい質問ができない場合もある。専門家やアドバイザーや指導者を呼んできて、チームの思い込みを疑い、見逃しを探し、まだ発していない質問を考えてもらうといい。その際には、厳しい質問をしてほしいとはっきり頼んだほうがいい。そうしなければ、ほとんどの人は気を遣って基本的な前提に疑問を投げないだろう。

この手のやり方が当てはまるのはスタートアップだけではない。

140億ドルの売上を誇る家電メーカーの〈ワールプール〉は、アイ・メンターズと呼ばれるイノベーション分野の指導者を集め、そのネットワークを使って、社内の事業部に市場の前提に疑問を投げるよう訓練している。

刷り込みを覆すのは難しい。だから、こうしたメンターが助言と分析と批判的な思考を提供し、社内起業家にこれまでのやり方に異を唱えさせる。セス・エリオットは「最も効果があるのは、問いかけの体質を組織に刷り込むことだ。重要な意思決定のカギになる前提についてはセカンドオピニオン（第3と第4のオピニオンも）を求めるべきだ」と書いている。

つまり、**自分自身にも、仲間にも、組織にも疑いを抱き、自分たちの今と未来の活動のすべての面を批判的かつ深く考えなければならない**。そうすることで、よくある思い込みを覆すような新しい知見に気づき、象を空に飛ばすための障害を取り除いてほしい。

13 うまくいかなくても、失うものはない

「失うもののない男と戦ってはならない」
バルタサル・グラシアン（哲学者）

イノベーションを生み出すもう1つの方法は、「失うものはない」と考えることだ。スタートアップはもともとそうだ。アーリーステージのスタートアップには、顧客も、売上も、制約もない。なんの気兼ねもなく、市場を完全に破壊できる。

実際、もしスタートアップが大企業のパクり製品を安い価格で売ったり、タダで配ることができれば、起業家にとって最高のビジネスチャンスになる。スタートアップは既存企業と違って毎年数百億ドルもの売上を捻出する必要はない。数千万ドルか数億ドルでも稼げればいい。スタートアップにとっては、それでも莫大な金額だ。それだけの売上があれば、上場まで持っていける。

ところが、大企業はそんなわけにはいかない。ほとんどの大企業はすでに上場していて、株主への責任がある。売上が1割下がったら大事件だ。株価は暴落し、CEOは批判の的になる。

低価格品を発売して自分の市場を破壊する度胸のある上場企業はほとんどない。ウォール街は大企業に目を光らせ、売上と利益が右肩上がりになることだけを期待する。彼らには失うものが多すぎる。

僕はよくスタートアップに「自分たちには失うものが何もなく、既存企業には失うものばかりの市場ほどおいしいターゲットはない」と言っている。

破壊的なビジネスモデルで最初にその市場に参入すれば、自分には得るものしかないが、ライバルはすべてを失う可能性もある。既存企業は価格を下げる他に対抗する手段はなく、ほとんどの企業は、一晩で利益をすべて失うよりもゆっくり死ぬほうを選ぶ。大企業は現状にあぐらをかき、自分たちが一番でない世界を思い描けない。

「失うものはない」強さ

ここで〈スカイプ〉を例にとってみよう。

「失うものはない」精神を体現したスタートアップがスカイプだ。この小さなスタートアップがヨーロッパで誕生した時、巨大な通信会社を破壊するなどとは誰も考えもしなかった。通信会社は強い力で市場を支配し、リソースが有り余るほどあった。彼らは長距離電話から莫大な儲けを得ていた。長距離電話は彼らのドル箱で、その市場の破壊を許すつもりはさらさらなかった。エストニアの無名のスタートアップなど、屁でもなかった。

しかしスカイプには秘密兵器があった。ＶｏＩＰ（音声を符号化・圧縮してパケットに変換したものをＩＰネットワークで伝送する）技術のおかげで、インターネット経由で音声通信サービスが提供できるようになった。大手通信企業もスカイプが参入する以前から同じ技術を手にしていたが、自分たちの既存事業を損なうような技術を利用する準備はできていなかった。

そこにスカイプの創業者が目をつけて、市場を破壊した。スカイプは、アプリを試してくれる人全員に、ＶｏＩＰを使った無料の長距離電話を提供した。既存市場はどうでもよかった。サービスの無料提供は、顧客獲得の費用と割り切れた。ネットワーク外の通信に課金することで、収益を得る機会もあった。コンセプトは単純で、それが成功した。スカイプは既存の通信会社をドル箱市場で負かし、数百億ドルで買収された。

もう1つの「失うものは何もない」スタートアップの好例が〈イー・トレード〉だ。

イー・トレードの誕生前、それまでの証券会社は株取引ごとにバカバカしいほどの手数料を取っていた。巨額の利益だった。取引の数％を取ることもあった。証券マンを廃してインターネットを使ったイー・トレードは、それまでの数十分の一の手数料で取引を行い、それでも大きな利益を出せた。顧客たちは間もなく15ドルに満たない取引には固定手数料を期待するようになった。イー・トレードとその他のオンライン証券は、世界をひっくり返し、市場を根底から変えた。オンライン取引が主流になり、古いビジネスモデルは消え去った。

次にやって来た破壊者が〈ロビンフッド〉だ。取引手数料を取る代わりにサービスを無料にして、別のところで儲けることにした。

どうしてそんなことができたのだろう？　まさしく、ロビンフッドには失うものが何もないからだ。既存企業の顧客を奪い、自分たちのモバイルサービスに乗り換えさせることができるなら、破壊者は喜んで破壊する。そこから、付加価値のあるサービスを売り込んで収益を得ることができるのだ。

まことしやかなウソ「完璧なパイプラインがある」

多くの大企業は、あたかも失敗を排除して確実に成功につながるようなイノベーションの手法を完成させたかのように、「イノベーションのパイプライン」があると言う。この手の考え方は根本的に間違っている。失敗を排除することはできないし、失敗率を減らすこともできない。失敗はイノベーションのプロセスに欠かせない要素なのだ。

あなたがやらなければ誰かがやる

テクノロジーが進歩するにつれ、新しい破壊の機会が次々と生まれている。もしあなたが大企業の中でイノベーションを起こそうとしているなら、スタートアップのように考え始めたほうがいい。自社の事業との共食いを心配している余裕はない。**もしあなたがやらなければ、誰**

かがそれをやるだけだ。単なる時間の問題なのだ。もしそんなテクノロジーが存在していれば、どこかのスタートアップがそれを見つけて、同じサービスを無料で提供し、あなたの顧客を奪うだろう。

勝ちたかったら、自社の顧客をあなたが奪うしかない。たとえそれが短期的な損失につながったとしてもだ。

アマゾンはその天才だ。アマゾンは自分たちの事業を破壊しようと、いつもチャンスを探している。ジェフ・ベゾスはテクノロジーを使って価格を下げ、より多くの価値を顧客に提供する新しい方法を何度も見出してきた。たとえ利益率が下がっても、そうしてきた。すべてはライバルを出し抜くためだ。

そのいい例は、ライバルの小売店の商品を彼らのウェブサイトで販売させたことだ。オンライン小売の市場を独占しているアマゾンがなぜ、アマゾン商品と並べて他社のより安い製品を販売しているのだろう？　利益率は下がらないのか？　もちろん下がるが、消費者は最安値でモノを手に入れられ、選択肢は広がる。アマゾンが自社だけですべての人にすべてのモノを売ることはできないと、ベゾスは知っていた。もし他社の製品をアマゾンのサイトで売らせなければ、消費者はよそでその製品を買うだろう。

結局、アマゾンは自分たちの市場を破壊して短期利益を犠牲にしなければ、すべてを失ってしまうのだ。それがイノベーションのカギだ。すべてを取り込むべきなのだ。消費者が望み、それをかなえるテクノロジーがあるなら、それを提供してほしい。

14 大切なのはテクノロジーよりデザイン力

「複雑なものを単純にするのが、僕の目標だ。人間同士の基本的なやり取りをすごくシンプルにする道具を作りたいだけなんだ」

ジャック・ドーシー（ツイッターおよびスクエア　共同創業者）

ここで僕の秘密をみなさんに打ち明けたい。

僕は生まれながらのデザイナーだ。デザインが大好きだ。母は芸術家で、僕は子供の頃から世界中の美術館をめぐり、抽象派からポスト・モダンまで歴史に残る名作を学んできた。子供の頃はアーティストになるつもりだったが、ＭＩＴで学んだロケット科学者の父に説得されて何か実用的なことを勉強することにした。大学ではコンピュータ・エンジニアリングを学び、ほぼオールＡの成績で卒業したが、反抗心から南カリフォルニア大学の大学院で映画とテレビ制作を学んだ。僕はこの世界のクリエイティブな原動力になりたかった。自分の現実を自分でデザインしたかった。

短編映画を十数本作り、脚本も何本か書いたあと、ハリウッドのテレビ制作会社に入って、すぐに制作指揮者の地位に上った。そこで出会ったのが、日本のゲーム会社セガの創業者だった。日本でビデオゲームとアーケードゲームをデザインする仕事を提示された。断ることなんてできなかった。ゲームオタクの僕にとっては、夢のような仕事だ。それから何年か、最初は日本で、その後はシリコンバレーでゲームを開発した。ＰＣゲームからオンラインゲーム、モバイルゲームまで、あらゆる種類のゲームを開発した。

デザインはいつも僕の情熱だった。デザイン雑誌をめくったり、〈キックスターター〉で新しい製品を眺めたり、ただ街中を歩き回って建築を眺めて何時間も過ごすこともある。

シリコンバレーのヒットの秘訣はデザインにあり

だから、僕のところに来てくれるスタートアップにはどうしても、デザインについて意見を言ってしまう。熱っぽくこんなふうに演説を振るってしまうのだ。

「本物のデザイナーを雇ったほうがいい。君はエンジニアだし、このプロダクトじゃガラクタにしか見えない。ユーザーエクスペリエンスがダメだと、誰もついて来ないよ。テクノロジーなんてユーザーにとってはどうでもいいんだ。デザインのほうが大切なんだ」

シリコンバレーはテクノロジー主導の生態系だと思っている人は多いが、実際の心臓部はデザインにある。**技術のイノベーションよりもデザインのイノベーションから価値が生み出されている**と言っていい。新しいテクノロジーをどのように新しいプロダクトに利用するかについては、数えきれないほどの方法がある。その多くが、数百億ドル市場をこじ開け、一変させる力を持っている。

デザイン・イノベーションは主に、人的要因に注目するものだ。以下に挙げる研究分野は、いずれもデザインプロセスに影響を与え、デザイナーがどのように新しいプロダクトやサービスを開発するかに影響する。

- **人体測定学**――人体とその動きの研究
- **生理学**――生き物とその身体の機能の研究
- **心理学**――意識と無意識の経験を含む心の動きの研究
- **社会学**――人々が互いにどう関係し触れ合うのかについての研究
- **人類学**――人間社会と文化の機能の研究
- **生態学**――生き物同士の関係とその物理的環境の研究

デザインはエンジニアの仕事だとされていた時代も、過去にはあった。エンジニアは機能と自分の嗜好を優先してプロダクトをデザインし、人的要因にはほとんど気を遣わなかった。デザインが注目されるようになったのは、ほんの最近だ。

今ではプロダクトチームに、人的要因、関係性デザイン、システム・デザイン、エンジニアリングと工業デザインの経験を持つデザイナーがいることも多い。**シリコンバレーで生み出される新しいヒットプロダクトのほとんどの中心にデザインがある**と言ってもいい。

アップルは、テクノロジーのおかげで世界最大の企業になったのではない。スティーブ・ジョブズはエンジニアではなかった。彼はデザイナーでありクリエイティブの天才だった。アップルを再生させた〈iPod〉は最先端技術の塊ではない。当時、市場には多くのMP3プレーヤーがあった。機能の高いハードウェアを作ることが目的ではなかった。プレーヤーで音楽を聴く体験のすべてを作り直すことがアップルの夢だった。ジョブズのもとでiPodのデザインチームを率いたトニー・ファデルが、一段上のユーザーエクスペリエンスを創り出すことにこだわったのは、そういう理由からだ。

当時の他のMP3プレーヤーと比べると、クリックホイールを装備したiPodはデザインの驚異だとわかる。片手で長い曲目リストをなめらかにスクロールでき、狙った曲のところで正確に止めることができるMP3プレーヤーは他になかった。アップルはユーザーが楽しく音楽にアクセスし、プレイし、購入できるような生態系そのものを創り上げた。〈iTunes〉のオンラインストアとiPod独自のインターフェースのおかげで、ユーザーは無数の曲とプレイリストを簡単にブラウズできるようになった。

ユーザーの頭の中に入り込む

ファデルの細部へのこだわりとユーザーエクスペリエンスへの深い思い入れを具現化したイノベーションがある。新しいデバイスを買って家に持ち帰り、箱を開けても、すぐにスイッチが入らないことにファデルは気づいた。充電しなければならないからだ。ユーザーはデバイスを使うまでに1時間は待たなければならない。そこでファデルは、すべてのバッテリーをフルに充電させておくよう指示した。そうすれば、箱を開ければすぐにiPodを使える。これによってユーザーエクスペリエンスが一変した。

この時まで、箱からプロダクトを出した時の様子に注意を払う家電メーカーはなかった。梱包をほどいて、はじめて使う時の感じに、メーカーは細かく気を遣っていなかった。今では、高級家電メーカーはバッテリーを充電したプロダクトを箱に入れ、箱から出す時の一連の感覚に注意を払っている。

これがデザイン・イノベーションの本質だ。それは**ユーザーの頭の中に入り込む**ことに他ならない。**そのプロダクトを使う時、人はどう感じるか？**　つまるところ、重要なのは体験だ。機能ではない。ささいなことを見過ごしてはいけない。総合的な体験に影響することなら、改善すべきなのだ。アップルがどれほどパッケージのデザインに気を遣っているかを見るといい。ファデルとチームはどこまでもユーザーを喜ばせようとしていた。

ファデルはしばらく〈iPhone〉のチームを率いていた。その後アップルを去り、18ヶ月間世界を旅行して回るあいだに、次に何をするかを考えていた。「新たな視点を得て、世界を違うように見るためには、シリコンバレーから外に出る必要があった」と彼は言う。

気持ちを切り替えることの大切さを忘れてしまう人は多い。働きすぎは創造性を殺してしまう。ファデルは人生を味わってから、次のデザインの旅に出た。

休暇は正解だった。次に彼が思いついたのは、学習機能を搭載したサーモスタット〈ネスト〉だった。この革命的なプロダクトがＩｏＴ（モノのインターネット）の波を起こした。ネストは、家庭でのスマート機器の利用体験を再構築するようなプロダクトだった。ネストはエンジニアリングの最先端というよりも、デザインの名作と言えるものだった。

何より、シンプルさが際立っていた。従来のサーモスタットと違ってプログラミングの必要はなく、人の体温や習慣を学習して自動的に室温を調整し、最適な環境を提供しながら節約にもなるものだった。

ネストはまた、外見も美しかった。ため息が出るほどだった。目を細めなくては見えないような安っぽい液晶画面ではなく、美しい半球型の中心に室温が表示され、その周りを色のついた輪が優雅に取り囲んでいた。オタク仲間に見せびらかしたくなるものだ。新しもの好きにはたまらなかった。彼らにとって、かっこよさがずば抜けていたら、値段は関係なかった。

ファデルのデザイン哲学は、製品カテゴリそのものを作り変えることにある。何かを段階的に改善することではない。それは、ユーザーの現実の問題を解決することから始まる。

「ビタミン剤ではなく、痛み止めを作ること」と彼は表現していた。ビタミン剤は少しずつ人を健康にしてくれるが、それがなくても生きていける。しかし、痛みに苦しんでいる時には、すぐに痛みを止めたほうがいい。

解決すべき本物の問題があるかどうかは、どうやったらわかるのだろう？

自分以外の誰かに聞いてみるといい。他の人も自分と同じくらい不満を持っているか？　彼らの痛みを取り除くことはできるか？　その痛みが苦しくつらいものであればあるほど、イノベーションの余地は大きい。

既存プロダクトのどこがどうダメなのかを理解することがカギになる。カテゴリを作り変えるというのは、そういうことだ。ネストなら、従来のサーモスタットと違って面倒な調整が必要ない。室温調整が好きな人などいない。僕もホテルに泊まるたびにいつもいやになる。ではネストはどう違うのだろう？

まことしやかなウソ「イノベーションを起こすにはユーザーに聞け」

ユーザーの意見に耳を傾けるのは大切だが、彼らがイノベーションの方法を教えてくれるわけではない。実際、ユーザーは問題をどう解決するかや既存製品をどう改善するかを教えてくれることはあるが、全く新しい考え方や物事のやり方のヒントを授けてくれることはめったにない。産業を根底から変えようと思えば、顧客フィードバックを超えた行動が必要になるし、その事業を土台から見直さなければならなくなる。

言い換えれば、顧客フィードバックは出発点であり、終着点ではないということだ。ユーザーの意見や行動からどのような洞察が得られるかを自問しよう。このデータから得られる知見は、イノベーションに大いに役立つはずだ。

ファデルが友達や仲間に初期のネストを見せたところ、機能を付け足したほうがいいという人が多かった。タッチスクリーンを装備して、さまざまなことを制御できるほうがいいという人もいた。しかし、ファデルは耳を貸さなかった。シンプルさそのものが最高の機能だと確信していたからだ。丸い輪を回すだけで室温を調節できるということが美しい体験であり、デバイスを複雑にしてその体験を台無しにしたくなかった。

グーグルがネストに数十億ドルも支払ったのは、ファデルをチームに引き入れたかったからだ。ファデルは生活の中に自然にテクノロジーを織り込むにはどうしたらいいかを知っていた。世界の中でそのコツを会得している人はあまりいない。しかも、家庭であれ、職場であれ、アウトドアであれ、すべてのプロダクトが向かう未来がそこにある。グーグルはIoTを次の開拓地と見ていたし、それを切り開いてきたのがファデルだった。

デザイン思考を通して新しい市場が作られる

偉大なデザイン・イノベーションの例は他にもたくさんある。

〈エアビーアンドビー〉を優れたビジネスモデルのイノベーションだと思っている人は多いが、じつはそれだけではない。自宅の余ったスペースを、その街にやってくる旅行客に貸し出すなんて、確かにかなり突拍子もないアイデアだが、この問題を解くのがどのくらい難しいことだったか、ほとんどの人はわかっていない。今ではもちろん、余った部屋を貸し出してお小遣いを稼ぐのはすごくいいアイデアだと思われているが、昔からそうだったわけではない。

ブライアン・チェスキー、ジョー・ゲビア、ネイサン・ブレチャージクの３人がエアビーアンドビーを始めた時、どのベンチャーキャピタル（ＶＣ）もあり得ない話だと思った。誰が自宅に赤の他人を引き入れる？　見知らぬ旅人を信頼し、大切な個人の空間に泊まらせる人などいるだろうか？　もし相手が窃盗犯だったら？　強姦魔か殺人犯だったら？　誰もがエアビーアンドビーに未来はないと思っていた。そこまでのリクスを、誰も取ろうとはしなかった。

幸い、３人の創業者のうち２人はデザイナーだった。ロードアイランド・スクール・オブ・デザインで出会った２人は、デザイン思考の本質を理解していた。「赤の他人と空間を共有する」という奇抜なアイデアを人々に安心して受け入れてもらうことが、彼らの挑戦だった。

エアビーアンドビーのサイトをよく見ると、親しみやすく安全に感じられることに気づく。説明文や紹介文は温かく、身近な感じがする。プロフィールには大きな写真が付いていて、その人がはっきりと見える。ちょうどいい量の説明文を書き込むのに過不足ないスペースが割かれている。プロフィールにはレビューがきちんと表示される。

チェスキーとゲビアは、ホストとゲストの会話をどうデザインするかにも気を配った。お互いにメッセージを書き込む時に、どのくらいの大きさの書き込み欄ならちょうどいいか？　ボタンをどこに置いたらいいか？　どうしたらユーザーがボタンを押したくなるか？

「偉大なプロダクトを作りたければ、１人のことだけを考えるといい。その人にこれまでで最も素敵な体験をさせてあげるといい」とチェスキーは言う。

ユーザーを「ホスト」や「ゲスト」と呼ぶのにも意図がある。赤の他人に場所を貸すというより、自宅でパーティーを開いたり、お客様をもてなしたりするイメージを持たせるためだ。赤の他人でも友達になれる。おカネだけでなく、世界中の知らない人と出会い、自宅や地元をその人たちと楽しむ体験に価値がある。だからエアビーアンドビーは特別なのだ。そこに人は惹かれる。

ホテルは人間味がない。フロントの人やコンシェルジュと友達になることはない。でもエアビーアンドビーなら親密な場所に招いてもらい、誰かと個人的に知り合い、体験を共有できる。彼らはその精神をもとにサービスをデザインした。

またチェスキーとゲビアは、あっと言わせるようなフロントページを作ることに固執した。最も魅力的でロマンチックな部屋が最初に目に飛び込んでくるようにデザインした。ユーザーは冒険に出かけるような気持ちになる。普通のホテルとは違う何かがそこにあった。美しいツリーハウス、田舎の農場、豪華な高級マンション、ジャングルの隠れ家、お城まで掲載されていた。大きく大胆な写真とそそられる説明文が、魔法の国への入口になっていた。

こうしたすべてが重なって、エアビーアンドビーは世界を一変させ、旅行の概念を変える衝撃的なスタートアップになった。

エアビーアンドビーだけではない。

〈ボックス〉はデザインを通してファイルシェアの概念を変えた。〈スラック〉はデザインを使って企業内コミュニケーションの形を一変させた。〈シャオミ〉はデザインで低価格スマホ市場を掴んだ。〈スナップチャット〉と〈ウィチャット〉はメッセージツールを新たなレベルに引き上げた。〈ウィワーク〉はオフィスと仕事環境を作り変えた。〈ウーバー〉と〈リフト〉はデザインで輸送のあり方を一変させた。他にも、数え上げるときりがない。

デザインを理解することはイノベーションに欠かせない。

これからの10年、他のどんな種類のイノベーションよりもデザインによって、数多くのプロダクトが作り変えられるだろう。その理由は？　デザインには莫大な資本が必要ないからだ。ユーザーがプロダクトやサービスに何を求めているかを見通せる、非凡な才能を持つ人たちがいればいい。つまり、ユーザーの悩みを探し出し、それをデザインで排除できれば、どんな起業家でもラップトップ１つで数十億ドル産業を破壊できる可能性があるということだ。

起業家としての僕の最初の成功はデザインから生まれた。

僕はパートナーと一緒に、学生や若者向けに起業家になる方法を教える〈ガジリオネアー〉というコンピュータゲームを開発した。ユーザーが極彩色の惑星ゴグで貿易会社を起業するところから、ゲームは始まる。だが、そのゲームは、発売日にはもう古くなっていた。発売元が販売に同意してくれたのは、彼らの品質管理チームが僕たちのゲームに夢中だったからだ。

アニメーションは粗く、画像は手作りで、技術は初歩的だったが、それでもヒットした。独特な体験をファンは気に入り、批評家からは熱のこもったレビューをもらった。実際、僕たちの安っぽいゲームのほうが、莫大な予算をかけたスタートレック商品よりもいいレビューをもらっていた。

ガジリオネアーは、派生商品の〈ザピタリズム〉や〈プロフィタニア〉と共に、いまだに売れ続けている。世界中の学校と大学がビジネスと経済を教えるのにこのゲームを使い、大人もこんなメールを送ってくれる。「どうしてクレジットカード負債を清算すべきなのか、やっと理解できた！」。要するに、優れたデザインは、多額の予算やテクノロジーの天才をほぼ毎回打ち負かすということだ。

起業家には、「成功したければ、エンジニアの学位やＭＢＡは取るな」と言っている。今、大学を出たてのエンジニアやＭＢＡホルダーは腐るほどいる。でも、**求められているのは、機械と人がどううまく力を合わせていけるかがわかるデザイナーだ**。僕たちに起きている大転換の核にあるのが、人間とコンピュータの共生だ。ここに未来の難問があり、大きな変革の可能性が存在する。

デザインの新しい可能性は、テクノロジーの進化とともに日々拡大している。

デバイス同士がどう対話するか、どんな種類のデータがセンサーで集められるか、人間は拡張現実とどう付き合うか、そしてどんな家電製品を手首に巻きつけ、身体に埋め込み、頭につなぐのか。デザイン思考は、そうした分野に拡大している。今この時にも、無数の企業が破壊されるのを待ち、デザイン思考を通して新しい市場が作られている。

15 ビジネスモデルのルールを書き換える

「同じプロダクト、サービス、またはテクノロジーでも、どんなビジネスモデルを選ぶかで成功することもあれば、失敗することもある」

アレックス・オスターワルダー（作家、理論家）

既存のビジネスモデルを使い回さなくても、イノベーションを起こし、ルールを書き換え、ライバルの足をすくって市場を盗むことはできる。

シリコンバレーのスタートアップはこれまでビジネスモデルを書き換え、それによって莫大な価値を創造してきた。そのポイントは1つ。**ルールを破る**こと。ビジネスモデルのイノベーションとは、試合のルールを研究し、それを破り、曲げ、捻ることによって組織的にズルをすることだ。ルールブックを書き換えることで、スタートアップは優位に立ち、数百億ドル市場を乗っ取ることができるのだ。

これに秀でているのが、ハーバードMBAとは限らない。誰よりも賢くルールを破る方法を思いついてきたのは、ジョブズ、ゲイツ、ザッカーバーグ、ティール、マスクといった正式な訓練を受けていない反逆者たちだ。

僕もMBAを持っていないので、偏見があるのかもしれない。僕は自分の会社を経営しながらそれを学んだし、もともと「人と違う考え方をする」人間なので、そのほうがよかったと思う。僕はルールを知らないので、破っても平気だ。新しいビジネスモデルは大歓迎だ。どんなことでも可能だと思っている。

僕たちのところにやって来るスタートアップには、「そのアイデアが現実に根を張ったものだと証明してほしい」と頼む。**ユーザーがその提案に本当に価値を感じている証拠を見せることが何よりも大切だ。**どんなに突拍子もないアイデアでも、そのビジョンを裏付けるデータがあれば、僕は平気だ。

〈クレイグズリスト〉は無料のクラシファイド広告（地域や目的ごとに分類して一覧表示する広告）から始まった。伝統的な紙媒体のルールを無視するやり方だった。新聞にとってクラシファイド広告はメシの種だ。それがなければ成り立たない。なのに、クレイグズリストは無料でそれを掲載した。費用構造とビジネスモデルが新聞とは全く違っていたからできたのだ。

「商売を無視した誰かと競ってもなかなか勝てない」と言うのはベンチャーキャピタリストのビル・グーリーだ。過激なビジネスモデルを持つスタートアップは、そもそもライバルのように見えない。既存企業にとってあまりに馴染みがなさすぎて、ライバルというより、エイリアンが自分たちの世界を侵略しにやって来たように見える。

もちろん、ビジネスモデルのイノベーションがどれも過激だというわけではないが、共通の特徴はある。だから**ビジネスモデルのイノベーションは最も破壊的な力を持つ**し、分析に値する。ここで、ビジネスモデルにイノベーションを起こした最近のスタートアップの例を３つ挙げ、その教訓をおさらいしてみよう。

ウーバーのビジネスモデル・イノベーション

ビジネスモデルのイノベーションのお手本が〈ウーバー〉だ。彼らはずる賢くユーザーとサービス提供者の間に入り込み、タクシー業界を破壊した。

人はタクシー運転手にそこまでこだわらないし、こだわっていたとしても、同じドライバーに直接電話をかけることまではしない。そのドライバーが忙しいかもしれないし、離れた場所にいるかもしれないし、休みかもしれない。だから、お客が逃げることがない。つまりウーバー抜きで直接取引しない。

また、タクシーの利用頻度は高く、タクシー代も重なれば大きな金額になる。生涯顧客価値は高く、多額の顧客獲得費用をかけても元が取れる。だから、莫大な資金を調達できる。価格でもサービスでも選択肢でも、ウーバーは既存のどんなタクシー会社より勝っている。このすべてが積み重なると、極めて競争力の高いモデルができる。

では、僕たちはウーバーから何を学べるか？　まず、ウーバーモデルが強力なのは、次の６つのポイントをすべて完璧にクリアしているからだ。

- **利益率が高い**――タクシー代は安くない
- **リソースが豊富**――車を持っていれば誰でもドライバーになれる
- **顧客がリピートする**――移動手段はしょっちゅう必要になる
- **規模拡大が可能**――早いスピードで事業が拡大できる
- **どこでも応用できる**――同じモデルが別の場所でも使える
- **市場が巨大**――このサービスは幅広い層の顧客に訴求できる

ウーバーはまた、ユーザーの欲求にも目を向けていた。

- より速く
- より賢く
- よりシンプルに
- より便利に
- 気持ちよく
- かっこよく

最後に、ウーバーは一気通貫のサービスにこだわった。

- ボタンを押すだけ
- 遅延がない
- 交渉しなくていい
- キャンセルがない
- いやな気分にならない

また、ウーバーのビジネスモデルにはネットワーク効果の恩恵もある。ドライバーの数が増えれば、乗客はすぐに車が見つかるようになり、乗客数が増えれば、ドライバーも集まる。それに勝てるライバルはいない。

ウーバーがあまりにもうまくタクシー業界を破壊してきたことで、宅配からドライクリーニングから医師に至るまで、すべてにおいてウーバー化が進んでいる。ただし、すべての業界がタクシー業界と似ているわけではない。自称「次なるウーバー」企業の多くは、ビジネスモデルが合わずに消えていくだろう。

エアビーアンドビーのビジネスモデル・イノベーション

〝スタートアップ界の奇跡〟とされるもう1社が〈エアビーアンドビー〉だ。

エアビーアンドビーは典型的な破壊的市場を創り上げてきた。成功のカギは、これまで誰も手をつけなかった極めて貴重な資源に手をつけたことだ。それが、「自宅」だった。

エアビーアンドビーは誰でも自宅の余ったスペースを貸し出すことができるようなプラットフォームを提供することで、伝統的なホテルより安価で多様なたくさんの宿泊場所を取り揃えた。しかも、両面のマーケットプレースは参入障壁が極めて高い。スペースを提供するホストが増えるほど、そこに引き寄せられるゲストが増え、ゲストが増えればホストも集まる。まさしく、ネットワーク効果の典型例だ。

エアビーアンドビーにはウーバーと同じ特徴が数多くある。

- **利益率が高い**――場所貸しは安くない
- **リソースが豊富**――自宅に余ったスペースがある
- **顧客がリピートする**――旅行好きは何度も旅行する
- **規模拡大が可能**――早いスピードで事業が拡大できる
- **どこでも応用できる**――同じモデルが別の場所でも使える
- **市場が巨大**――このサービスは幅広い層のユーザーに訴求できる

ホストとの調整にあてる時間を短くし、面倒くささを解消するため、エアビーアンドビーは最近、インスタント予約の機能を追加した。僕にとってはここが本当に面倒だったので、すごく嬉しい。ワンクリックで予約ができるようになった。これもまた、ビジネスモデル・イノベーションの見事な例だ。他の市場はここまでスムーズに動かない。これまでに挙げた要素の1つまたはいくつかが欠けているからだ。

ソフィのビジネスモデル・イノベーション

学生のためのオンライン融資サイト〈ソフィ〉はウーバーやエアビーアンドビーの要素をすべては備えていない。むしろ、取り組む方向が違う。ソフィは生涯にわたるユーザーのコミュニティを創ることに専念し、それによって学生ローン業界を一変させた。

学生がソフィでおカネを借りると、借金を負うだけではない。彼らは特別なコミュニティの仲間に入り、借入期間にわたって指導と支援を受けることができる。

ソフィによると、メンバーは平均で1万8000ドル以上も節約できるという。ソフィの革命的な点は、これまで人の弱みにつけ込むずるい商売だと思われてきた「学生ローン」という業界を、前向きな社会活動に変えたことにある。

ソフィはメンバーにキャリアカウンセリングや起業家講座を提供し、コミュニティのイベントや気楽な集いに招待する。ソフィでおカネを借りると、友愛会やクラブに入ったような気分になる。これまでの銀行とは全く違う。ソフィはそこからさらに、メンバーに住宅ローン、消費者ローン、資産運用を提供している。

ソフィには独自の信用評価基準がある。それも、大手銀行や他のローン業者と違う点だ。

ソフィはメンバーの教育、職歴、財務履歴を考慮に入れる。融資手数料や申し込み手数料は取らず、前払いペナルティもない。その上、失業保障もつく。つまり、後に解雇された場合、一定期間は返済を猶予するということだ。それはソフィのコスト増になるが、マーケティング費用と思えば元が取れるし、それが成長スピードを上げてくれ、はるかに低コストで大学生を引き入れることにつながる。

しかし、ソフィの魅力はそれだけではない。ソフィのモデルは市場を一変させた。ソフィは伝統的な貸し手とは比較にならない場所にいる。ユーザーについての考え方が全く違うし、だからこそミレニアル世代に受けるのだ。

ビジネスモデル・イノベーションは財務モデルに限らないことが、ここからわかる。それはサービスすべての価値を含む。ソフィはおカネを借りることの意味を変えた。それは取引ではなく、特別なクラブへの入会であり、そのメンバーは生涯にわたってサービスを受け取ることになる。

まことしやかなウソ「イノベーションのカギは性能の改善だ」

性能の改善がイノベーションのすべてなら、人生は簡単だ。でもそうではない。〈スカイプ〉を考えてみよう。立ち上げ当初は既存の電話と比べて便利でも速くもなく、品質も悪かった。実際、使うのが苦痛なことも多かった。それでも安かった！　タダならたいていのことは我慢できるものだ。価値にはさまざまな形があり、性能だけがイノベーションのカギではない。

うまくいかない時は、別のビジネスモデルを試す

〈NGコーデック〉の創業者たちは、業界の誰よりも動画圧縮について詳しかった。僕がはじめて会った時の彼らは、動画を10倍速く誰よりもはるかに安く圧縮・解凍する次世代のコーデックを開発していた。コーデックはインターネットでの動画配信に必要な技術だ。ユーチューブからCNNまで、誰もがコーデック技術を使っている。

NGコーデックの創業者は次世代のコーデック技術の開発を1年以上も続け、料金を支払ってくれる顧客も存在し、この技術で既存市場のすべてを時代遅れにできそうだった。しかも4Kビデオが出現し、エンコーディングの問題が日々差し迫って大きくなる中で、タイミングは完璧だった。それなのに、シリコンバレーでは資金調達ができなかった。

問題は、彼らのビジネスモデルだった。彼らは動画の圧縮にハードウェアを使い、それをユーザーにライセンスする計画を立てていた。すると乗り換えに時間がかかり、販売に時間がかかり、成長力も限られる。規模拡大もできない。このやり方では数十億ドル規模の会社にはなれない。

彼らと数時間も一緒に過ごした後で、僕は1つだけアドバイスした。

「ハードウェアをライセンスするのはやめたほうがいい。そのビジネスモデルは間違っている。

サービスをクラウド化して、必要な時に必要な分だけ提供する『サースモデル』にしたほうがいい。君たちの夢とは違うのはわかるけど、それが動画圧縮の未来だ。ハードウェアなんて誰も欲しがらない。ソリューションが欲しいだけなんだ」

CEOはその意見に耳を傾けて、新しいモデルを取り入れたビジネスプランを1から作り直した。3週間後、CEOから電話があった。300万ドルをベンチャーキャピタルから調達して、これから市場化に入ると言っていた。

つまり、1つのモデルがうまくいかない時は、別のモデルを試したほうがいい。イノベーションを起こすのは、プロダクトだけではない。**プロダクトとビジネスモデルを車の両輪と考えて、どちらも同時にイノベーションを起こさなければならない。**

既存市場を破壊する力を持ち、全く新しい市場を生み出すような本物の過激なイノベーションを達成するのは簡単ではない。ほとんどのスタートアップは、自分たちの競争優位を作るだけでも必死で、競争のルールを1から書き換える余裕はない。だから、ウーバーやエアビーアンドビーやソフィにあれほどの価値がある。

彼らのようなスタートアップはめったに生まれない。しかし、彼らのようにルールを書き換える道を見つければ、世界を変え、物理の法則を裏切って、象を空に飛ばすことができる。

16 〝開発者の罠〟にハマってはいけない

「機械でも何でも、自分が作ったものに関しては、その人がどれほどいいセールスマンでも、うまくいくかダメかの見分けがつかない」

マーク・アンドリーセン
（アンドリーセン・ホロウィッツ　ベンチャーキャピタリスト）

スタートアップの創業者によく言うのは、最初はキーボードから離れていたほうがいいということだ。僕は、「初日からエンジニアにプログラミングを始めさせちゃダメだ。間違った方向に行ってしまうから」と説いている。

優秀なエンジニアはプログラミングしたがる。何かかっこいいものを作ることに熱中するのだ。問題は、エンジニアにとってかっこいいものをユーザーがかっこいいと思うとは限らないということだ。ユーザーは何か全く違うものを欲しがっているかもしれないのだ。だから、はじめからプロダクト作りに取り掛かるのは、時間のムダというだけでなく、失敗の可能性を高めることになる。

プロダクトの開発に時間をかければかけるほど、メンバー全員が成功を信じたくなる。必死で努力したことを諦めて捨てたい人はいない。数ヶ月もプロダクト開発に費やすと、チームはその作品に執着するようになる。自分たちの作ったものがユーザーの欲しいものではないという証拠があっても、チームは開発を進め、新しい機能を加え、問題を解決し、失敗プロダクトを成功させる道を探すものだ。失敗プロダクトに時間とリソースを注ぎ込めば注ぎ込むほど、真実を直視できなくなる。それがいわゆる **〝開発者の罠〟** だ。

2011年、ハーバード・ビジネス・スクールのマイケル・ノートン、イエール大学のダニエル・モーチョン、デューク大学のダン・アリエリーの3人は共同で研究を行い、「人は自分で作ったものには他人が作ったものよりはるかに高い価値を置く」ことがわかった。彼らの研究は異なる実験から成り、参加者はイケアの家具を組み立てたり、折り紙を折ったりした。

イケアの実験では、被験者は家具を組み立てるタスクを与えられた。彼らは自分で組み立てた家具をプロが組み立てた家具と比べて値段をつけるよう求められた。被験者は、自分で組み立てた家具には、たとえ出来が悪くても、平均で63％も高い値段をつけていた。

被験者が折り紙でカエルや鶴を折る実験もあった。その後、折り紙のプロがカエルや鶴を折った。プロの作品のほうが明らかにきれいだったが、被験者は自分の作品に同じ値段をつけた。その一方で、折り紙を折らなかった被験者は、プロの作品にはるかに高い値段をつけた。

これがいわゆる **〝イケア効果〟** だ。**人はみな、自分が労力をかけたものに高い価値を置いてしまう**。言い換えると、人は時間と創造力を投資すると、感情が入って見えなくなってしまうということだ。

つまり、イノベーションチームがプロダクトやサービスを開発し始めると、自分たちの作品に愛着がわき、その愛着から現実が見えなくなってしまうのだ。たとえユーザーがそのプロダクトを必要としていないことが証明されても、作り手はそれにほとんど価値がないことを認められず、「今あるものをどう改善しようか？」と考えてしまう。

イノベーションと恋に落ちてはいけない

僕自身、同じ罠にハマったことがある。

僕が熱い男だというのは、周囲の人はよく知っている。仕事であれ、恋愛であれ、遊びであれ、目の前のことにすべてを注ぎ込む。インターネット全体を仮想世界に変えるすごいアイデアを思いついた時、その仕事に全力投球した。

プロトタイプを見せると、みんなが熱を上げた。それは、プレイヤー自身がアバターを作り、ウェブの中を文字どおり自由に歩き回れるゲームだった。グーグルやアマゾンやフェイスブックのトップページに自分のアバターが現れ、おしゃべりしたり、仮想グッズを交換したり、ゲームで遊んだり、宝探しに出かけることができた。

自分のアバターでどんなオンラインストアにも入れるし、友達と買い物をしたり、好きなバンドのサイトをうろついたり、お気に入りの音楽を聞いたり、ニュースサイトに行って議論を交わしたりもできた。可能性は無限大だった。

唯一の問題は、そんなことをしたい人がいるという証拠がほとんどなかったことだ。僕たちのコンセプトがユーザーにウケないという証拠は、初期に現れていた。ユーザーは、はじめだけゲームを楽しんで、数週間もすると戻って来なくなっていた。

インターネットを巨大な仮想世界にするというコンセプトは壮大だが、現実には〈セカンドライフ〉を含めて、大規模な仮想世界はどれも期待はずれに終わっている。ユーザーは、自由な空間で他者と交わるよりも、ストーリーのあるゲームを好むのだ。

残念ながら、当時はそれが見えなかった。仮想世界は熱いトピックで、時間さえあれば成功できると僕は頑なに信じていた。〝開発者の罠〟にハマってしまったのだ。そのゲームに熱を上げていたせいで、方向転換が遅れてしまった。もし僕が開発よりもっと分析を行っていたら、時間もおカネも節約できたはずだった。

愛は周りを見えなくするといわれる。イノベーションと恋に落ちてはいけない。そうでないと、僕みたいになってしまう。失恋してボロボロになってしまうのだ。

17 簡単なプロトタイプを作る

「うまくいくとわかっていたら、実験じゃない」
ジェフ・ベゾス（アマゾン　創業者）

〝開発者の罠〟を避けるのに一番効くのは、簡単なプロトタイプを作ってみることだ。簡易プロトタイプには共通の利点がある。まず、作るのに時間も労力もそれほどかからないが、そのビジネスの基本的な前提が正しいかどうかを検証するのに役立つということだ。

プロトタイプは、どんな形でもいい。ほとんどの場合、最終的なプロダクトに似たものでなくていい。データを集められれば、それでいい。そのビジネスに関するすべての前提を書き出し、独自の実験を行って1つひとつを検証してほしい。特定の前提を検証し、裏付けるためにプロトタイプを設計し、それを使って実験する。

消費者がそのプロダクトを買うかどうかを検証したければ、〈Wix〉〈スクエアスペース〉〈アンバウンス〉といったツールを使って、半日でウェブページを作るといい。それから、〈グーグルアドワーズ〉か〈フェイスブック〉を使ってターゲット層を誘導し、注文を取る。

そうすれば、人々があなたのプロダクトにおカネを払うかどうかが、手っ取り早く検証できる。〈シューサイト・ドットコム〉が靴の販売サイトを立ち上げた時、創業者のニック・スウィンマンはすべてを作り込むことはしなかった。

まず、できるだけ手っ取り早く自分の前提を検証するため、簡単なウェブサイトを立ち上げ、靴の画像に地元の靴店の販売価格を付けて掲載した。そのサイトで注文を募り、自分のクレジットカードで地元の靴店でその靴を買い、ユーザーに発送していた。それで儲かったか？儲からなかった。しかし、こうすることで、時間もおカネもかけずに市場を検証できた。サプライチェーンを築いたり、倉庫を借りたり、在庫を持ったりする必要もなかった。

この実験が大成功に終わったことで、トニー・シェイがこの会社に加わり、社名を〈ザッポス〉と変えてベンチャーキャピタルから資金を調達し、巨大ビジネスを築き、アマゾンに12億ドルで売却した。

まことしやかなウソ「イノベーションには大金をつぎ込まなければならない」

おカネでイノベーションを買うことはできない。ギリギリの予算から、最も影響力が大きく広く普及したイノベーションが生まれた例もある。〈エアビーアンドビー〉がそうだ。創業者たちはおカネがなかったので、居間にエアマットを置き、最初のゲストをもてなした。おカネを使わずにビジネスモデルを検証する方法がそれだった。ほとんどのスタートアップの始まりはそんなものだ。

プロダクトを作る前に検証したほうがいいことを示す例をもう1つ挙げよう。

あるスタートアップが面白いアイデアを持って僕たちのところにやってきた。レストランの厨房をシェアするサイトだ。フードテック（食品関連サービスに情報通信技術を融合した事業）は急拡大中だった。食事の宅配スタートアップが国中のいたるところで立ち上がっていた。問題は、厨房が足りないことだった。アメリカでは、一般に食事を販売する場合には、商業活動の認可を受けた厨房で調理しなければならないと法律で決まっている。そこで、このスタートアップは、認可済みの厨房が必要な宅配業者と、営業時間外に厨房を使わないレストランとを結びつけるマーケットプレースを作ろうと考えた。

創業者は兄妹で、兄はマイクロソフトの元エンジニア、妹は事業開発を担当するいいコンビだった。はじめて話した時、彼らはサイトをすべて作り込むつもりだったが、それには数ヶ月かかると言う。そこで僕は、やめたほうがいいとアドバイスした。何も作るな、と。そして、まずは簡単なプロトタイプを準備すべきだと話した。時間と労力をつぎ込んでサイトを作る前に、このビジネスモデルが有効かどうかを知る必要がある。

「簡単なホームページを作ったほうがいい」と僕は言った。「ユーザーにフォームに記入してもらい、結びつける作業はとりあえず手動でやるんだ」と。

彼らは開発を中断し、簡単なホームページを立ち上げた。それからレストランのオーナーに電話して、営業時間外に厨房を貸し出すつもりはあるかと聞いてみた。同時に、認可済みの厨房が必要な業者に連絡を取り、このサービスに興味があるかどうかを訊ねた。

するとすぐに、市場は小さすぎ、問題は多すぎることがわかった。レストランオーナーは、他人に厨房を荒らされることを嫌がった。厨房を貸し出すことに合意しても、借り手が使いたい時間と合わないこともあった。調理機器や厨房のレイアウトも問題だった。それに、食材の保存はどうするのか？　このビジネスは到底うまくいきそうもなかった。幸い、そのことが早くわかったので、時間とおカネをそれほどムダにせずに済んだ。

新しいアイデアはまずプロトタイプで検証する

簡易プロトタイプの実験は、プロダクトよりプロセスだということを憶えておくといい。**何がうまくいくか、いかないかを学ぶにつれ、プロトタイプは脱皮し続ける。**

例えば、プロトタイプがホームページなら、価格から、商品種類から、ユーザーエクスペリエンスから、インターフェースから、デザインから、商品名から、広告コピーまで、すべてを検証して変え続けなければならない。これがいわゆる「A／Bテスト」だ。ある要素を別の選択肢と比べるのが、このテストの目的だ。

例えば、デザイン案Aを検証するには、ユーザー評価がデザイン案Bよりもどのくらいよかったかを見る。検証ごとに学んだことを次のプロトタイプに組み入れ、継続的にフィード

継続的なフィードバックの循環が大切

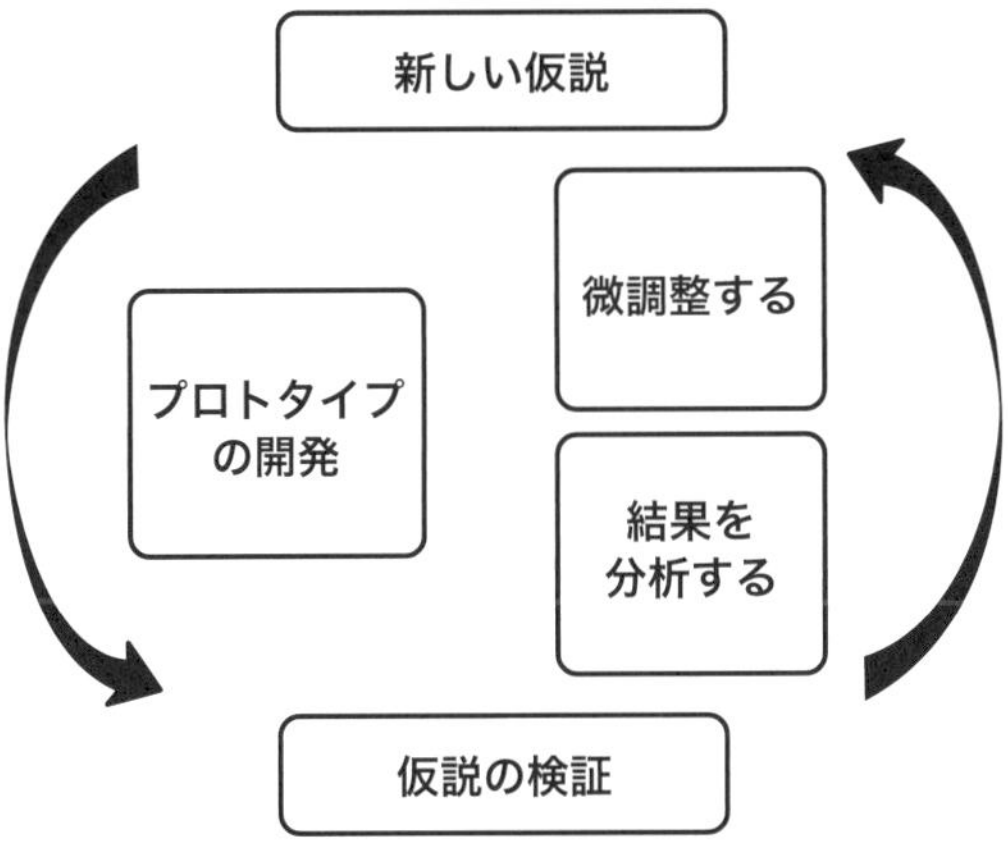

バックを循環させなければならない。**フィードバックを循環させて創造過程に取り入れることで、1つのプロダクトにホレ込む危険を最小限に留めることができる。**発見の過程があなたのプロダクトになるからだ。

また、すべてのプロトタイプにプログラミングやテクノロジーが必要でないことも憶えておいたほうがいい。ハードウェアもソフトウェアも使わない簡易プロトタイプが最も役立つこともある。売り込みの言葉や紙に手書きしたプレゼンテーションがプロトタイプになる場合もある。データを集め、検証できれば、どんなものでもいい。身近なツールで効果的なプロトタイプを作ることもできる。

例えば、次のようなものだ。

- 紙とペン
- 卓上ゲームとモノポリー紙幣

・衣装とロールプレイング
・ホワイトボードとマーカー
・マインドマップのソフトウェア
・コンピュータ画像とお絵かきツール
・パワーポイントプレゼンテーション
・フローチャートのソフトウェア
・3Dアニメーションツール
・ビデオカメラ
・写真
・プロトタイプのソフトウェア
・オープンソースのソフトウェア

新しいアイデアをプロトタイプで検証する方法は1つではない。さまざまなテクニックを使って、一番効果のあるやり方を見つけてほしい。

イノベーションチームが創造力を働かせ、早い段階からたびたびユーザーを巻き込むことがカギになる。ユーザーを相手にアイデアを試し、それから検証と修正を行う。またプロトタイプを作り直して、他のものを試してみる。ユーザーと関わるたびにチームは何かを学び、解決すべき問題をより深く理解できるようになる。

第4章

コアの強みを活かし、価値を提供する

18

コアの強みを活かして優位性を広げる

「自分の一番得意なことを知り、それを磨き上げることに専念しろ」

マーク・キューバン
（ブロードキャスト・ドットコム　共同創業者、テレビパーソナリティー）

製造工程、独占的な知的財産、あるいは流通パートナーといった、コア・コンピテンシー（自社の競争力の源泉）を築き上げるには、長い時間がかかる。コア・コンピテンシーとは、企業にとって最も価値ある財産であり、ライバルが模倣できないようなものでもある。

そこで、イノベーションの過程では、はじめにいくつかの項目を自問してみるといい。

あなたの会社が他社よりも上手にできることは何か？
あなたのチームは何に秀でているか？
他の誰も持っていない、あなただけのノウハウは何か？

もしあなたの会社に、世界的な流通網や独占的な販売チャネル、名のあるブランド、企業秘密、成熟した生態系、洗練されたプロセス、特許があるなら、イノベーションチームにそれを活用させたほうがいい。**コア・コンピテンシーをテコにしてさらにそれに磨きをかければ、専門性や競争力のない分野でイノベーションを起こそうとするよりも、成功の確率ははるかに高くなる。**言い換えると、焦点を定める必要があるということだ。

イノベーションチームは何でも手当たりしだいに試すべきではない。例えば、自動車部品の製造企業なら、3Dのフードプリンタや健康情報を記録するウェアラブルの開発は賢い方向ではないだろう。それはさすがにないだろうと思われるかもしれないが、これまでにそういう例はある。自社のコア事業とはほとんど関係がなくても、目の前のトレンドに飛び乗ってしまいたくなることは多い。

自社の優位性の外で成功することは難しい

ナイキは、〈フィットビット〉を真似たウェアラブルの〈ナイキフューエルバンド〉の開発を決めて、ここにかなりの投資額を注ぎ込んだ。製品開発に莫大な費用がかかった上に、発売の際にもマーケティングに大金を注ぎ込んだ。テレビコマーシャルには、コートの中でナイキの新製品を付けたレブロン・ジェームズ（男子プロバスケットボール選手）とセリーナ・ウィリアムズ（女子プロテニス選手）を起用した。

ナイキのリードエンジニアのアーロン・ウィーストは「コア・コンピテンシーにこだわって

いるわけにはいかない。優位性にこだわると、自分たちの手足が縛られる。その殻を破らないとダメなんだ」と語った。

ところが、大々的な宣伝と熱狂的な前評判にもかかわらず、フューエルバンドはいつまでたっても軌道に乗らなかった。フィットビットが市場の69%を握り、〈ジョウボーン〉が19%をつかむ中で、フューエルバンドのシェアが10%を超えることはなかった。結局、ナイキはハードウェアチームの8割をクビにし、製造を中止した。

どうしてそんなことになったのだろう? それは、ナイキがこの分野で能力も優位性もなく、ライバルに勝る商品を発売できなかったからだ。フューエルバンド自体がうまく機能しなかった。ユーザーは不満たらたらだった。交換品を返送しなければならず、ナイキは結局、米国の全対象ユーザーに25ドル分のギフトカードあるいは15ドルの現金を支払うことになった。

とはいえ、フューエルバンドがナイキのコア・コンピテンシーから全く外れたものだったのかと言えばそうでもない。ナイキにはスポーツブランドとしての高い知名度と桁はずれのマーケティング力があった。ただし、フューエルバンドは多分野にまたがっていて、そのどれもがナイキの一番得意な分野と重なっていなかった。ナイキの本質はスニーカー企業であり、ハードウェアとソフトウェアの開発は簡単なことではない。ハードウェアとソフトウェアを競争力の源泉としている賢いスタートアップと競争するなら、なおさら難しい。

では、フューエルバンドは間違いだったのか? 全部が間違いというわけではない。新しいオンラインのプラットフォームを築く正しい方向性への第一歩だった。しかし、この例はコアの競争優位の外で成功することがどれほど難しいかを示している。スポーツウェアラブルの発売には最適に見える、世界最大のスポーツシューズ、アパレル、機器のメーカーでさえそうなのだ。

ナイキがこの先もハードウェアとソフトウェアの優位性を確立できないと言っているわけではない。ただし、一晩ではできないということだ。そこに到達しようと思えば、失敗を繰り返してもしつこくやり続けることが必要になる。

ナイキはその後、〈アップルウォッチ〉用のアプリを開発する方向に切り替え、ハードウェアは他社に任せることにした。プロダクトがシンプルになったので、今度は成功するかもしれない。壁に突き当たるたびに諦めているわけにはいかないのだ。

失敗が続いても新しい競争力の源泉の開発を諦めない

コア・コンピテンシーの外で勝負する場合、コア事業と100％方向性が同じでない事業で失敗が続くと、ほとんどの会社は耐えられなくなる。壁に突き当り、損失が膨らむと、諦める。だからコアの外で勝負する時は、それが自分の進みたい道だということをはっきりさせておいたほうがいい。失敗が続き、時間を失い、費用が膨らむことを覚悟しておく必要がある。

グーグルはそれができる会社だ。莫大なカネとリソースを新しいコア・コンピテンシーの開発に喜んで注ぎ込む。それには新しい流通チャネル、マーケティングの手法、テクノロジー、生態系も必要になる。ほとんどの会社にとって、それは正しい選択だろうか？　僕は違うと思う。グーグルはこの手のリスクの高いギャンブルをする余裕のある、世界でも稀有な会社だ。

それに、グーグルにとってもそれは、決して楽な道ではない。経口タイプのがん診断薬からドローン配達、発電タコ、インターネットバルーンなど、一度に十数ものプロジェクトが同時進行し、そのほとんどが失敗する。ここに失敗例のほんの一部を挙げておく。

グーグルグラス／グーグルライブリー（仮想現実空間）／グーグルアンサーズ／グーグルプリントアド／グーグルラジオアド／ドッジボール（位置特定ソーシャル・ネットワーキングサイト）／ジャイク（ツイッターを真似たステータス共有サービス）／グーグルノートブック／グーグルシェアードスタッフ／グーグルバズ／サーチウィキ／Knol／サイドウィキ／グーグルビデオ／グーグルカタログ／グーグルウェーブ
失敗例を数えればきりがない。

その他にも、「歴史に残るような」イノベーションを生むことを目的とした研究機関のグーグルXも、これまでに100を超えるプロジェクトを断念してきた。例えばホバーボード、宇宙エレベータ、アドバルーン式貨物飛行機、垂直農法、そしてテレポーテーションマシンも失敗プロジェクトに入る。

次から次へと失敗が続いても、グーグルは新しい競争力の源泉を開発することを諦めず、たまに成功することもある。〈アンドロイド〉はいい例だ。アンドロイドは一晩にして成功したわけではなく、粘り強く何度も挑戦する中で生まれた。グーグルは競争力の源泉となるモバイルＯＳを開発し、そこから大きな見返りを得た。

新たなコア・コンピテンシーを獲得することは誰にとっても難しい。だから、ほとんどの企業にとっては**コア事業に近い領域でイノベーションを起こすほうが成功しやすい**。そのほうがはるかに難易度が低く、見返りを得やすい。

コアの強みを周辺市場に拡大する

ナイキはコア・コンピテンシーの上にイノベーションを積み上げてきた歴史がある。そのはじめは、〈ワッフル・トレーナー〉だった。

創業者のフィル・ナイトは妻のワッフル焼き器を使ってこの靴底を発明した。ここから６００件を超える特許と、〈エアマックス〉のクッション、フライニット素材、〈ハイパーアダプト〉の自動靴紐調整技術といった発明が生まれた。

ナイキが世界一のイノベーターとして頂点に君臨してきたのは、こうした一連の核となるイノベーションのおかげだ。また、これらのコア・コンピテンシーをテコに周辺領域にも参入し、新しいタイプのスポーツウェアや機器を発売し、そこで成功を収めている。

グーグル最大の成功もまた、コアから周辺領域へのイノベーションにある。〈グーグルアドワーズ〉は検索をマネタイズする原動力だ。〈グーグルマップ〉は検索を物理的な世界へと拡張するものだ。〈グーグルアース〉はマップの上に重なった情報のレイヤーだ。〈グーグルブックス〉を使ってユーザーは1000万冊を超える本を検索できる。〈Gメール〉と〈グーグルドキュメント〉は個人コンテンツを受け渡し、創作し、共有し、保存し、検索するためのツールになる。そしてアンドロイドがそのすべてをモバイルに移してくれる。

自分たちのコアから始めて、外に広げることで、成功の確率は劇的に上がる。コンサルティング会社ベイン・アンド・カンパニーのクリス・ズックとジェームス・アレンが1850社を対象に行った調査では、コア事業から周辺領域に拡大した時に利益と継続的な成長が生まれていたことがわかった。こうした**領域の拡大を筋道立てて反復できる手法を開発できれば、高い成果が得られる**。言い換えれば、常にコア・コンピテンシーから関連領域に拡大するための計画が必要だということだ。

ナイキはこれをずっとやり続け、ジョギングからテニス、バスケットボール、ゴルフ、サッカーへと領域を拡大してきた。ナイキの方程式はまず、最も詳しいシューズから始めて、狙った市場で1番手の地位を確立する。それから、有名アスリートを使ってアパレル市場に参入する。ゴルフではタイガー・ウッズを使い、バスケットボールではマイケル・ジョーダンを使った。それからスポーツ用品とアクセサリーを展開する。この勝利の方程式によってナイキはライバルからシェアを奪ってきた。

1987年のナイキの営業利益は1億6400万ドルで、リーボックは3億9000万ドル

領域を拡大するナイキの企業戦略

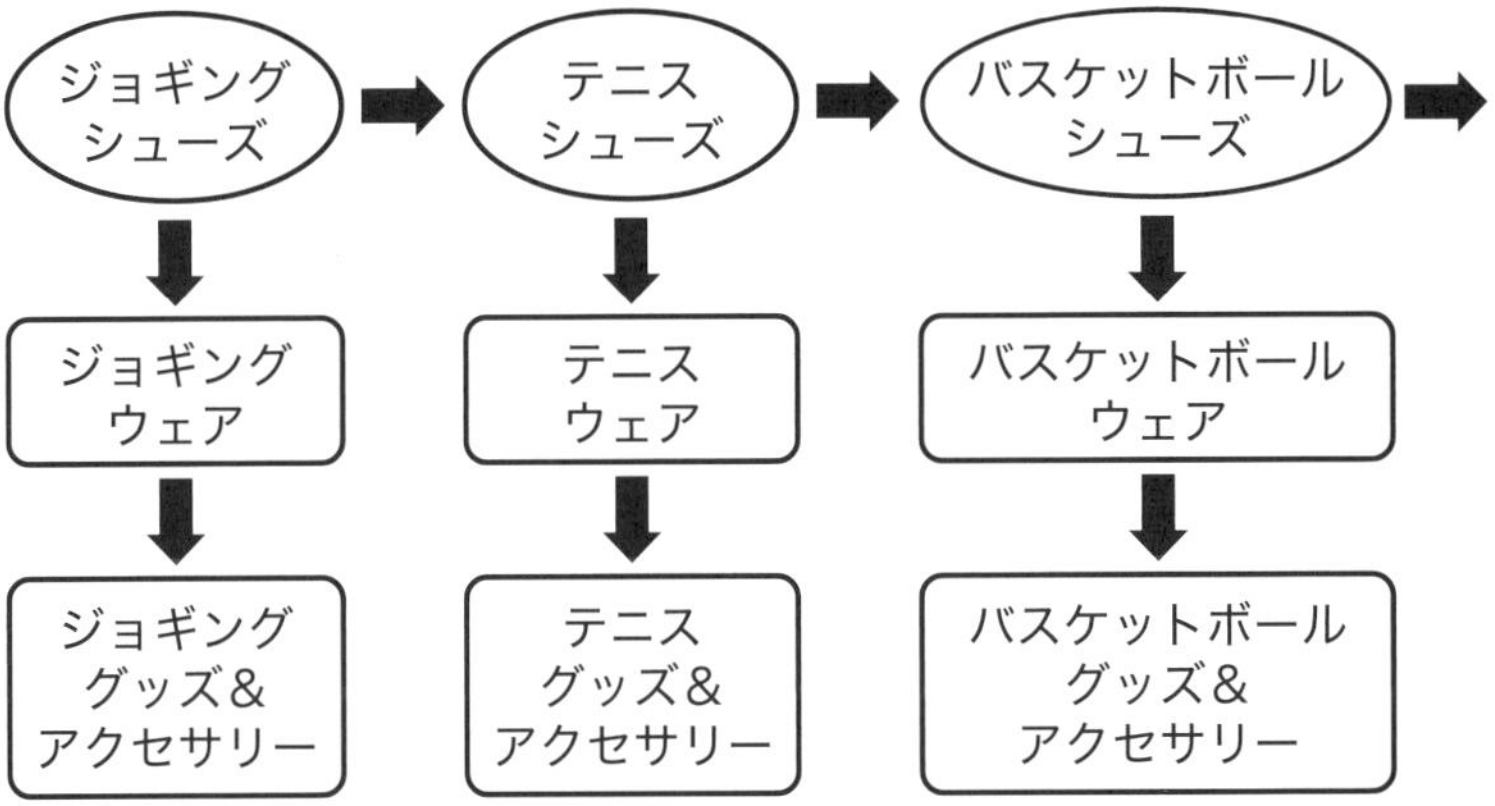

だった。ところが、２００2年までにナイキの営業利益は11億ドルに達したが、リーボックは2億４７００万ドルに減った。さらに、15年までにナイキの売上は３００億ドルを超えた。

ナイキとリーボックは同じ市場から始め、当初はリーボックが先行していたが、ナイキは体系的にコアの強みを周辺市場に拡大し、新たな事業機会を切り開いた。アマゾン、ボーダフォン、そしてデルの3社はいずれもこの戦略を採ってきた。周辺市場に拡大し、新たな流通経路を開拓し、隣接する地域の市場に参入した。

ズックとアレンによると、企業が立ち上げる新しいプロジェクトの75％は失敗に終わるという。しかし、同じ方程式を反復してコアの強みを外に広げた場合は、成功の確率が平均で2倍になる。コア・コンピテンシーとプロセスとノウハウをテコにして、学習効果と戦略的優位性を受けられるからだ。

1度に1つのイノベーションに集中して徐々に広げる

では、どうしたら同じようにできるだろう。

まずは、自制と集中が必要だ。**手当たりしだいにイノベーションに取り組んではいけない。計画を立ててほしい。**イノベーションチームに次の問いを投げることから始めよう。

- この会社のコアの強みは何か？
- どうしたらコアの強みをうまく活用できるか？
- ライバルに対する圧倒的な優位性を得られるか？
- どの周辺領域に参入できるか？
- 今後5年間の計画は？
- その計画は長期的なビジョンや使命にどう一致するか？
- 新規領域への拡大のためにどんな方程式を確立できるか？
- どうしたら毎回上達できるか？

成功には厳格な取り組みが必要だ。成功している経営者のほとんどは、数年間で3番手までに入る確信がなければ新市場に注力しない。ズックとアレンが経営者とインタビューをする中で、最高の経営者たちは必ず「コア事業を危険にさらすようなことは決してしない」と言っていた。成功している経営者は多くの事業機会を査定していたが、1度に1つのことだけに集中していた。だから広く浅くにならず、注意が逸れることもなかった。

農業総合商社オーラムはそのいい例だ。オーラムはナイジェリアのアーモンドとカシューナッツの生産者と、プランターズやマーズといった食品加工メーカーをつなぐ仲介業者として出発した。そして、混迷する途上国からコモディティを着実に輸出して利益を生み出す方程式を発見した。

このイノベーションがオーラムに競争優位をもたらした。コアの優位性をテコにして他の市場にも参入し、ブルキナファソ、コートジボワール、ガーナ、そしてカメルーンにも事業を広げた。

その後、商品をアーモンドとカシューナッツから、ココア、コーヒー、ゴマ、その他の食材へと広げていった。新市場に参入する時、彼らはいつも1つの変数だけしか変えなかった。「商品」か「地域」のどちらかを変え、その他のすべてを同じにした。今では19億ドルの売上を誇る多国籍企業となり、クラフト、ゼネラルフーヅ、ネスレ、サラ・リーといった大企業が顧客として名を連ねる。１９９７年から２００３年の間に売上は84％、利益は28％伸び、資本利益率は35％にのぼる。この間、ライバルのほとんどは成長していない。

この教訓は明らかだ。**1度に1つのイノベーションに集中し、何がうまくいくかを学習し、再びイノベーションに戻り、徐々にコアを広げていくのがいい。**ナイキはフューエルバンドで、

1度にたくさんの新しいことに取り組みすぎた。ハードウェア、ソフトウェア、新技術、新しい流通経路などだ。だから失敗した。

プロクター・アンド・ギャンブル（P&G）のCEO、アラン・G・ラフリーは「大企業を破綻に導くのは、複雑さだ。それが成長の足かせになる」と言っている。

ラフリーの下で、P&Gは食品と飲料事業の大部分を売却し、コアの強みに集中できる環境を整えた。それがパーソナルケアと家庭掃除用品だ。自分たちが最も詳しい分野でイノベーションを起こすことにした。焦点を絞ったことで、ラフリーはP&G独自の人材、プロセス、そしてリソースを活用して企業を再生すると同時に、コア事業のすべての分野でイノベーションを増やすことに成功した。

1990年代の終わり、歯磨きの〈クレスト〉の売上は落ちていた。そこで、P&Gは、既存顧客、ブランド、マーケティング、インフラ、流通、販売網を利用して、2つの革新的な新製品を開発した。どちらのイノベーションも、コア・コンピテンシーの周辺領域だった。歯のホワイトニングとブラッシングだ。〈クレスト・ホワイト・ストライプス〉と〈スピンブラシ〉が最初のイノベーションで、それぞれが初年度に2億ドルの売上を叩き出した。

P&Gはコアの優位性を外に拡大する達人だ。常に隣接市場に目配りして分析し、自分たちの強みが目いっぱい活きるような新製品を打ち出す。ラフリーは次のように言っている。

「2000年に私がP&GのCEOになった時、新規ブランドと新製品の成功確率は15〜20%

だった。今ではそれが50～60％になっている。半分以上の新製品は成功を収めている。私たちが望むのは、そのくらいの成功確率だ。それ以上に成功確率を高めようとすると、慎重になりすぎて、それほど革新的でないイノベーションに力を注いでしまうことになりかねない」

ラフリーの手法のもう１つの利点は、グローバルに展開できるところだ。コアの強みに注力することで、はるかに迅速にイノベーションの地域を拡大できた。今では、P＆Gのイノベーションの40％はアメリカ国外から生まれている。インド、中国、ラテンアメリカ、アフリカはいずれも、イノベーション・プロセスの一部になっている。

P＆Gは、参入障壁、顧客ロイヤリティ、確立された流通網、マーケティング、販売経路を持って新製品を発売できる。この優位性のおかげで、P＆Gはより早く動き、より規模を広げ、世界中の新市場に参入しながら、同時にイノベーションに付きもののリスクを制限することに成功してきた。

最高のイノベーターはコア事業の強みの上に新たな優位性を築き、それ自体が新しいカテゴリーとなるような製品やサービスを周辺市場に持ち込んでいる。もしそれができれば、コアの強みを活かして成功の確率を上げることができるはずだ。

19 ユーザーは最高の情報源

「最初にビジネスモデルを作りこむ必要はないと、僕は起業家に言っている。はじめにやるべき最も大切な仕事は、人の欲しがるものを作ることだ」

ポール・グレアム（Yコンビネーター　共同創立者）

ファウンダーズ・スペース社にやって来るスタートアップに僕が必ず聞くのは、**「ユーザーは誰か？」**ということだ。もう1つは、**「ユーザーとどのくらい時間を過ごしたか？」**だ。

意外にも、多くのスタートアップはユーザーとそれほど多くの時間を過ごしていない。まさかと思うかもしれないが、アーリーステージのスタートアップはそんなものだ。ちょっとした会話を交わすことはあっても、彼らの大半はユーザーの関心事を理解することに十分な時間を費やしていない。スタートアップの大半が軌道に乗れない理由を1つ挙げるとしたら、最初の段階でユーザーを十分に引きつけていないことが挙げられる。

僕たちのところにやってきたあるスタートアップは、中国のメーカーと世界中のプロダクトデザイナーを結ぶことを目標にしていた。いいデザインの家電製品はライバルをはるかに凌ぐ売上を上げるので、これは賢いアイデアだと思った。製造メーカーと優秀なデザイナーを結ぶ市場は価値の高いものになるはずだ。

問題は、ＣＥＯがユーザーと十分に時間を過ごしていないことだった。

作りたいプロダクトの明確なアイデアはあったものの、それは主なユーザーのニーズに根ざしたものではなかった。彼女はもともとデザイナーとしての訓練を受けたプロで、デザイナーの望みはわかっていたが、製造メーカーが何を望んでいるかについてはぼんやりとしかわかっていなかった。それが足かせになっていた。

そこで、中国の製造業者に長時間密着して、彼らがどのようにデザイナーと関わりたいかを正確に把握し、それをきちんと届けられるようなマーケットプレースを作るべきだとＣＥＯに伝えた。成功したければ、そうするしかない。

ユーザーの不満がイノベーションのチャンス

このスタートアップと同じで、あなたのイノベーションチームもまた、オフィスから出て現場に入ることが必要だ。エンジニアや発明家タイプの人たちは、現実のユーザーとは話もせず、1人きりで仕事に専念したいという人が多い。だがこれは大きな間違いだ。**ユーザーこそ最高の情報源になる。**ユーザーが普段はあまり口にしない「満たされない欲求」を理解しなければ、何もデザインできないし、創れない。

例えば、ショッピングモールの小売店があなたのユーザーだとしよう。それなら、あなたのイノベーションチームはモールに行ってその小売店の人たちと話し、彼らが毎日、何をしているかを学ぶことにできるだけ多くの時間を費やすべきだ。自分の直接の体験が何よりも役に立つ。そうする中で、チームは小売店と関係を築き、店舗の運営を理解し、改善点を見つけることができる。彼らと十分な時間を過ごせば、思いがけないアイデアが生まれるだろう。この手の知識は、本や会議やアンケートからは生まれない。現場にいてはじめて出てくるものだ。

ファウンダーズ・スペース社の同僚、サード・イーシャンは、現場にいることの大切さを心得ている。彼のスタートアップのアイデアは最初の仕事から生まれた。大学を卒業してすぐ、彼はパキスタン最大級の総合繊維企業ニシャートで、誰もが憧れる仕事についた。ところが、新しい仕事に浮かれたのもつかの間、実際には膨大なデータを抽出してエクセルシートに書き込む作業を与えられた。

「夜中まで何も考えず、ただコンピュータのスクリーンを見つめていました」とサードは言う。彼にとっては拷問だった。しかし、そのあまりにもつまらない仕事が、サードにイノベーションを起こさせた。彼はエンジニアの弟に話を持ちかけ、2人は一緒に反復的な作業を賢く自動化するシステムを開発した。うまくいけば、そのソフトが彼の仕事をやってくれる。

サードは結局、その繊維会社を4ヶ月後に辞めることにした。上司は怒るだろうと思ったが、逆に、さらにいい仕事を提示された。サードはその仕事を断り、〈ＡＩｔｏｍａｔｉｏｎ〉を起業した。そして最初の顧客になったのが、それまで勤めていた繊維会社だった。

ユーザーが不満を募らせていたら、そのチャンスを見逃してはならない。収穫が得られるのは、そこなのだ。アンテナを張りめぐらせ、ノートを取り、すべてを議論するよう、チームを訓練しなければならない。例えば、現場に5人のイノベーターがいるとしたら、毎週一緒にノートを比べ合い、学んだことを共有し、可能な解決策や事業機会についてブレインストームしてほしい。

ユーザーとの関係構築が新たなイノベーションにつながっている好例がフェデックスだ。フェデックスの重要な取引先である病院は、生きた組織と臓器を世界中の患者のもとに送り届けることが必要だった。しかも積み荷を完璧な状態に保存しておかなければならなかった。だが、輸送の途中で何かが起きたかどうか、どうやったらわかるだろう？　移動中に損傷した腎臓を移植したくはない。

この問題を解決するため、フェデックスは外科医、患者、医療機器メーカーと緊密に連携を取った。そして生まれたのが〈センスアウェア〉だ。荷物の位置、気圧、温度、光の露出、湿度などを記録するテクノロジーだ。このイノベーションによって、病院は移動中の組織や臓器の状態を正確に把握することができ、これが生死を分けることにつながる。

ユーザーが一緒に取り組んでくれなければ、フェデックスはこのソリューションを生み出すことはできなかった。

スターバックスは違う手法を取った。ユーザーからのフィードバックを積極的に募り、風通しのいいプラットフォームを築いてきた。

本書執筆中の現在、〈マイ・スターバックス・アイデア〉のサイトには、社会的責任に関して1万1677件のアイデアが、ロケーションと雰囲気については2万4063件が、〈スターバックスカード〉に関しては2万4268件のアイデアが、コーヒーとエスプレッソについてはなんと4万6368件のアイデアが投稿されている。これらはいずれも、インターネットを通したユーザーからの直接の提案だ。このプラットフォームでは、どのアイデアが評価の対象になり、実験され、考慮されたかも見ることができる。

スターバックスは最良のアイデアを取り入れている。

例えば、社会的により責任ある企業となるため、エネルギーを節約し、店舗にはLED照明を取り付けた。ユーザーの要望で、買い物・宅配代行サービスの〈ポストメイツ〉と提携して飲み物と食事を配達し、メニューにランチパックを加え、特製誕生日ケーキポップを発売し、中身がこぼれないように〈スプラッシュスティック〉を開発し、いくつもの新しいコーヒーのフレーバーを生み出した。

ユーザー提案とイノベーションを結びつけたことが、固いコミュニティ意識と前向きな感情を生み出した。それがまた、スターバックスが1番手の地位を固め、さらに売上を拡大することを助けた。

ユーザーはどんな結果を望んでいるか？

ユーザーは、段階的なイノベーションを生み出すアイデアを提案することには長けているが、革命的なイノベーションとなると話は別だ。

ヘンリー・フォードが「もし消費者に何が欲しいかを聞いていたら、もっと速い馬が欲しいと言っただろう」と言ったのはよく知られている。スティーブ・ジョブズも「何が欲しいかを見つけるのは、消費者の仕事ではない」と説いていた。

みんなが馬に乗っている時代に、自動車を思いつく消費者はいないということだ。〈ｉＰｈｏｎｅ〉も同じだ。何が可能で、何が最良のソリューションかを、消費者は想像できない。

カワサキモータースは高い代償を支払ってこのことを学んだ。

革新的な個人用のウォーターバイク〈ジェットスキー〉を発売したカワサキが要望を募ったところ、ユーザーはより立ちやすくなるように両側にペダルを付けることを望んだ。カワサキはユーザーの意見を聞き入れたが、ライバルはその間に、座席付きの同じようなウォーターバイクを開発した。さてどうなっただろう？　カワサキは市場の支配的な地位を失った。ユーザーは立つより座っていたかったのだ。たとえ両側にペダルが付いていても、だった。

問題は、ユーザーの意見を聞き入れたことではない。正しい質問をしなかったのが問題だった。何が欲しいかを聞けば、知っていることを答える。ユーザーが全く違う製品を頭に思い浮かべることはめったにない。ユーザーは既存の製品への段階的な改善に目を向ける。例えばペダルのような。それを避けるには、**製品に何をして欲しいかをユーザーに問わなければならない。**フレーズをそれとなく変えるだけだが、それが大きな違いをもたらす。

もしカワサキが、どのような結果を望んでいるかをユーザーに訊ねていたら、「より乗り心地のいいジェットスキー」と答えていただろう。それなら、ありとあらゆる可能性が開かれる。ペダルを両側につけることも1つのやり方だし、座席を付けることも考えられただろう。

〈ファッションメトリック〉のCEOを務めるダイアナ・バーンズ・リントンもまた、このことを身をもって知った。

彼女が起業したのは、服を買う時にその服の写真を撮ってメールで送り、パーソナルスタイリストからすぐに意見を返してもらえれば、似合わない服を買わずに済むと思ったからだ。友達や家族にそのアイデアを話したところ、みんなが大賛成してくれた。だが幸いにも、彼女は友達や家族の意見を信じなかった。

そのかわり、ユーザーになりそうな人に、こう質問したのだ。「洋服の買い物で一番困っていることはなんですか?」と。すると意外にも、何を買っていいかわからず困っているという人は1人もいなかった。誰1人、それで困っていなかったのだ。もし聞き方を間違っていたら、今頃、誰も欲しがらないアプリを作っていたことだろう。

何を質問するかと同じくらい、どう質問するかが重要だ。

医療機器メーカーの〈コーディス〉は、このプロセスをもう1つ上のレベルに押し上げた。イノベーションチームに、結果に目を向けたユーザーインタビューを設計させ、顧客がどんなソリューションを求めているかではなく、どんな結果を望んでいるのかを訊ねた。モデレーターが間に入って会話を方向づけた。モデレーターは、ソリューションに注目した答えが入らないように会話を導いた。ユーザーが解決策を提案すると、そのたびにモデレーターが**「なぜその解決策が必要なのですか？」「それがどのような役に立つのですか？」**と聞くことにした。次に、コーディスはインタビューの結果をまとめ、重複を取り除き、答えを分類した。その後、参加者にその結果を満足度と重要性の両方で評価してもらった。それから、数学的な公式を使って、それぞれの事業機会の可能性を測った。結果は極めて価値の高いデータ群となり、社内のイノベーションチームはそれを使って新製品やサービスを開発できた。

ユーザーがどんな結果を望んでいるかを知ることで、コーディスはさまざまな製品を検討し、それが望ましい結果を届けるかどうかをもとに評価できた。

コーディスは学んだことを取り入れ、狭心症などの手術で使う〈動脈ステント〉を開発した。このイノベーション1つで売上は2年で倍になり、株価は急上昇した。

適切なユーザーに適切な質問をする

重要なのは、どう質問するかだけではない。一番大切なのは、誰に質問するかだ。お得意様や大手ユーザーにフィードバックを求める企業は多い。こうしたユーザーは、その会社の製品についてすべてを知っている。いわば、専門家だ。問題は、彼らのフィードバックがユーザーの大半にとってどうでもいい場合が多いということだ。

現在は〈タイコ〉が所有する医療機器メーカーの〈USサージカル〉も、このことに気づいた。

彼らのお得意様であるエリート外科医の集団から繰り返し提案を受けたUSサージカルは、多方向に回し動かせるような、最先端の医療器具を開発した。まちがいなくヒット商品になるはずだと思っていた。しかし、違っていた。外科医のほとんどは、新しい器具が複雑すぎて使いにくいと感じ、再注文は5%に留まった。

教訓は明らかだ。ユーザーを巻き込むのは大切だが、**本当に有効なのは、適切な人たちに適切な質問をした場合だけだ**。いい製品やサービスが密室から生み出されることはめったにない。世界から切り離された研究室は役に立たない。そして、ユーザーに何が欲しいかを聞いても、段階的な改善しか生まれない。

過激なイノベーションを生むためには、ユーザーが口にしないような真の欲求を、チームが深く理解する必要がある。**ユーザーにより深く入り込み、彼らのビジネスを知り、データを集める**ほどに、その可能性は明らかになってくる。

20 ユーザーを観察し、ユーザーと友達になる

「自分たちがすべてを知っているわけではないと自覚し、うぬぼれることなく学習と観察を続けなければならないことに気づくには、謙虚さが必要だ。もしそれができなければ、どこかのスタートアップが間違いなく自分たちにとって変わる」

王雪紅（ＨＴＣコーポレーション　共同創業者）

ここで、観察の力と、それがどのようにイノベーションチームに見過ごされがちな知見を与えてくれるかについて語ろう。

僕はスタートアップに、「ユーザーに知識を見せつけようとするな」と伝えている。知識を見せつけるのは間違いだ。むしろ逆に口を閉じていたほうがいい。

ユーザーを観察するのに一番いい方法は、彼らがプロダクトまたは新しい機能をはじめて使うのを、何も言わずに肩越しに眺めることだ。ところが、そこで黙っているのが難しい。ユーザーが質問をしても、答えてはいけない。ただうなずいて、相手に話を続けさせよう。その間、ずっと彼らがあなたのプロダクトをどう使っているか、それでどんな体験をしているか、どこに不満を感じているかを注意深く見てほしい。

そのかわり、ユーザーには、プロダクトを使いながら頭の中にあることをすべて必ず口に出すようはっきり伝えてほしい。細かくノートを取り、そのノートをデータとして使おう。

あなたのプロダクトがソフトウェアかハードウェアかクラウドサービスなら、この手の観察を市場調査、先行販売、インストール、またはトレーニングの一部として行うことができる。チームはその場に目立つように立ってユーザーを助け、その間に、実際には2つの役割を果たすことができる。「介助者」と「観察者」だ。そうすれば、ユーザーから学び、ユーザーのニーズを発見し、そのプロダクトがニーズを満たしているかどうかを知ることができる。

見て学ぶことからイノベーションは生まれる

プロクター・アンド・ギャンブル（P&G）は世界中で事業を展開しているが、市場にはそれぞれ独自の条件とニーズがある。

インドでは8割の人が洗濯機を使っていないことにP&Gは気づいた。もしそうなら、洗濯機用洗剤をどう拡販したらいい？　それをつきとめるため、P&Gはインドの家庭にチームを送り込み、大多数の人たちが衣服をどう手洗いしているかを観察した。そこで見たことに、彼らは驚いた。インドの人たちは、洗濯機用の洗剤を使って衣服を手洗いしていた。その上、洗濯機用洗剤は肌荒れや擦り傷ややけどを引き起こしていた。

ここで観察したことが、手洗い用の特殊な洗剤の開発につながった。〈タイド・ナチュラル〉

と呼ばれるこの洗剤が、インドでの突破口になった。**観察の力はイノベーション・プロセスの核になるものだ。ただ見て学ぶことから、イノベーションは生まれる。**

いわゆる「売り込み症候群」に陥ることだけは避けなければならない。イノベーションチームが聞くことをやめ、売り込みモードに入るとそうなる。自分たちのソリューションが正しいという確証を得ることに必死になるあまり、観察も学習もできなくなってしまう。そんな状況をこれまで何度も見てきた。

スタートアップの創業者が、ユーザーの言わんとしていることにしっかりと耳を傾けず、逆に自分たちのプロダクトが最高のソリューションだと説得しようとしてしまうのだ。その上、否定的な意見を排除して、自分たちの信念を裏付けることしか耳に入らなくなってしまう場合さえある。この手のふるまいが、チームの進歩を妨げる。そうなると、本当に何が起きているかが見えなくなってしまう。

イノベーションとは、あっというようなアイデアを思いつくことではないということを、チームが理解しなければならない。イノベーションとは、探求であり、証拠集めであり、ユーザーへの聞き取りであり、隠れた真実を表に出すことだ。

ひらめきや天才的な勘がイノベーションにつながることはほとんどない。役に立つのは観察のスキルだ。つまり、**人の意見に耳を傾け、正しい質問を投げ、必要なデータを集め、それを正しく分析する**ことが必要なのだ。

まことしやかなウソ「勝ち馬はすぐにわかる」

生まれたばかりのヒヨコは見られたものではないし、イノベーションにも同じことが言える。少しばかりきれいにしてあげないと、どれが勝ち馬かはわからない。トラビス・カラニックは〈ウーバー〉の可能性をすぐには見抜けなかった。アンドリュー・メイソンは、投資家が繰り返し話題にしても、グループ割引き〈グルーポン〉のアイデアに目を向けなかった。スチュアート・バターフィールドは、はじめはエンタープライズメッセージ〈スラック〉の力を見逃した。それに気づいたのは、2度目の失敗のあとだった。

壁に張り付いたハエになる

たいていの場合、チームの最初の思い込みやアイデアは間違っている。この事実に向き合わなければ、成功はおぼつかない。自分たちの無知を認めて、発見し続けることに力を入れるようにチームを仕向けるのが、あなたの役目だ。観察と質問の力を育てるためにできることを、ここに挙げておく。

まず、**急いではいけない**。チームの中で最も優秀で生産性の高いメンバーは、次から次へと仕事を急ぎ、いつも何かを終わらせようとしている。「生産性」という点ではそれでよくても、

「学び」という点ではよくない。むしろ、たまにはペースを落として、周囲で何が起きているかを観察し、問いを発し、仲間や同僚と関わりを深めたほうがいい。そうすることで、見落としていた情報がたくさんあると気づく場合もある。

もう1つは、**自分たちの頭の外に出てみる**ことだ。頭のいい人たちは、自分の考えにとらわれて、外の世界との関わりが断たれてしまうことも多い。頭の中の妄想のスイッチをいったん切って、外の世界で時間を費やしてみるよう、チームメンバーを仕向けてほしい。メンバーには、話すより聞く練習をさせよう。答えを考えるのではなく、質問を投げかける習慣をつけさせよう。簡単に聞こえるが、これをなかなかできない人もいるのだ。

ただ耳を傾けるという技術は、育てようと思わなければ育たない。注意深く聞くだけでは十分ではない。メンバーがそわそわしていたり、スマホを気にしていたり、してはいけない時に割り込んだりすると、結果が変わってしまう。最高の聞き手は、相手の気を散らさないように聞く技術を訓練で身に付けている。心理分析家はその達人だ。トークショーのホストもまた、傾聴のプロだ。タイミングよく頷いたり、表情を変えたり、ただ口を閉じているだけで、優れた聞き手は普段は引き出せない情報を、相手からうまく引き出す。

また、**不安を認める**のも1つの手だ。相手からどう思われているかが心配だと、耳を傾けることができなくなる。自分の髪や服装や、以前の自分の発言を心配する人もいる。いつも自分を賢く見せようとして、落ち着かなくなってしまう人もいる。こうした性質はいずれも観察の妨げになる。チームメンバーが部屋に入る前にエゴを捨てて、問題に集中できるよう助けることが必要だ。大切なのは、メンバーが何を学ぶかであって、相手からどう思われるかではない。

観察するということは、相手を欺くことでもある。自分たちが何を探しているかが見え見えではいけない。もしそれが相手にわかってしまうと、相手は無意識のうちにこちらに合わせてしまう。誰しも人の役に立ちたいと思うものだし、チームが答えを探していることを感じると、正しいにしろ正しくないにしろ、答えを与えてしまう。無意識のバイアスによって実験が偏らないように、注意しなければならない。観察するということは、正しい問いを投げ、聞くだけではない。どのように質問するか、どのように観察するかも重要になる。

さりげなく、アドリブのように自然な形で重要な質問をすると、バイアスが減る。誰かの仕事中の姿を観察する時には、じろじろと見つめたり、邪魔をしてはならない。**壁に張り付いたハエのようにならなければならない**。相手に気づかれないほうが、より正確に観察できる。民族学者が外国の文化を観察する手法についての講習を受けるか、本を読むといい。チームメンバーが観察の間に行うことはすべて、集めるデータに影響する。

ここでもう1度、P&Gを見てみよう。

メキシコで〈アリエル・ウルトラ〉を発売した時、この新しい洗剤が大ヒット商品になることを、彼らは疑わなかった。洗浄力は2倍で、値段は半分、しかも半分の使用量で済むからだ。ケチのつけようがなかった。消費者への調査では、圧倒的ないい評価を得ていた。だから、この新製品がコケたことが、彼らにはショックだった。すべて正しくやったのに、どうしてこんなことになったのだろう？

ただ質問するだけではだめだ。聞こえのよさそうなことなら、ほとんどの消費者は「ええ、すごくいいと思います！」と答えるだろう。だからといって、それが消費者の求めているものとは限らない。

その新製品が失敗したあと、Ｐ＆Ｇは別のやり方を試した。「壁のハエ」作戦で、何の意見も言わず、邪魔もせずに、ユーザーが日常生活でどのように彼らの製品を使っているかを観察したのだ。ユーザー心理を解明することが目的だった。Ｐ＆Ｇの製品を、ユーザーはどう見ているのだろう？　いい気持ちにさせているのか、それともイライラさせているか？　その洗剤はユーザーの期待に沿っているか？

そこでの発見に彼らは驚いた。アリエル・ウルトラの新機能を、ユーザーは受け付けていなかった。ほとんどの人は「泡立ちが少ない＝洗浄力が弱い」と思ってしまうため、以前より泡立ちがなくなった新製品では、衣類の汚れがあまり落ちないように感じていたのだ。

この発見から、Ｐ＆Ｇは少ない量の洗剤でよく泡立つ〈ダウニー・シングルリンス〉という新製品を開発した。これなら時間もおカネもスペースも節約できて、見た目にも洗浄力があるように見える。この新製品は大ヒットになったばかりか、教訓にもなった。**消費者は何を欲しいかを言い表せるとは限らない**。その心理とものの見方とニーズを理解するには、よく観察し、深く検証しなければならない。

本当に大切なことをチームで探す

本当に大切なことを探すように、チームを訓練しなければならない。

それは、**問題を理解し、ユーザーの頭の中や見えないところで起きている本当のことを表に出せるような環境を作る**ということだ。そのためには、ユーザーとどのように関わり、どのような種類のデータを集める必要があるのかを、チームで事前に議論し、計画しなければならない。ユーザーの意思決定プロセスに入り込み、ユーザーならではのカギとなる情報を掘り出し、ユーザーの信頼を得て心を開いてもらうにはどうしたらいいかを見つけ出す必要がある。

心を開いて信頼できる関係を築くにはまず、ユーザーと友達になることだ。チームは結果だけに目を向けるべきではない。人間的な面に注意を払わなければならない。観察テクニックを完成させることよりも、絆を築くほうが大切な場合もある。ユーザーの心の底にある懸念や、目標や、欲求を探り出そうと思えば、まず自分たちが心を開かなければならない。

チームのメンバーは、それぞれに異なるスキルを持っているだろう。質問を考えるのがうまい人もいれば、分析に優れた人も、また何のおしゃべりでも相手の気持ちをときほぐせるような技を備えた人もいるかもしれない。異なるスキルを持つ人材がそれぞれの強みを活かすことで、チームとして優れた結果を生み出せる。

振り返りをプロセスの一部にしてほしい。時間を取って、細かいことをあれこれと思い返すことで、人々の発言や行動の背後にある隠れた意味が理解できることは多い。観察のあとで必ず、チームで静かに座って、今経験したことを思い返してみよう。

シャーロック・ホームズが、パイプをくゆらしながら今しがた集めた事実のすべてをじっくり思い返し、ヒントを見つけようとしているのには、理由がある。パイプは身体に悪いのでお勧めしないが、音楽を聞いたり、ロッキングチェアに腰掛けたり、散歩をしながら考えてみてもいい。僕も、シャワーを浴びながら最高のアイデアを思いついたことがある。何かをしながら心を開き、思索を巡らすと、点と点がつながってイノベーションが生まれることもある。

一見関係のないような情報の断片を1つにまとめるには、声に出して話してみるのもいい。チームメンバーを巻き込んで、今学んでいることに関係する議論をしてみよう。それぞれが異なる事実を掴んでいたり、独自の解釈をしている場合もある。

忌憚のない、親密な会話を促し、誰もその場を支配したり、自分の考えを押し付けたりしない場所を作るといい。観察したことをそのまま伝え、それを意味のあるデータに落とし込む。会社の行動計画を作るには、それが一番だ。

最後にもう一度繰り返しておこう。**チームが何を見て、何を聞くかが、次世代のイノベーションを生み出すカギになる。**

21 パートナーや第三者、ライバルと組む

「天然資源のないイスラエルは、国家の最高の武器が人間の頭脳であることを自覚している」

シモン・ペレス（イスラエル　第9代大統領）

大企業にしろ、スタートアップにしろ、僕がコンサルティングを行う時には、「イノベーションは事業の一部分だけで起きるものではない」ことをはっきりと説いている。**イノベーションは生態系全体に起きる。**ユーザーのもとにイノベーションチームを送り込むことは、パズルの1片にすぎない。それに加えて、戦略パートナー、流通パートナー、取引先、供給元、政府機関、メーカー、小売店にも、チームを送らなければならない。こう自問してほしい。

自分たちは誰を儲けさせているか？

誰にとって、自分たちはイノベーティブなのか？

自分たちの生態系の中で誰が一番重要なのか？

例えば、サプライヤーを見てみよう。サプライヤーはあなたに何かを売りつけているだけに見えるかもしれないが、もしそれが事業に欠かせないものだとしたら、サプライヤーと一緒に

イノベーションを起こすことはあなたの得になる。サプライヤーがあなたのプロダクトの部品を供給しているとしたら、プロダクトがどう使われるかをサプライヤーが見れば、よりよいデザインを生み出す助けになるかもしれない。

イノベーションチームがパートナーと手を組んで、意見を交わし、知識を交換し、未来に向けて計画を立てれば、大きな競争優位を得られる可能性がある。企業の成功は非凡な人材と最先端の技術だけではなく、生態系だとする研究もある。**重要パートナーと強力し、より高い価値を顧客にもたらすことが、大きなブレークスルーにつながる。**

まことしやかなウソ

「起業家だけがイノベーションを起こせる」

起業家には大企業にない超能力があると信じられているが、それは違う。大企業であれ、スタートアップであれ、どんな組織にも才能のあるイノベーティブな人材はいる。彼らが貢献できる方法が必要なだけだ。アップルもグーグルもアマゾンも大企業だが、いずれも今世紀最大級のイノベーションを生み出してきた。

パートナーを引き入れる

僕が協力したあるスタートアップは、〈グーグルグラス〉のような顔に装着するメガネ型ディスプレーを使って、倉庫内の取り出しと箱詰め作業を効率化する製品を開発していた。まだアイデア段階だったものの、創業者たちは生態系に入り込む天才だった。同じようなデバイスを作っていたグーグルやエプソンはハードウェアを売りたがっていたが、いいソフトウェアがなければデバイスが売れないことに彼らは気づいた。

このスタートアップは、イノベーションのプロセスに最初からパートナーを引き入れることで、プロトタイプを作る前からすでにトヨタ、テスラ、ウォルマート、ファイザー、SAPといった大手潜在顧客への紹介を受けていた。アイデアしかないこの小さなスタートアップは、プロトタイプ開発費用を数社の大企業に出してもらうことに成功した。その後すぐに、ベンチャーキャピタルと企業投資家から150万ドルを調達した。

もし生態系に入り込んでいなければ、そんなことは不可能だったはずだ。

生態系に入り込んだもう1つの好例は〈テスラ〉だ。

専門家の多くが不可能だと思ったことを、彼らは成し遂げた。フォード、ダイムラー、ゼネラルモーターズ、トヨタ、フォルクスワーゲン、その他大勢の既存企業と競争できるような新しい自動車会社を立ち上げたのだ。テスラは、自動車部品供給メーカー、電池の専門家、ソフトウェアとハードウェアの開発者、製造メーカー、デザイナーなどの独自のイノベーションの生態系を作り上げることで、それを成し遂げた。テスラが電気自動車の1番手になれたのは、テスラ1社ではなくこの生態系のおかげだ。

たとえば、〈モデルS〉向けに革シートやその他部品を製造しているオーストラリア企業の〈フューチャリス〉は、一緒にイノベーションを起こせるように工場をテスラの近くに移した。フューチャリスの責任者サム・コフリンは「サプライチェーンが地元にあって、テスラから10マイルの場所にいられることは、ありがたい。迅速に動けるし、うちのエンジニアは常にテスラと一緒に仕事ができる」と語っている。テスラを非凡な企業にしているのは、こうした親密な協力体制なのだ。

製造機械を検査するカナダ企業の〈エクリプス・オートメーション〉もまた、テスラの隣にエンジニアリング事務所とサービス事業所を開いた。エクリプスの責任者であるジェイソン・ボスシャーは「ベイエリアには顧客が多くいますが、ここに事務所を開くことにした大きな理由はテスラの存在です」と言っている。

テスラは、開放的かつ積極的に、生態系の中のパートナーが得をするような形で協力体制を取っている。それによってテスラは、素早くイノベーションを生み出し、賢く行動し、他の新規自動車メーカーが失敗した分野で成功を収めている。

第三者や仲介者の助けを借りる

それをもう一歩先に進めている企業もある。彼らは自分たちの生態系を超えて、これまで会ったことのない人たちや一緒に仕事をしたことのない人たちと結びつこうとしている。

ノースウェスタン大学ケロッグ経営大学院のモハンバー・ソウホニー教授は「自社の周辺にイノベーションの生態系を作るだけでは十分ではない。周辺にいる人たちは限られているからだ。イノベーションの生態系が届く範囲は限られているし、企業の目の届く範囲も普通は限られている。第三者や仲介者の助けを借りる必要がある。仲介者が企業とイノベーターを結び、その可能性を育てる」と指摘する。

ＩＢＭは「イノベーション・ジャム」を開催し、10万人の参加者を動員して問題解決のアイデアと行動計画を募った。参加者の多くはＩＢＭで働いたことのない人たちだ。

企業が最も必要とする人たちは、社外やネットワークの外にいることが多い。彼らは事業を一段上の水準に引き上げる専門知識を持っている。彼らを引き込んで協力できる道を作ることが必要なのだ。

イノベーションのマーケットメーカーである〈イノセンティブ〉は、このことに正面から取り組む企業だ。２００社を超える企業から25万人の科学者が登録し、問題解決を助けている。科学者は大きな問題を解決して認知されるだけでなく、金銭報酬も受け取る。イノセンティブはこの15年間に、２４００件のソリューションに対して４８００万ドルを支払っている。

「25万人の博士にいつでも問題解決を頼めるなんて、すごいじゃないか？」とソウホニーは言う。登録している科学者の中には、引退している人もいれば、新興国で働く人も、また世界中の研究室で仕事をしている人もいる。彼らにとってこれは、ワクワクするような挑戦であり、小遣いを稼ぐチャンスでもある。

例えば〈ネットフリックス〉は、イノセンティブを使ってお薦め映画のアルゴリズムを改善した。それを助けたのはＡＴ＆Ｔ研究所だ。ここの研究員たちが問題を解決し、賞金を得た。イノセンティブに投稿される問題は、以前に解決を諦めてしまっていた問題であることが多い。社内では解くことができなかった問題でも、イノセンティブの成功確率はほぼ50％だという。

壁を破って社外を見てみると、そのくらいの効果があるということだ。**一見解けそうにない問題でも、独自の経験とものの見方と専門知識のある外の人に門戸を開放すれば、解決できることがある。**「自分たちの領域の外に問題を持ち出したからこそ、隠れたつながりが生まれることもある」とソウホニーは言う。

時にはライバルを引き入れる

技術がどれほど革新的でも、必要なパートナーを引き入れることができなければ、望ましい結果につながらない。テレビの市場がいい例だ。

１９９０年代、フィリップスとソニー他の企業は超高品質画像のテレビ開発に莫大なカネを注ぎ込んだが、そのテレビは軌道に乗らなかった。適切な生態系のパートナーを引き込めなかったからだ。信号圧縮技術、放送基準、スタジオ制作機器のパートナーを欠いていたため、技術は最先端でも画像は超高品質にならなかった。

優れたプロダクトであっても、それだけでは十分でないこともある。初期の段階からパートナーを引き入れて追加的な要素を生み出し、生態系全体を築くことで顧客に価値を提供できる。

ライバルを引き入れたほうがいい場合もある。**本当に革命的なイノベーションは、複数の会社が技術と力を合わせて消費者の認知を高め、新規市場を開拓し、需要を喚起する必要がある。**それなら、パートナー候補のリストから自動的にライバル企業を排除しないほうがいい。アイデアを共有し、協業することが、これまでにない市場を作るカギになるかもしれない。

先発企業はよく、標準規格や生態系の他の重要な要素についての協力を拒否し、独占的技術や特許を使ってライバルを排除しようとする。それは間違いだ。そのことが、これから生まれるプロダクトカテゴリ自体を殺してしまう可能性もある。

あなたのしていることを人に知られないようにしたり、それで得をすることが目標であってはならない。隠し事は助けにならない。むしろ、生態系全体を分析し、引き入れるべきパートナーを見つけ、市場全体を拡大し、全員が得をするようにしたほうがいい。言い換えれば、パートナーを儲けさせなければ、生態系を築くことはできない。単独では、イノベーションは、はるかに難しくなる。

次のことをはじめに自問してほしい。

- カギになるパートナーは誰か？

- どのような種類のパートナーを引き入れることが必要か？
- パートナーは自分たちに協力してどんな得があるのか？
- パートナーの成功をどう助けたらいいか？
- ライバルと協力するとどのような利点があるか？
- こうしたパートナーを引き込まない場合、市場はどうなるか？
- 過去にパートナーを引き込んで成功したのはどの分野か？
- 自分たちがうまくできたこと、できなかったことは何か？
- 参加型のイノベーションを起こすために何ができるか？
- イノベーションでパートナーシップを組むにはどのような方法があるか？
- どのようにイノベーションのパートナーの貢献を認め、それに見返りを与えるか？

社内の各部門にイノベーションチームを送り込む

社外に目をむけることに加えて、社内のさまざまな部署やグループにイノベーションチームを送り込むべきだ。そこにはマーケティング部門、製造部門、物流、研究開発、販売、購買、財務、経理部門も含まれる。

大企業はいずれも、1つの組織というよりも多くの独立した組織が別々に運営されているようなものだ。地域、言語、文化、領域、専門、機能など、それぞれに違っている。そうしたグループを、外部のパートナーと同じように扱わなければならない。必要な時に彼らが助けになってくれると期待しないほうがいい。彼らを仲間に引き入れるには時間と労力と事前の計画が必要になる。

社内の部門が小さな王国のように運営されている場合はさらに、仲間に引き入れるのが難しい。イノベーションチームと何の関わりも持ちたがらないかもしれない。だから、自分たちが彼らの得になることを示さなければならない。

社内の各部署を、外部パートナーか顧客のように扱うのが1つのやり方だ。イノベーションチームは、彼らのニーズに耳を傾け、彼らから学び、一緒に答えを見つけなければならない。**社内の主要部門にイノベーションチームを送り込み、問題を探し、解決策を見つけ、会社全体にイノベーションの文化を築く**ことが目標だ。

例えば、あなたの会社の人事部が社員のつなぎとめに苦労しているとしよう。優秀な社員はみんなライバル会社に引きぬかれてさっさと辞めていく。それに対応するため、人事部と他の部署から2人から8人の人材を集めてイノベーションチームを作ることにする。そのチームを人事部に送り込み、発見のプロセスを始める。

もちろん、人事部にいるだけではいけない。社内の他の部署の社員を巻き込み、彼らの問題に耳を傾け、彼らの仕事のやり方を観察し、正しい質問をしなければならない。観察と開かれた議論を通して、一部の社員がなぜ不満なのか、なぜ辞める社員もいれば残る社員もいるのか、人事部にどんな対応ができるか、を見つけることができるかもしれない。

このプロセスから、イノベーションチームは課題を取り出し、解決策を考え、それを検証できる。そのうちに離職が減り、社員の士気が上がれば、いい変化が起きているとわかる。そうでなければ、同じプロセスを繰り返せばいい。

現実には、社内のイノベーションチームのほとんどは小さな段階的な改善を生み出すだろう。しかし、そうした小さな変化があなたの会社をはるかに効率的にしてくれ、生産性を上げてくれることもある。社内のイノベーションがすべて小さなものであっても、それが積み重なればライバルに大きな差をつけられる。社内イノベーションのいいところは、模倣が極めて難しいことだ。市場の商品をコピーするのは簡単だが、社内の組織的なプロセスを全く同じように模倣することは極めて難しく、不可能に近い。

社内外にかかわらずイノベーションチームを生態系全体に送り込むのは、小さな仕事ではない。まずはパートナーと社内の部門から始めて、そこから拡大するといい。時間とおカネをそこに投資すれば、必ず元が取れる。１つか２つのほんの小さなイノベーションが、全く新しい事業分野の開拓につながったり、既存事業を破壊したり、その姿を一変させたりする。

生態系の中で積極的に活動するチームが多ければ多いほど、ブレークスルーが生まれる可能性も上がる。単独のイノベーションではなく、いくつかの部門やパートナーとの複数の異なるイノベーションの効果が重なった時、象を空に飛ばすことができる。

22 データを集めて、集めて、集める

「データがなければ、ただの個人的な意見にすぎない」

W・エドワーズ・デミング（作家）

データ集めはイノベーションに欠かせない。一見素晴らしく思えるアイデアを実際に素晴らしいと証明することが、何より必要なのだ。スタートアップの売り込みを聞いていて僕がいつも思うのは、世界を変えられそうなアイデアでも、世界はもとより何か1つでも本当に変える力があるのか、僕には知りようがないということだ。

すごく有望に聞こえるアイデアの多くは、深く探っていくと全く雲をつかむような話だとわかる。データの見落としが1つでもあれば、それは大きな氷山の一角となり、船が沈んでしまう。タイタニック号のような大惨事にならないためには、初日からデータを探し始めなければならない。データは何より重要だ。データがなければ、チームは当てずっぽうを繰り返し、確実に時間とおカネをムダにしてしまう。

僕が世話をしたあるスタートアップは新分野のゲームを開発していた。ユーザー自身がコンテンツを作っていくゲームだ。

創業者たちはそのゲームがどれほどユニークで革新的かを滔々《とうとう》と語ってくれたが、僕がデータを求めると、ユーザーの維持率と参加率は悲惨なものだった。かつてないほど革新的なゲームであろうが、ユーザーがプレイしてくれなければ何の意味もない。数字はウソをつかない。

結局、僕は彼らにこのプロジェクトを終わりにして、はじめからやり直すように伝えた。うまくいかないことは目に見えていた。データに盾突くことはできないのだ。

特定の顧客データを早期に集める

グレース・ウがはじめてスタートアップを立ち上げた時の話も、データの大切さを示す好例だ。このスタートアップは、世界のことを画像で検索するサービスを提供するものだった。グーグルに検索ワードを打ち込むかわりに、ソーシャル・ネットワークを通して画像による検索を行うのだ。

グレースは広告代理店で働いていた経験から、ブランディングがすべてだと信じていた。立ち上げ前に6ヶ月を費やして、新サービスの構築、検証、磨き上げを行った。すべてを完璧に美しく整えることを目指した。しかし、サービスを立ち上げたもののユーザーは付いてこなかった。理由がわからなかったので、潜在的なユーザーにインタビューしたところ、誰も気に留めていないことがわかった。つまり、このサービスは人々の問題を解決するものではなかったのだ。もっと早くこのことがわかっていたら、9ヶ月の努力をムダにせずに済むはずだった。

グレースは白紙に戻って別のアイデアを考えた。スタートアップの創業者たちにユーザーエクスペリエンス（UX）とユーザーインターフェース（UI）のフィードバックを与える助けになるサービスを立ち上げることにした。

今回は、すぐにプロダクト作りに取り掛からず、まず顧客のところに行ってデータを集めた。インタビューの結果、ターゲット顧客の6割がこのサービスに強い興味を示していた。次に、そのサービスにおカネを払うかどうかについてのデータを集めるために、簡単なホームページを作り、サービスの概要を説明し、購入ボタンを加えた。このホームページにトラフィックを集めたところ、数時間で10件もの注文が入った。やった！　これは本物だ。

3番目に知りたかったのは、サービスが供給できるかどうかだ。経験豊富なUXとUIのデザイナーに声をかけ、新しい顧客が欲しいかどうかを訊ねた。「もちろん！」という答えを期待していた。お客さんが欲しくない人なんているだろうか？

しかし、意外にも熟練したUXデザイナーやUIデザイナーはこのアイデアに飛びつかなかった。彼らはクライアントを厳しく選別していたのだ。事前に新しいクライアントを詳しく調べ、最良のクライアントだけを選んでいた。

では、もう行き止まり？　そうでもない。インタビューから、彼らが新人の頃は新しいクライアントをどんどん受け入れていたと聞いた。それが、グレースの立ち上げようとしていた両面マーケットのカギになった。まだキャリアが確立しておらずクライアントを欲しがっている新人のUXとUIのデザイナーがターゲットになると気づいたのだ。

これらのデータを集めてもまだ、グレースはサービス構築を始めなかった。電子メールを使い、手動でUXとUIのデザイナーとフィードバックの必要なユーザーをつないだのだ。これによって、仕事がどう進むかを細かく見ることができた。フィードバックはビジュアルか、文字か、口頭か？　デザイナーはどんな働き方を好むのか？　この手のコミュニケーションを促すにはどうしたら一番いいか？　サービスを設計する時に、このデータが使えることをグレースは知っていた。

そして、自分1人では仕事の流れをすべて管理できなくなると、ホームページを閉じ、これまでに学んだことをすべて分析し、ウェブサイトの構築に取り掛かった。

特定の顧客データを早期に集めることが、最も効率的なプロダクト開発法だということを、グレースは学んだ。グレースは今、〈リーン・スタートアップ・マシン〉の共同創業者として、リーン・スタートアップの手法を教えている。

マクロのトレンドを見るのも、データ集めの1つの手法だ。スティーブ・ジョブズは〈iPad〉を開発した時、ヒットを確信していた。プロダクトが美しいばかりか、データが彼の味方だったからだ。

2010年、ピュー研究所はアメリカの成人の4割がワイヤレスでインターネットにつながるモバイル機器を使っているという調査報告を出していた。09年はこの割合が32％だった。ラップトップを含めると、それがアメリカの成人の59％になる。

ラップトップやネットブックよりも、優雅にかつ自然にインターネットにつながる何かを人々が欲しがっていることに、ジョブズは気づいていた。その答えがｉＰａｄだった。データとトレンドは、ジョブズの勘をすべて裏付けていた。

もう1つの例が〈ドロップボックス〉だ。

はじめに作ったのは、3分間の簡単な説明ビデオだ。それがドロップボックスの機能を説明していた。すると、一晩で7万5000人もの登録があった。実際のプロダクトもまだできていない段階のことだ。このちょっとした実験が、彼らのアイデアが天高く昇る可能性があるという十分な証明になった。

まことしやかなウソ▶「イノベーションとはテクノロジーである」

新しいテクノロジーの研究開発に莫大な投資をしなければ勝てないと思っている会社は多い。大企業は研究所を抱え、大量の特許を取得しているが、その中で日の目を見るものは少ない。日の目を見たとしても、失敗するケースがほとんどだ。世界最大級の企業の研究開発部門のトップと話をしてみると、発明を商業化することがますます難しくなっていると声を揃える。世界の動きが速すぎて、プロダクトを市場に発表する時点ですでに時代遅れになっていることが多いのだ。

ビジネスアイデアを裏付ける有用なデータの集め方

ここまでの例からもわかるとおり、新しいビジネスアイデアを裏付けるための有用なデータを集める方法はいくとおりもある。ここに、最も効果的な手法のいくつかを挙げておこう。

▼グーグルキーワード検索

グーグルのキーワード検索は、プロダクトへの需要があるかどうかを知る簡単便利なツールだ。まず、**プロダクトに関連するキーワードを検索**しよう。さまざまなキーワードについて、月ごとの検索件数がわかる。あなたが立ち上げようとしているものを検索している人がいないとしたら、おそらく需要がないと考えていいだろう。

▼グーグルトレンド

〈グーグルトレンド〉なら、さらに多くのデータが見つかる。プロダクトのアイデアについて検索すると、それぞれのキーワードについて過去数年の検索件数がわかる。件数は増えているか、減っているか？　需要は季節性があるか、それとも一定か？　需要が急上昇することがあるか？　その理由は何か？　ビジネスを始める前にこうした情報をすべて知っておくべきだ。

▼家族と友人

ほとんどの人はまず友達と家族に意見を聞く。それは当たり前で、家族や友達なら手軽で簡単に意見が聞けるからだ。しかし、気をつけてほしい。家族や友達の意見には偏りがあるかもしれない。あなたの家族や友達が、ターゲットとするユーザーかどうかを自問してほしい。そうでなければ、彼らの意見はどちらかというと害になる。当てにならないデータをもとに判断を下すのは避けてほしい。それに、率直な意見を言いにくいかもしれない。**家族や友達には頼らず、実際にプロダクトを届けたいユーザーのところに行くほうがいい**。

▼ユーザーへのインタビュー

『スタートアップ・マニュアル　ベンチャー創業から大企業の新事業立ち上げまで』（翔泳社）の共著者であるスティーブン・G・ブランクは「スタートアップの中に事実はない。意見だけだ」と口癖のように言っている。何が言いたいかというと、**外に出てユーザーと話さなければ本当のことはわからない**し、わかるためにはインタビューが一番いい。ただし、答えを誘導しないよう気をつけよう。質問を1つひとつ厳格に分析し、それが自由回答であることを確かめてほしい。ユーザーへのインタビューに使える自由回答式の質問の例をここに挙げておく。

- 今、一番差し迫った問題は何ですか？
- その問題を解決するために、どのようなプロダクトを使っていますか？

- 現在のソリューションのどこを気に入っていますか？
- 現在のソリューションのどこが不満ですか？
- 今のソリューションでは解決できないことで、解決したいことは何ですか？
- もしそれが今手に入るとしたら、いくらくらい払いますか？
- 私たちのプロダクトを誰に勧めますか？
- 私たちのプロダクトはどうあなたの役に立っていますか？
- 私たちのプロダクトを早く手に入れるために事前注文をしますか？

▼ブログとソーシャル・ネットワーク

〈ブロガー〉〈フェイスブック〉〈ツイッター〉〈ウィチャット〉などのブログやソーシャル・ネットワーク（ＳＮＳ）は、あなたのアイデアを表に出し、ユーザーを取り込み、フィードバックとデータを集めるいい方法だ。実際に、僕はＳＮＳを使ってこの本のタイトルについてフィードバックを募った。**ＳＮＳを利用する場合は、ターゲットを正しく狙ってほしい。**例えば、10代の男性がターゲットなら、〈ピンタレスト〉は最適ではないだろう。〈ツイッチ〉か〈スナップチャット〉を使ったほうがいい。

▼ライバル分析

ファウンダーズ・スペース社ではいつも、ライバル分析にもっと時間をかけるように説いている。ライバル企業から豊富なデータが引き出せることに驚くはずだ。十分な時間をかけて、ライバル企業のサイトを調べてほしい。そこはデータの宝庫だ。ライバル企業は儲かっているか？　もし儲かっていないなら、なぜか？　ライバル企業がすべてを正しく行っているのに急成長していないとしたら、なぜあなたが成功できると思うのか？

　次に、ライバルがどのように彼らのビジネスを位置づけているかを見てほしい。プロダクトをどう説明しているだろう？　ユーザーに何を約束しているだろう？　価格をどう設定しているだろう？　こうしたデータだけでなくもっと多くのデータがウェブサイト上にある。しかし、ウェブサイトだけではだめだ。フェイスブックページ、ツイッターのフィード、ブログも調べよう。すべての投稿、つぶやき、コメントを読もう。ユーザーは何と言っているだろう？　プロダクトに満足しているか？　不満な点があるか？　ユーザーはアクティブか？

　オンラインストアもまた、知見を与えてくれる。ライバルのディスプレイを見よう。ユーザーのコメントやレビューをすべて読もう。ユーザーが品質やサービスに満足していないなら、あなたにチャンスがある。このデータを分類し、整理して、意味のある統計に落とし込み、他のライバル会社と比較分析してみよう。

ライバルの公開情報に目を通し、できる限り多くのデータを掘り起こそう。〈フーイズ・ドット・ネット〉にいけば、ウェブサイトをいつ登録したかがわかるし、新聞記事やプレスリリースを探すこともできる。いつ起業したかや、いつ新製品を発売したかを調べよう。ライバル会社がスタートアップなら、方向転換《ピボット》したかどうかも調べたほうがいい。どこに広告を掲載しているかを見よう。それで、ライバルが誰を狙っているか、どのようにマーケティングしているかがわかる。

早いうちに集めるデータが多いほど、役に立つ。ホームページを作ったり、プロトタイプを試作したり、ユーザーの獲得に長い時間をかける前に、データを集めてほしい。特定のビジネスを追いかけないほうがいいことや、そのプロダクトを開発しないほうがいいということがわかるかもしれないし、ライバルがまだ見つけていない手法を確認できるかもしれない。

▼ランディングページ

ランディングページは、プロダクトを開発している間にメールアドレスを集めるために使われることが多い。しかし、他にも使い道がある。ランディングページを使って、価値のあるデータを収集できる。本物のウェブサイトに見えるようにランディングページをデザインし、ユーザーが実際に注文を出したり、提案したり、議論を始めたりできるようにしてほしい。

この時点でプロダクトがまだ完全に出来上がっていなくてもいい。このランディングページを使って、いくつもの重要な前提を検証し、それぞれについてのデータを集めるといい。そうすると例えば、次のような検証ができる。

- ユーザーはどのくらいこのアイデアに熱中しているか？
  例：プロダクトの動画を作り、ユーザーが動画を最後まで見続けるかどうかを分析する

・ユーザーはそのプロダクトを買いたがるか？
例：購入ボタンを載せ、どのくらいのユーザーがクリックするかを調べる
・ユーザーはいくら支払うか？
例：さまざまな価格を実験し、ユーザーがどの価格に一番反応するかを見る
・ユーザーはどんなプロダクトデザインを好むか？
例：あなたのプロダクトが形のあるグッズなら、ユーザーがどの試作品を選ぶかを調べる
・どの広告コピーが一番効果的か？
例：プロダクトの説明文とユーザーの行動を喚起するような文章を何種類か作り、それぞれのコピーへのユーザーの反応を見る
・そのプロダクトのコンセプトは拡散しやすいか？
例：シェアボタンを作って、ユーザーがクリックするかどうかを調べる
・どんなフィードバックがあるか
例：フィードバックボタンを作り、ユーザーから意見を募る

▼A／Bテスト

A／Bテストとは、あるユーザーグループにはAを、別のグループにはBを提示する実験だ。簡単な分析で、どちらがより効果的かがわかる。価格でも、デザインでも、広告コピーでもこの手法は使える。ランディングページと組み合わせて一緒に実験すると、価値のあるデータが

取れる。〈アンバウンス〉〈オプティマイズリー〉〈グーグルアナリティクス〉といったツールを使えば、直帰率、滞在時間、コンバージョンレートなどが測れる。

▼広告キャンペーン

プロダクトがまだアイデア段階でも、洗練された広告キャンペーンを打ち、クリックスルー率を測ることはできる。また広告費用でデータを集め、それを使って顧客獲得コストを予測してもいい。フェイスブックや〈グーグルアドワーズ〉といったプラットフォームを使えば顧客層を絞り込み、ターゲットユーザーを選別できる。このデータはより正確な顧客プロフィールを作るのに役立つ。

▼クラウドファンディング

〈キックスターター〉や〈インディーゴーゴー〉といったサイトは、データ集めや需要計測に最適で、かつその間に資金集めもできる。しかし、注意したほうがいい。資金を集めるのはいいが、適正な価格を表示してほしい。最終製品の作成に必要な費用と時間を甘く見積もりすぎて、結局、約束を果たせないプロジェクトは多い。支援者の多くは趣味人や新しモノ好きで、市場全体を代表するユーザーでもなければ、ターゲットユーザーでもない。クラウドファンディングのサイトでプロジェクトを始める前に、できる限り調査とデータ集めを行い、誰をターゲットにするのか、約束を果たせるのかを確かめたほうがいい。

▼事前注文ページ

事前注文ページは、キックスターターやインディーゴーゴーのキャンペーンと同じようなものだが、通常はその会社のウェブサイト上にある。このページからユーザーは事前にプロダクトを購入でき、企業側は需要の計測とデータ収集が可能になる。

▼説明動画

説明動画が好きな人は多い。そのプロダクトがどうユーザーの役に立つかをわかりやすく見せてくれるので、プロダクトに命が宿るからだ。より視覚に訴え、日常生活でどのように使われるかを示すほど、価値は高くなる。百聞は一見にしかずと言われる。もしそうなら、説明動画は少なくとも１００万語に匹敵するような価値がある。

▼簡易プロトタイプ

ペン描きの絵、ロールプレイのシナリオ、実用最小限プロダクト（ＭＶＰ）などだ。単機能ＭＶＰの好例が〈フォースクエア〉だ。サービス立ち上げ時には、特定の位置にチェックインして承認を得る機能しかなかった。典型的な簡易プロトタイプは、誰にでも手に入れられる既存テクノロジーを使って手軽に作ったＭＶＰだ。これで手っ取り早くデータを収集し、市場を検証できる。〈グルーポン〉は当初、〈ワードプレス〉と〈アップルメール〉と〈アップルスクリプト〉だけを使い、サイトからの注文をＰＤＦに落としていた。市場の検証に必要なのはそれだけだった。

▼フェイクMVP

フェイクMVPとは、オンラインのプロダクトやサービスと見せかけて、じつはその裏で創業チームが手作業で仕事をしているケースだ。アラーム・サベティが、ケータリング業者と企業をつなげる〈ゼロケイター〉というサービスを作った時、巨大なスプレッドシートとメールを使って、すべてを手作業でやっていた。一見サイトが機能しているように見えたが、中身はなかった。このプロセスを通してアラーム・サベティはアイデアを裏付けるデータを集めることができた。

▼コンシェルジュMVP

コンシェルジュMVPとは、フェイクMVPと同じだが、背後で人が手作業をしていることを隠さないものだ。実際、それがプロダクトの特徴であり、限られたユーザーに向けて誂えたサービスであることがポイントになっている。ブランド衣服の貸し出しサービスサイト〈レント・ザ・ランウェイ〉は、女子大生に向けた個人的なサービスを提供することで、ビジネスを検証した。ここから、そのビジネスモデルを裏付ける十分なデータが集まった。

データ集めに終わりはない

ここまでに挙げた手法はいずれもデータ収集に役立つが、これで終わってはいけない。頭を捻ろう。新しい情報源を探ろう。他にもたくさん方法はある。先ほどの手法は出発点でしかない。**データを集めれば集めるほど、長期的な成功の可能性は高まる。**1〜2ヶ月でデータ集めが終わったと思い込んではいけない。データ探しは永遠に終わらない。賢いイノベーターは、アイデアを思いついた日からサービスを立ち上げた後も永遠にデータを集め続けている。

あなたもデータ集めを継続し、そのプロセスと分析手法を改善し続けなければならない。データは先見性よりも価値がある。そのことをいつも頭に置いてほしい。

データがあなたのビジネスプランの土台になる。夢を現実にするのはデータだ。イノベーションチームが集中すべきはそこだ。グーグルのプロダクト担当重役だったジョナサン・ローゼンバークは、「君の意見をデータで裏付けろ。『僕はこう思う』じゃ議論に勝てない。『証拠をお見せします』と言えば勝てる」と言っている。

厳格な証拠の裏付けがなければ、アイデアがいくら創造性に富んでいても、意味がない。つまるところ、あなたの会社が沈むか進むかは、事実次第で、それ以上に大切なものはない。早い段階で事実を手元に置くことを、最優先してほしい。

23 おカネより顧客の価値を優先する

「勘違いしている会社は、
自分たちの目標を、売上や株価やその類のものだと思い込んでいる。
しかし、力を入れなければならないのは、それにつながるものなのだ」
ティム・クック（アップル　ＣＥＯ）

賢い企業は、おカネより価値に目を向けている。長期的な市場支配のためには、短期的な売上を犠牲にすることもいとわない。

シリコンバレーで最も成功したスタートアップを見てみるといい。グーグル、フェイスブック、ツイッター、スナップチャット、インスタグラム、そしてワッツアップ。いずれの会社も、最初からユーザーへの価値を築き上げることに集中していた。立ち上げ時には広告収入によるマネタイズに走らなかった。そして、広告とその他のマネタイズの方法を注意深く統合し、ユーザーへの価値を毀損しないよう細かく気を配っていた。

賢いスタートアップも、賢いイノベーションチームも、２つのことに全力を傾ける。「ユーザーを満足させること」と「市場シェアを拡大すること」だ。ユーザーエクスペリエンスを傷つけることや、成長を阻害することは、全力で回避する。

市場を支配するのに何が欠かせないかを、彼らは知っている。それは、ユーザーに対して誰よりも大きな価値を提供するということだ。ここにいくつか例を挙げてみよう。

ビットリー

URLの短縮ツールの〈ビットリー〉はもともと、リンクを短縮するサービスとして使われていた。しかし、そこからユーザーへの価値を次々と付け加えていった。リンクをクリックする人たちからデータが収集できる点を彼らは事業機会と見た。ユーザーの動機、ロケーション、年齢や性別や人種といった属性、意図、コンテンツの嗜好など、多くのデータが手に入る。CEOのマーク・ジョセフソンは、「これまで気づかなかった総合的な価値をマーケターに届けることに全力を傾けた。それがカスタマーエクスペリエンスとユーザー価値に革命を起こした」と言っている。現在のビットリーは詳細なユーザー情報を取得する上で欠かせないツールとなり、それによってマーケターに価値を提供することが使命だ。そこに注目したおかげで、ユーザーはより長い期間にわたって、より頻繁にビットリーを利用するようになっている。

エッツィー

〈エッツィー〉は、2000万人を超えるファンに手作り品を展示し、販売するサイトだ。このスタートアップは、いつもあの手この手でユーザーに新しい価値を提供しようと新しい手法を探している。アマゾンやイーベイのユーザーがすでに心に決めたものを探しているのに対して、エッツィーのユーザーは珍しい1点ものを発見しようと探している。偶然の出合いに驚いたり、喜んだりする体験を求めているのだ。

プロダクト責任者のマイク・グリシャバーによると、閲覧履歴や購買履歴を超えてさらに進化したアルゴリズムを元に、プロダクトの推奨方法を常に改良し続けているらしい。それが、ユーザー自身でさえ欲しがっていることに気づかなかった意外なアイテムで驚きを喚起することにつながっている。グリシャバーは、他の会社も「ユーザー履歴をもとにした基本的な機能を超えた先を見たほうがいい」と言う。さらに、「人々がよりつながりを感じられるような深い体験を提供し、その体験のすべてを取り込むといい」とも言っていた。そうすればおのずとうまくいく。アルゴリズムの改善のたびに、ユーザー参加率と満足度は上昇した。

アマゾン

おカネより価値を優先することにかけて、アマゾンは達人だ。ジェフ・ベゾスは、どのライバル企業よりも多くの価値を確実にユーザーに提供しようとする。

オンラインで書籍を売りながら、ベゾスはユーザーが無料配送を望んでいることに気づいた。そのデータが、固定の年会費を払うことで無制限の無料配送を提供する〈アマゾンプライム〉につながった。また、ユーザーができる限りすぐに注文した商品が届くことを望んでいることも知り、プライム会員にはすべての注文に対して２日以内での無料配送を約束した。

アマゾンは返品も驚くほど簡単にしてくれた。ライバル会社は逆に返品を難しくしているが、アマゾンは返品OKの姿勢を貫いている。ラベルを印刷して業者に引き取ってもらうだけだ。何の質問もされない。もちろん返品はアマゾンにとって費用がかかるが、返品が面倒でなければ、ユーザーは買う前に躊躇しなくなる。もし気に入らなければ、返せばいいのだから。

そうしたイノベーションの上にさらに、ベゾスはいつもユーザーへの価値を上げるにはどうしたらいいかを考え続けている。短期利益を先送りすることを恐れない。ウォール街もそれを承知して、ほとんどの上場企業よりも長期の猶予を与え、イノベーションの猶予をもらったアマゾンは、プライム会員への無料サービスを増やしている。〈アマゾンビデオ〉では数千本の映画やテレビ番組がただで見られる。本数は劣るが会費無料の〈ネットフリックス〉のようなものだ。その上、プライム会員は音楽ストリーミングも、画像のストレージも無料になった。

これらのサービスはもちろんアマゾンにとってはかなりの費用負担になるが、これがユーザーをプライムの生態系にしっかりつなぎ留め、ますますライバルに流れにくくする。僕もアマゾンユーザーだが、ほかのサイトに乗り換えようなんて一瞬たりとも思わない。僕は、電子書籍も写真も音楽もアマゾンの中に置いているので、今さらそれを手放したくない。

グーグル

グーグルも、この手法の達人だ。〈Gメール〉〈グーグルマップ〉〈グーグルドキュメント〉、その他数えきれないほどのサービスを無料でユーザーに提供している。新しいグーグルのサービスをユーザーが定期的に使うようになるたび、その結びつきはますます固くなる。Gメールやグーグルドキュメントを手放したいとは思わない。使えば使うほど、たとえばマイクロソフトのようなライバルに乗り換えにくくなる。だからグーグルは強いのだ。彼らは常におカネより価値に重きを置いている。もしあなたの会社の強みが「値段の安さ」だけなら、ユーザーはいつでも乗り換えられる。値段はユーザーを引き留め続けられない。

ユーザーをつなぎ留めるのは、ユーザー自身が時間と労力を投資するようなサービスだ。あるソフトウェアの使い方を憶えたら、違うソフトウェアに乗り換えるのは躊躇する。それを覚えるのに長い時間がかかった場合はとくにそうだ。また1からなんて学び直したくないものだ。

もう1つユーザーを引き留めるのは、コンテンツだ。コンテンツをいったんアプリにアップロードして、移動がそれほど簡単でないとしたら、そのコンテンツに価値を感じている間は少なくともそのアプリに縛られる。グーグルがフェイスブックから自分たちのSNSである〈グーグルプラス〉にユーザーを乗り換えさせようと必死に努力したのは、そのためだ。

でも結局、グーグルでさえ乗り換えさせられなかった。友達は捨てられない。コンテンツは諦められても、友達を置いてきぼりにはできないのだ。そして、友達はそう簡単に持ち運べない。数人なら説得できても、友達全員を1度に動かすことは不可能だろう。

ユーザーをつなぎ留める3つの要因

あなたの会社がユーザーをつなぎ留められるかどうかを左右する3つの要因を見ていこう。

1. 顧客維持

既存顧客を裏切って、新しい顧客と入れ替える企業は、結局そのツケを払うはめになる。顧客獲得にはカネがかかり、その1人ひとりから十分な儲けを搾り取ることができなければ、ユーザーを常に入れ替え続けるのは不可能だ。本当の価値を提供することで、今いるユーザーをつなぎ留めることに注力したほうがはるかにいい。

データ分析企業のキスメトリクスによると、新規顧客獲得は既存顧客維持の7倍以上の費用がかかるという。また、離れた顧客の71％はサービスの悪さから関係を絶ち、その61％はライバル会社に移っている。失った顧客価値の平均は２４３ドルだ。

別のデータ分析会社、サムオールによると、業績が最も安定している企業の売上の25〜40％はリピート客からきているという。その上、40％のリピート客との取引による売上は、10％のリピート客のほぼ50％増しであることがわかった。つまり、**成功したければ既存顧客をつなぎ留めるべき**ことは明らかだ。

使いやすく効果の高い顧客関係管理システムを中小企業向けに提供する〈インサイトリー〉は、その好例だ。インサイトリーは常に顧客維持率を上げるための努力をし続けている。その1つの手法は、リピート顧客が最も頻繁に利用する4つのサービス機能を特定し、残りの顧客にその機能を教えることだ。顧客担当バイス・プレジデントのリン・トフリアスは、起業家は「顧客を目標に導き、自分たちのソリューションから最大の価値を得るよう助ける必要がある」と言う。これが、インサイトリーの高い顧客維持率と顧客満足度につながっている。

2. 価値の種類

ユーザーに提供できる価値には、さまざまに異なる種類がある。価格、品質、サービス、品揃えなどはすぐに考えつくものだ。他にも、ユーザーエクスペリエンス、信頼性、コミュニティ、コンテンツ、機能、外見の美しさ、知名度、スピード、評判、ブランド、安心などがある。**イノベーターは企業の中の価値を提供できるすべての要素を理解し、その1つひとつを改善し、同じ種類の中で最も価値が高くなるように努力しなければならない。**そのプロダクトが提供できる価値をすべて特定し、それをプロダクトの生涯にわたって最大化する必要がある。

世界的に最も成功している企業はそれをやっている。「どうしたら顧客価値を上げられるか？」を常に模索している。それが、彼らが一番に目指す目標となり、自分たちから市場を奪おうとするライバルへの最高の守りになる。**どんな価値が提供できるかを徹底的に考え抜くことによってはじめて、市場での競争に勝てるのだ。**

まことしやかなウソ「機能が多ければ多いほど革新的だ」

機能をたくさん増やしたからといって、イノベーティブになるとは限らない。実際、機能が増えるとたいていイノベーティブではなくなる。最高に革新的なプロダクトはシンプルだ。1つの目玉機能が、他のプロダクトからは得られない価値をユーザーにもたらしている。

3．顧客ロイヤリティ

「ネットプロモータースコア（ＮＰＳ）」をご存じだろうか？　顧客ロイヤリティを評価するためによく使われるツールで、２００３年にフレッド・ライエルドがハーバード・ビジネス・レビュー誌に発表した「あなたが改善すべきたった1つの数字」という論文の中で紹介された。ＮＰＳは、顧客がそのサービスを友達や仕事仲間に勧めるかどうかを測る指標だ。フォーチュン５００社の多くは、業績評価にこのデータを使っている。

ＮＰＳを出すために顧客に問うのは簡単な質問だ。「この会社、このプロダクトまたはサービスを友達や同僚にどのくらい勧めたいですか？」と聞くだけだ。顧客は0から10までの11段階評価を求められる。0なら勧めないということだし、10なら必ず勧めるということだ。9または10をつけた人は「推奨者」、7か8なら「中立者」、0から6は「批判者」だ。「推奨者」の割合から「批判者」の割合を引いた数字がＮＰＳになる。

この数字が高いほど顧客満足度は高く、ライバルを凌ぐ可能性が高くなる。ブランド企業はこの数字に神経を尖らせ、スコアを上げるためにおカネと資源を投入し、進捗を測っている。

これらはすべて最もなことに聞こえるが、問題がある。物事を単純化しすぎて、間違った結論に導かれてしまうのだ。

13年、ブルームバーグ・ビジネスウィーク誌は「アメリカで最も嫌われる企業になると儲かる」と題した記事を発表した。顧客満足度スコアと株価リターンとは何の関係もないことがわかったのだ。実際、顧客に最も嫌われている企業の一部は、顧客に人気のあるライバル企業よ

ネットプロモータースコア（NPS）で顧客ロイヤルティを数値化する

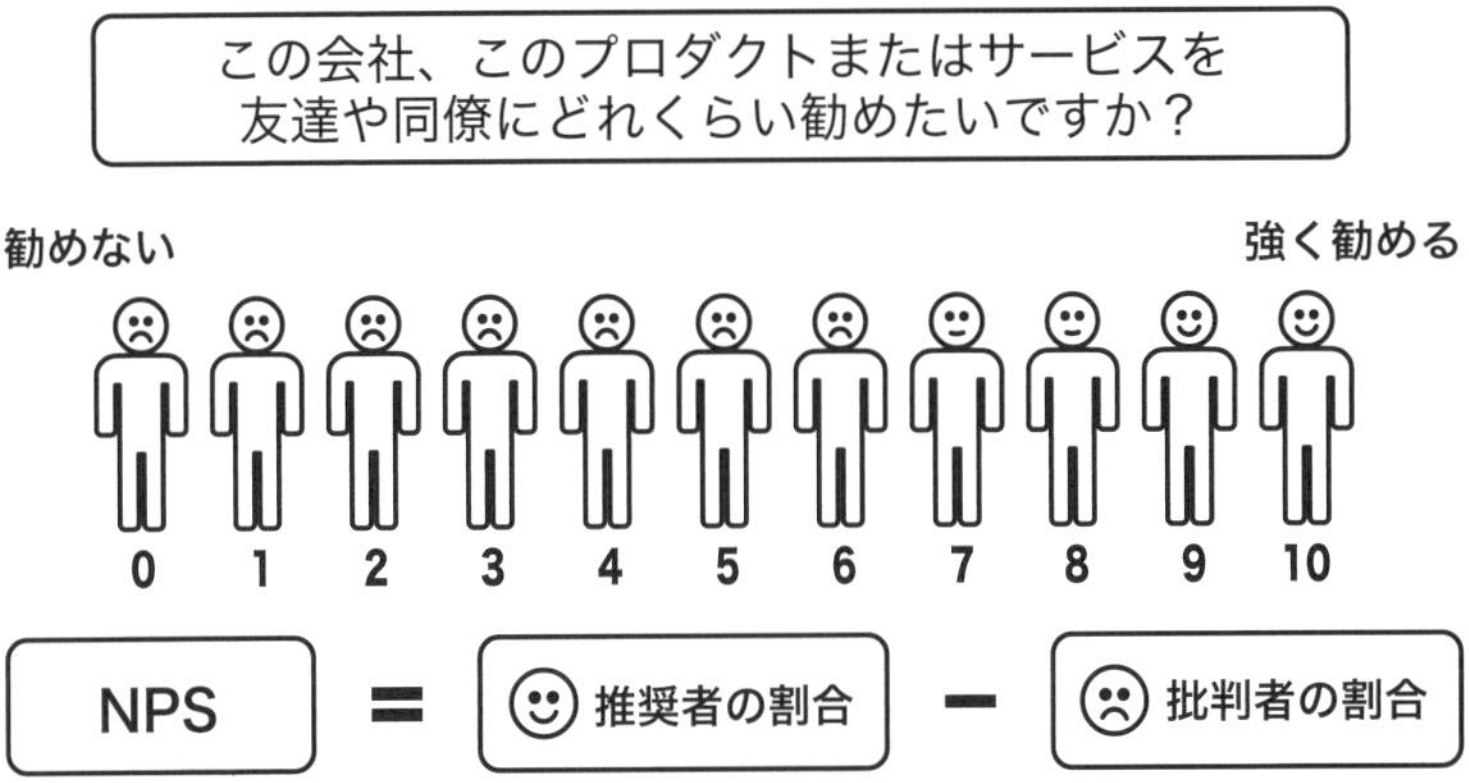

り業績が良かった。顧客を満足させるためにおカネを使うことは、必ずしも正解ではない。世界でも指折りの高収益企業の多くは、NPSが低いのだ。

MITスローン・マネジメント・レビュー誌が掲載した「顧客満足度の大きな代償」という記事はこの点をさらに深掘りし、NPSがうまくいかない3つの理由を指摘している。

1つ目はいわゆる**〝グルーポン症候群〟**だ。〈グルーポン〉は、良くも悪くも、顧客に大幅な値引きを提供するというアイデアのもとに、多くの中小企業を惹きつけている。その結果、顧客満足度は高いが、代償も大きい。値引きで新しい顧客を惹きつけても、**取引が終わった後まで顧客を引き留めることができない**。特別割引に既存顧客は喜ぶが、その効果は長続きしない。次の値引きがないと、喜びはすぐに消える。

つまるところ、たとえＮＰＳが劇的に改善したとしても、長期にわたって損失を出し続けられるような余裕のある会社はない。スコアを上げるためにどんな手でも使うというやり方は、意味がない。

２つ目の問題は、ウォルマートのような**マス市場を相手にする企業にはあまり意味がない**ということだ。ウォルマートのＮＰＳは低い。衣料から食料品まであらゆるものを販売するウォルマートが、アンダーアーマーやホールフーズといった専門店と同水準の満足度を提供するのはほぼ不可能だ。販売する商品カテゴリがあまりにも幅広いため、特定のカテゴリで1番になるのは無理なのだ。しかも、**顧客層が広ければ広いほど、特定の顧客グループへの訴求力は弱まり、特殊な欲求にも対応しにくくなる**。ＮＰＳはこうした要素を考慮に入れないため、結果に偏りが出る。

３つ目の問題は、市場を独占している〈コムキャスト〉のような会社は点数が極端に低くなりがちだということだ。にもかかわらず、非常に収益性が高い。これはもちろんユーザーに選択肢がないからだ。僕の住むサンフランシスコで、高速インターネットにアクセスしたりスポーツ番組の生中継を見ようと思ったら、コムキャストのサービスに入るしかない。あまりにもサービスがお粗末でケーブル業者を怒鳴りたくなっても、他に頼れる会社はない。だから、法外な値段を請求できるし、お粗末なサービスでもユーザーをつなぎ留められる。

地域で唯一のガソリンスタンドも同じだ。ガソリンの値段を吊り上げて、何もサービスをしなくても問題ない。もちろん顧客満足度は下がるかもしれないが、そこにしか必要なプロダクトがなければ、ユーザーは他を選べない。

アップルを見るといい。競合他社よりはるかに高い値段をつけても、ユーザーはついてくる。それは、彼らが実質的な独占を作り上げたからだ。〈ｉＰｈｏｎｅ〉は他の会社では売っていない。その一方で、〈アンドロイド〉のメーカーは価格競争するしかない。アップルが値段を下げればＮＰＳは上がるだろうか？　もちろんそうしてもいいが、そうすべき理由がどこにあるだろう？

僕が考えるもう1つのＮＰＳの欠陥は、顧客満足度の計算には、顧客が企業にもたらす価値が考慮されていないということだ。ＮＰＳ上では、すべての顧客は同等という前提だが、現実は違う。たくさんおカネを使ってくれるリピート客は、会社にとって負担になるだけの無料客に比べて、はるかに価値がある。価値の高い顧客の意見をそうでない顧客の意見と同等に扱えば、何が本当に事業に重要なのかを見誤ってしまう。

重要なのは総合的な価値

だから僕は、ＮＰＳに修正を加え、これを**「総合価値スコア（ＴＶＳ）」**と呼んでいる。ＴＶＳはＮＰＳと違って、ある企業や製品、サービスの直接のライバルに比べた顧客に提供する価値の合計を指している。計測の仕方は次のとおりだ。

1．質問：「ライバルと比べて、あなたは友達や同僚に、この会社、製品またはサービスを勧めますか？」

2．強いライバルが存在せず、実質独占状態にある事業には、ＴＶＳは使えない。

3．実質的な独占企業でない場合、顧客に０から10点で、先ほどの質問に答えてもらう。勧めない場合は０点、強く勧める場合は10点になる。

4．その後、顧客を２つのグループに分ける。

高価値顧客＝収益源または価値がある

低価値顧客＝損失源または価値がない

5．計算式は次のとおりだ。

批判者＝０点から６点をつけた高価値顧客

中立者＝７点から８点をつけた高価値顧客

推奨者＝９点から10点をつけた高価値顧客

総合価値スコア＝推奨者の割合－批判者の割合

例えば、推奨者の割合が35％で批判者の割合が10％なら、ＴＶＳは35－10＝25になる。理論的には最高は１００、最低はマイナス１００だ。

このやり方なら、ＮＰＳのいくつかの問題を解決できる。

まず、ＴＶＳは高価値顧客のデータしか使わない。次に、この調査では顧客に、ライバルと比較してその会社、商品またはサービスを勧めるかどうかを質問する。結局は、例えばウォルマート対ターゲットのように、直接のライバルと比較した時だけに、この数字は意味を持つ。ウォルマートを専門店と比べるべきではない。

全米顧客満足度指標では、アメリカ国内の大手スーパーマーケット中でウォルマートの顧客満足度は最低だ。それなのに、ウォルマートは引き続き盛況だし、今もアメリカ最大のスーパーマーケットチェーンだ。それは、たとえウォルマートが生鮮食品といったカテゴリで遅れをとったとしても、総合的にはライバルより高い価値を提供しているからだ。

ウォルマートが大好きでも大嫌いでも、この巨大スーパーが強い購買力と品揃えと費用対効果の高いサプライチェーン管理によって商品の価格を抑え、健全な利益率を保ちながら、マス市場に価値を提供していることは間違いない。

ジェフ・ベゾスがアマゾンで価値を創る時にも、同じことが言える。つまるところ、**重要なのは総合的な価値なのだ**。オンライン販売のすべての商品カテゴリでトップになる必要はない。実際、アマゾンは専門店には絶対に勝てないが、それは問題ではない。すべてのニッチ分野に莫大な時間とカネを投資する意味は全くない。アマゾンの事業は違う。アマゾンはスーパーストアであり、オンラインで買い物を考える時にまず行ってみる場所になることで、ライバルに勝っている。ウォルマートがオフラインでしていることと同じだ。

コムキャストも似たような会社だが、ひねりがある。僕はアマゾンの大ファンだが、コムキャストに関しては高すぎるし、サービスも悪いと思う。それでも、僕の地域の他の会社はもっと悪い。だから僕がコムキャストを評価したら、NPSはマイナスになるが、TVSは「適用外」になる。ライバルになる会社が存在しないからだ。コムキャストが値段を下げてサービスを改善してくれればもちろん嬉しいが、この実質独占状態で、僕がどう思うかは関係ない。言い換えれば、同等のライバル会社との比較でのみ、満足度は重要になる。

他の業者との競争が起きれば、その時はじめてコムキャストは改善を強いられるし、そうしなければ市場を失うだろう。その兆候は見え始めている。テレビ番組がオンラインに移行し、地域によってはより便利で安いブロードバンドのサービスが生まれつつある。そうなったら、コムキャストは品質を上げ、値段を下げるか、差別化を図らなければならなくなる。そうしなければ、顧客を失ってしまう。

「勝者総取り」の市場では、総合的な価値を一番多く提供できる1社に、顧客はあっという間に流れる。あなたのチームが顧客に最も高い価値を与えられないとしたら、戦略を練り直したほうがいい。値下げは一時的な解決にしかならない。基本的な公式は変わらない。顧客を囲い込むことにかけて、価値はいつもおカネに勝る。だから、**勝者は常におカネより価値を優先するのだ。**

第5章

不安要素を取り去る

24 「恐れ」との闘いに勝つ

「失敗があなたを押しとどめるわけではない。失敗するかもしれないという恐れが、あなたを押しとどめるのだ」

ジャック・レモン（俳優）

「恐れ」はイノベーションの敵だ。

スタートアップでも大企業でも、恐れに支配されると、必死の努力も水の泡になる。ピラミッド型の官僚的な大組織ではなおさらだ。恐れはこの手の組織にはびこりやすく、死をもたらす寄生虫のように、イノベーションの努力をゆっくりと殺していく。

有史以前の世界は、獰猛な動物、敵対的な種族、干ばつ、飢餓、疾病に満ち溢れた厳しい場所だった。人類が他の種より繁栄できたのは、集団として力を合わせて働く術を身に付けたからだ。誰かを怒らせればそのグループから追い出されてしまい、生存の可能性は激減する。集団からの追放は死刑宣告にも等しかった。はぐれ者がなんとか生き残る方法を見つけたとしても、相手を見つけるのはほぼ不可能で、その遺伝子は次世代につながらなかった。

要するに、無難に過ごし、集団の中での立場を危険にさらさないという人間の特徴は、自然淘汰の歴史の中で強化されてきたものだ。

人は不確実性を好まない

企業としてイノベーションを起こすなら、この深く刷り込まれた恐れを克服しなければならない。イノベーションは、無難にやり過ごすこととは正反対の行為だからだ。イノベーションのリスクは高く、失うものは大きく、途中での失敗がつきものだ。しかも、企業には階層があり、融通のきかない規則があり、成功には見返りがあるが、失敗すれば罰を受ける。

上司は誰しも、いいアイデアを自分の手柄にしたがるが、悪いアイデアには関わりたがらない。絶対にうまくいくという確信がなければ、イノベーションを起こしたがらないのが普通だ。とはいえ、これまでにない新しいプロジェクトが成功するかどうかは、誰にもわかりようがない。ジェフ・ベゾスも言うように、「成功するとわかっていたら、実験じゃない」。

だから管理職はイノベーションに消極的だ。それなのに、いったん動き出したプロジェクトは途中でやめたがらない。行き詰まりが明らかな場合でも、諦めるのを嫌がる。とりあえずプロジェクトを続けて、土壇場の大逆転を祈ってしまう。

そうやって多くの時間とリソースがムダに費やされる。優秀なチームを成功の見込みのないプロジェクトにつなぎ留め、参加者のやる気をくじき、価値をほとんど生み出さない。

アイデアの99％はその場で死んでいくものだとしても、矢継ぎ早に次々とアイデアを生み出す姿勢をイノベーションチームに植え付けてほしい。有望に思えるアイデアも、おそらく途中で失敗する。ベンチャーキャピタル（ＶＣ）が資金を出すスタートアップの大半はいずれ消え去るし、企業内のイノベーションプロジェクトもまた同じだ。イノベーティブであればあるほど、失敗する確率は高い。

革新的なプロジェクトはいずれも未知の部分が多いし、たいていの人は本能的にリスクを避けたくなるものだ。**人間は不確実性を好まない。ほとんどの人が不確実な結果より確実な結果を選ぶ**ことは数多くの研究からも明らかだ。たとえそれが得にならない場合でさえ、人間は不確実な結果を避けたがる。

例えば、１０００ドルもらえる確率が85％ある賭け（15％の確率で何ももらえない）と、ただで８００ドルもらえる場合なら、大半の人は８００ドルを受け取る。平均すると１０００ドルに賭けるほうが得だと説明を受けても、ほとんどの人は８００ドルを受け取るほうを選ぶ。計算してみてほしい。もし全員が１０００ドルの賭けを選べば、平均は次のようになる。

（０・85×１０００ドル）＋（０・15×０ドル）＝８５０ドル

社内で新規プロジェクトを始める時にも同じことが言える。見返りは少なくても成功が確実なプロジェクトに参加するか、見返りは大きいがリスクを取って不確実性の高い革新的なプロジェクトに参加するかを社員に選ばせれば、どうなるだろう？　必ずと言っていいほど、社員は安全で小さなプロジェクトを選ぶ。

科学者が失敗と向き合う姿勢には、学ぶところがある。科学者は仮説を立て、一連の実験を行い、もしダメなら次の実験に向かう。１度目の失敗でタオルを投げていたら、科学は存在しなくなる。科学とは、何度も試して何度も失敗することに他ならない。実験の結果が仮説と違っていても、汚点にはならない。それはプロセスの一部だ。

科学者の仕事は、新しい仮説を生み出し続け、それらを検証し、その結果をできるだけ忠実に記録することだ。科学の正しいあり方とは、評判を守ることではない。真実を見つけ出すことだ。どこかに真実は存在し、実験の結果がウソであっても、無視されたとしても、真実は変わらない。科学者がウソをついても、真実はいずれ暴かれる。そんなケースは過去にもあった。「常温核融合」を憶えているだろうか？　あれは科学史に残るスキャンダルだった（１９８９年、英国・サウサンプトン大学のマーティン・フライシュマン教授と米国・ユタ大学のスタンレー・ポンズ教授が常温核融合の現象を発見したと発表。その後、数多くの追試が試みられたが再現性は低く、学会から全面的に否定されたため疑似科学扱いされた）。

ただし問題は、「ビジネスマンは科学者ではない」ということだ。ビジネスマンにとって評判は命だ。それが何より大切なのだ。だから真実は二の次になる。ビジネスの世界では、失敗は軽蔑される。間違ったり失敗したりしたら、信頼されなくなると思われているからだ。

信頼を築くには、文句のつけようのないほど成功を積み重ねなければならない。そうやって昇進し、金持ちになる。そういう人が上に立つ。そうでなければ上に昇れない。ビジネスの世界では成功がすべてだ。だから、イノベーションを阻害するような、害のある環境が作られる。そんな有害な環境が、企業経営者をイノベーションから遠ざけてしまう。

人間はそもそも創造的な存在だ。一定規模ならどんな企業にも、たとえ保守的で古臭い企業にさえ、アイデアを持ち、イノベーションを起こしたいと願う才能あるクリエイティブな人材がいる。しかし、彼らはイノベーションを起こせないし、それは当然だ。

原因は組織構造にある。社員にとっては成功から得られる見返りより、失敗で受ける罰のほうがはるかに大きい。そんな組織構造の中にいれば、頭のいい合理的な社員は誰でも、リスクを取ってものすごく革新的なプロジェクトに参加することがキャリアの上で得にならないことはすぐわかる。

まことしやかなウソ 「一番はじめからうまくいくことがいい」

「初回の挑戦で成功すれば得をする」と思っている人は多い。問題は、初回で成功させようと思うチームは、リスクが低く、あまり革新的でないソリューションに目を向けてしまうということだ。もちろん、確実に成功したければ、そうするしかない。初回からうまくいくことを狙うと、イノベーションは生まれない。

イノベーションのプロセスに失敗は必要

研究開発部にいる科学者だけでなく、**社内のすべての階層でイノベーションを起こすためには、失敗をありがたく受け止め、そのことを汚点としないような組織を築くことが必要になる。**

フェイスブックでは、次の３つの基本原則をすべての社員に奨励している。

① 素早く動き、現状を打破する
② 恐れがなければどうするかを考える
③ 人を中心に据える

このうち、①②は社員に失敗を許し、自由にリスクを取らせるための原則だ。③はソーシャル・ネットワークの核になることだ。この３つの原則が組み合わさってフェイスブックの哲学となり、この哲学がフェイスブックを大学の寮室のプロジェクトから世界で最も力のある革新的な企業へと押し上げた。

イノベーションへの努力の中心に失敗を置き、その過程における失敗の役割を隠さず明らかにすることで、未来に向けて組織を前進させ、社員が安心して次のブレークスルーにつながるようなリスクをとれるようになる。

バージニア大学ダーデン・スクール・オブ・ビジネスで経営を教えるエドワード・Ｄ・ヘス

教授は「失敗はイノベーションのプロセスに欠かせない。失敗が学びと反復と適応につながり、反復的な学習のプロセスを通じて概念と物理的なモデルが築かれる。**ほとんどすべてのイノベーションは、失敗からの学習によって生まれてきた**」と言う。

ボストン市長室は、この問題に独自の方法で対応している。

企業に比べて自治体はさらにリスクを嫌い、動きも遅いため、公務員にイノベーションを起こさせるのは非常に難しい。この問題に取り組むため、ボストン市長室は新都市機構チームを立ち上げ、そのスタッフにはイノベーションだけに集中させた。言い換えると、リスクを取って失敗するのが彼らの仕事だ。チームメンバーは、他の部署が難しい問題を解決するためのイノベーションプロジェクトを立ち上げることを助けるのに、すべての時間を使う。

このプログラムの責任者スーザン・グェンは、「プロジェクトが成功したら、その部署の功績になります。もし失敗したら、私たちが責任を取るんです」と説明している。ここがカギだ。イノベーションチームがすべての責任を負うことで他の部署に失敗を許し、他の部署はリスクを取らずに功績を手に入れることができる。他の部署の盾になることで、イノベーションチームは信頼と安心のある環境を作り出し、それが実験とリスクテイクにつながっている。

恐れとの闘いに勝たなければならない

ここで、失敗を重ねた有名人を紹介しよう。

・**カーネル・サンダース**が作った秘密のフライドチキンのレシピは、1000回以上も拒絶された。それでも彼は諦めず、65歳でケンタッキーフライドチキンを創業した。

・**マーク・キューバン**は、大工、シェフ、ウェイターとして失敗を重ねたあと、ブロードキャスト・ドットコムをヤフーに売却して億万長者になった。「何回失敗してもいいってことを学んだ。一度だけ成功すればいい。私は粉ミルクを売ろうとしたこともある。たくさんバカをしでかしたけれど、失敗からいつも学んできた」とよく言っている。

・**アリアナ・ハフィントン**の2作目の著書は36もの出版社から断られた。その後、彼女が立ち上げたハフィントンポストは全米で最も成功したオンラインニュースサイトになった。

・**フランク・ワインフィールド・ウールワース**は乾物店で働いていたが、客の前に出させてもらえなかった。「お客様に応対できる常識を持ちあわせていない」と上司が判断したせいだ。そこで彼は、ウールワースを創業した。

・ソニーの共同創業者の**盛田昭夫**が最初に考えた製品は炊飯器だった。だが、ご飯が焦げてしまうような代物だった。でも幸い、盛田はそこで諦めなかった。

・**ミルトン・ハーシー**は、チョコレート会社を3度立ち上げて、3度とも失敗した。4度目にやっと幸運が訪れた。

・**ビル・ゲイツ**と**ポール・アレン**が最初に立ち上げたのが、トラフ・オー・データだった。

だがほとんど使えないプロダクトで、会社は破綻した。その後、2人が始めたのがマイクロソフトだ。

- **トーマス・エジソン**が子供の頃、教師はエジソンの頭が悪いと思い込み、頭を使わない仕事につくよう勧めた。しかし、エジソンはその後1093件の特許を取得し、教師が間違っていたことを証明した。エジソンは完全無欠の天才ではない。電球を作り上げる前に、9000回以上も実験に失敗している。「失敗したわけではない。うまくいかない方法を1万とおりも見つけただけだ」とエジソンは語っている。
- **フレッド・スミス**はイェール大学の在学中にビジネスアイデアを思いつき、そのせいで危うく単位を落としそうになった。そのアイデアこそ、フェデックスだった。
- **ヘンリー・フォード**が立ち上げた最初の自動車会社は2社とも倒産し、フォードは一文無しになった。3社目が、誰もが知るあの会社だ。
- **ロウランド・ハシー・メイシー**は乾物店を4店開き、4つとも潰してしまった。彼は失敗から学び、メイシーズが生まれた。
- **リチャード・ブランソン**は、ヴァージン・ギャラクティック、ヴァージン・レコード、そしてヴァージンアトランティック航空で有名だが、ヴァージン・コーラやヴァージン・ウォッカなど、あまり知られていない失敗も数多い。
- **ジョージ・スタインブレナー**はクリーブランド・パイパーズという小さなバスケットボールチームを所有していたが、倒産させてしまった。30年後、彼はニューヨーク・ヤンキースを率いて見事に復活し、ワールドシリーズで6度の優勝を果たした。ヤンキースはメジャーリーグで最も儲かる野球チームになった。

・**本田宗一郎**はトヨタの採用試験を受けて、落ちた。失業した本田は自宅でスクーターを作り、近所の人に売り始めた。それがホンダの始まりだ。

・**ウォルト・ディズニー**は「想像力に欠け、独創的なアイデアもない」と言われ、編集者をクビになった。傷口に塩を塗るかのように、ディズニーの最初のアニメ会社は倒産した。その後の活躍は皆さんもご存じのとおりだ。

失敗の恐れを取り除かなければ、組織はいつまでも段階的なイノベーションに留まってしまう。社員は製品やサービスを改善することに精を出し、これまでにないものを生み出すことはない。段階的なイノベーションは安全だ。リスクは比較的少ない。

大企業はもともと段階的な改善に長けている。しかし、段階的な改善では破壊を押しのけることはできず、新しい市場を生み出すこともできない。段階的改善は守りの戦略だ。市場シェアを維持することはできるが、市場を作り変えることはできない。ライバルを一足飛びに超えて、爆発的に成長することはできない。

過激なイノベーションを促すためには、まず恐れとの闘いに勝たなければならない。

25 新しいものを受け入れる文化を創る

「大企業はイノベーションを嫌う。イノベーションとは、ダメなアイデアだ。というか、ダメに見えるアイデアなんだ」

ベン・ホロウィッツ
（アンドリーセン・ホロウィッツ　ベンチャーキャピタリスト）

失敗への恐れは、スタートアップよりも大企業に蔓延する病だ。

起業家は成功するまでに何度も失敗する準備が心の中にできているため、リスクを取りやすい。一方、大企業の中間管理職は安定し、先行きが見えている環境で成功する。彼らが大企業に入るのは、まさにそれが安全でリスクの低い昇進の道を提供し、家族を養う糧になるからだ。指をパチンと鳴らせば企業文化を変えられるものではないが、身の回りで実際にできることはいくつもある。まず、**受容の文化を創り出す**ことだ。受け入れるのは失敗だけでなく、バカバカしいアイデアも、つまらない失敗も、矛盾する考え方も、そしてカネのムダ遣いに見えることも、受け入れる必要がある。

チームメンバーのアイデアが、どれほど突拍子もなく、とんでもないものに思えても、そのアイデアを出した人を批判してはならない。すべてのプロジェクトを承認しなくてもいい。厳格な評価と選別のプロセスは必要だが、そのプロセスは、アイデアを出した人間を批判するものであってはならない。一見とんでもないように思えるアイデアが、その会社に一番必要なこともある。

歴史を少しでも振り返れば、突拍子もなく現実味のないアイデアが未来を作ってきたことに気づくはずだ。

・地球が平らでないと言ったガリレオ・ガリレイは、異端審問にかけられた。
・世界初のプログラム可能なコンピュータを作ることを夢見たチャールズ・バベッジは、一文無しのまま死んでいった。
・〈ＵＮＩＶＡＣ〉が発明された時、パソコンの可能性を想像できた人はほとんどいなかった。
・カリフォルニアのヒッピー、趣味人、ハッカーがＰＣ革命をもたらした。
・リチャード・ストールマンがオープンソース・ソフトウェアのメリットを説いた時、ほとんどの企業はそれをただの戯言《ざれごと》だと思っていた。まともな企業なら、独自のコードを公開するわけがない。それが彼らの競争力の源泉なのに？
・携帯電話がはじめて開発された時、それが音楽プレーヤーになり、カメラになり、秘書の役目を果たしてくれるなどと、誰が考えたろう？

だから、社員が一見とんでもないアイデアを思いついたら、何かを見つけたかもしれないと考えてみるべきだ。ダイヤモンドの原石かもしれないのだから。

先を読む目を持った人材を外に追い出さないためには、さまざまな意見や信念を受け入れるような企業文化がなければならない。異質なものを批判しないよう、社員を教育してほしい。伝統に逆らうような意見や、口に出せない考え方を安心して発言できるようにしてほしい。**大きく飛躍したいなら、周りに染まらない変人が必要になる。**

ペイパルの創業者でフェイスブックの初期の投資家になったピーター・ティールは、よくこんな質問をする。「賛成する人がほとんどいない、大切な真実は何か?」。つまり、反対する人が多ければ多いほど、そのアイデアに大きな可能性があるということだ。「見えないチャンスを見つけるのは凡人でなく、とんでもない変人だ」とティールはよく言っている。それはまさに彼らが独特な視点で世界を見、人と違う考え方をしているからなのだ。

頭脳より「心の安全」と試行錯誤が効果的

グーグルは組織文化を改善する試みとして、「チームをよりイノベーティブに、また優れたものにする要因は何か?」を正確に把握することにした。そこで2012年に立ち上げたのが、「プロジェクト・アリストテレス」だ。大成功しているグループの秘訣は何なのかを発見するのが目標だった。

グーグルの研究者たちは、この50年間の学術研究を見直した。そうした中に、カーネギー・

メロン大学、MIT、ユニオン・カレッジの心理学者が行った研究があった。08年、「チームの成功の要因は何か？」を探す研究に699人が加わった。

実験の1つでは、参加者にレンガのさまざまな使い方を考えてもらった。奇想天外な使い方をいくつも考え出したチームもあれば、ほんの数とおりしか思いつかないチームもあったが、最高の結果を生み出したのは意外にも、賢い人たちの集まったチームではなかった。平凡な知能指数のチームが、非凡な知能指数のチームよりもはるかにいい結果を出す場合もあった。なぜだろう？　個人の能力にかかわらず、チームの創造性と効果を上げる要因は何なのか？

その答えは、チームメンバー同士の関わり方にあった。

全員が参加できるよう励まし合っていたチームは、はるかにスコアが高かった。また他人の感情に敏感なチーム、例えば、声のトーンや表情、言葉にされないヒントから相手の感情を読み取れるメンバーのいるチームは、いい成果を出していた。この2つの要因が、チーム全体としての知性と生産性を上げ、経験豊富なメンバーのいるチームを上回っていた。

グーグルが社内の180のチームを対象にした調査もまた、この結果を裏付けていた。メンバーが安心して心の内を言葉にできるチームは、成果が一番高かった。これが、心理学でいう「心の安全」だ。**メンバーがより自由で受け入れられていると強く感じれば感じるほど、チームがより協力し、1つになって考えられる。**開かれた議論を交わし、お互いを遮らず、すべてのことをあらゆる側面から議論できるチームが、最も高い得点をあげていた。

グーグルはこのデータを使って、受容の文化を築くことに乗り出した。立場を失ったり批判されることを恐れずに、誰もが参加できる文化を目指した。イノベーションの成功のカギの1つはそこにあった。

フィナンシャル・タイムズの記者で作家でもあるティム・ハーフォードは、「イノベーションの文化を作るには、全能神話を排除しなければならない」と言う。つまり、いくら賢くても、知識が豊富でも、自分が絶対に正しいと思い込むメンバーがいてはならないということだ。すべての人がたいていの場合は間違ってしまうことを、率直に認めなければならない。知らないことを知らないと認めることが、イノベーションへの近道になる。そう認めることで、非伝統的な解決策や新しいアイデアへの道が開かれる。

ユニリーバは、洗濯用洗剤では世界最大級のメーカーだ。そのユニリーバが製造工程にイノベーションを起こそうとした時、2つの道があった。

1つは世界で最も賢いエンジニアのチームを雇い入れて、ベッド用の除菌・消臭スプレーの新しいノズルをデザインすることだ。もう1つは、10種類のノズルをとりあえず作ってみて、それぞれを試し、その中から一番いいデザインを選んで、それを基にしてさらに10種類のデザインを作り、最後に残った一番いいデザインを選ぶというやり方だった。

ほとんどの会社は1つ目のやり方を選ぶだろう。問題解決に最高の頭脳を投入して、正しいソリューションを生み出すほうがいいと考える。しかし、この問題は複雑すぎて、優秀なエンジニアでも完璧なデザインを創り出すのは難しいと思われた。

こうした状況では、頭脳よりも、力ずくで試行錯誤を何度も繰り返すほうが効果がある。ユニリーバは試行錯誤を選び、45番目のデザインで最良のノズルにたどりついた。その形は、誰も思いつけないほどの奇抜で複雑なデザインだった。イノベーションを起こすため、ユニリーバは社員の頭脳より単なる実験の繰り返しのほうが賢いことを認め、正しい形にたどりつくまで試行錯誤を繰り返した。

ほとんどの組織では、こうしたことが文化を変えることになる。

イノベーションを育むのは「組織文化」

イノベーションへの取り組み方は企業によってさまざまだ。

マイクロソフトではイノベーションチームがプロダクトだけでなく、ビジネスモデルや組織戦略のイノベーションにも参加している。

これを始めてから、以前はタブーだった方向に向かうことができるようになった。〈アンドロイド〉と〈iOS〉の両方に無料で〈オフィス〉を提供するようになったのだ。企業文化の改革以前には、無料配布は触れてはならない方針だった。マイクロソフトはまた、国家安全保障局やEUの規制当局に対して、プライバシーと情報開示の分野で対抗し始めている。政策面でのこの種のイノベーションも、以前は考えられなかったものだ。

3Dデザインとエンジニアリングソフトウェアで先頭を行く〈オートデスク〉もまた、イノベーションの文化を作ろうと努力している。

オートデスクは一連のイノベーションのワークショップを開いている。社員は新しいアイデアを生み出す方法を教わるわけではない。すでに頭の中にあるアイデアをどうするかに集中する。そのアイデアを誰に聞いてもらうべきか？　どんなふうに伝えたらいいか？　どんなプロセスでアイデアを評価したらいいのか？　社員が心おきなく伝統を破り、新しいアイデアを会社に支援してもらい、現実のプロジェクトにできるようなシステムを作るのが、ここでの目的だ。

IBMの経営者としてパーソナル・コンピュータを主流製品に押し上げたルイス・ガースナーは、「私がIBMにいた時代、企業文化は競争のただの一面ではなかった。競争そのものだった」と書いている。

全米マーケティング協会は17ヶ国で759の組織を調査し、イノベーティブな企業とそうでない企業を分ける要因は何かを探した。「政府」「地域」「労働力」「資本」といった要因がイノベーションに影響していたものの、何よりも一番影響力が大きかったのは「組織文化」だった。業界や社員の教育程度にかかわらず、適切な環境が整っていればイノベーションは起こりうるし、実際に起きていた。

ジェイ・ラオとジョゼフ・ワイントローブは、その論文で、イノベーションの文化に欠かせない一連の特徴を挙げている。２人が挙げた要因は次のとおりだ。

- **価値観**——企業の価値観を決めるのは、リーダーたちの言葉ではなく行動だ。イノベーティブな企業は、創造性の育成、社員教育、新しい起業家的なプロジェクトの立ち上げに投資している。
- **ふるまい**——組織リーダーは日々どのように行動しているだろう？　経営者は意図的に自社の既存事業を破壊し、聖域を排除し、障害を取り除き、顧客に耳を傾けているだろうか？　それが重要だ。
- **環境**——その組織は、学習を育み、社員同士の信頼を築き、独立した思考を促すような、安全な環境を提供しているだろうか？
- **リソース**——その組織にはどんなリソースがあるだろう？　システム、プロジェクト、資本、イノベーションの先頭に立てるような人材などがここに含まれる。
- **プロセス**——いいアイデアを提案し、検証し、それを実現するような、イノベーションのプロセスが確立されているか？
- **成功**——仕事に対してどのように評価するだろう？　成功にもさまざまな種類がある。顧客からの評価、企業としての成功、個人としての成功などだ。

アドビシステムズがイノベーションの文化をどう実現したかをここで紹介しよう。

アドビシステムズのクリエイティブ部門で責任者を務めるマーク・ランドールは、「キックボックス」というプロジェクトを立ち上げた。このプロジェクトでは、企業内イノベーションを刺激するため、赤い箱がメンバーに手渡される。

箱の中には1000ドル分のプリペイドカードが入っている。社員はアイデアを実現するため、このおカネを自分の好きに使っていい。何の質問もされない。このキックボックスには、イノベーションのプロセスを6段階に分けて説明した手引きが入っている。

1. 動機をはっきりさせる
2. 企業の目的とあなたのアイデアを一致させる
3. フレームワーク、スコアカード、練習問題などによってそのアイデアを評価する
4. 問題と解決策を立てる
5. 仮説を裏付けるデータを集める
6. 資金を集める（周囲に呼びかけて、あなたのビジョンに賛成する人がいるか調べる）

また、プロジェクトを一層「おいしく」するため、赤い箱にはスターバックスのギフトカードとお菓子が入っている。アドビシステムズは社員にこの赤い箱を1000個配り、世界中で説明会を行った。その結果は次のとおりだ。

・ストックフォトのプラットフォーム〈フォトリア〉を買収した
・アドビシステムズのユーザーが説明動画を公開できるように〈アドビノウハウ〉を作った
〈アドビライトルーム〉に動画を同期するメモリーメーカーを組み入れた
・マインドフルネスと瞑想の社内プログラム「プロジェクト・ブリーズ」を立ち上げた

アドビシステムズはキックボックスをオープンソースにし、誰でも無料でダウンロードして使えるようにした。ぜひ試してみてほしい。残念ながら、1000ドルのプリペイドカードとお菓子はついてこないけれど。

まことしやかなウソ「20％ルール」

多くの大企業でイノベーションの万能薬としてもてはやされているのが、20％ルールだ。あまりに単純なので、つい導入したくなる。CEOはただ、「仕事時間の2割をイノベーションに使おう！」と社員に言うだけでいい。

これを発案したのはグーグルの創業者たちではないが、グーグルが導入したことで有名になった。仕事時間の20％を、興味のあるイノベーティブなプロジェクトに使わせることが目的だった。しかし、ほとんどの管理職は、仕事を終わらせるために部下が100％の時間をつぎ込むことを求める。趣味のプロジェクトで遊んでほしくはない。

ジャーナリストのクリス・ミムズは、グーグルの20％ルールは「死んだようなものだ」と書いていた。普通の仕事をサボっている暇など社員にはないからだ。元グーグルのマリッサ・メイヤーは、こう暴露している。「グーグルの20％ルールには人に知られたくない秘密があるの。実際には120％なんです」

夜中や週末までタダ働きしたい人がどこにいるだろう？　20％ルールの神話は崩壊した。だから、グーグルはもうこれを話題にしないのだ。

信頼がなければイノベーションは起こせない

イノベーション文化の中心になるのは「信頼」だ。たいていの人は、変化を受け入れたいと思っているし、リスクを取ってもキャリアに傷がつかないのなら、喜んでリスクを取る。経営陣が「失敗に価値がある」と口では言っても、具体的な行動でその言葉を裏付けなければ、社員は変革に参加したがらない。

信頼が必要なのは、イノベーションに関わる社員だけではない。信頼は組織全体に欠かせない。人材や部門全体を時代遅れにしてしまうようなイノベーションが起きたらどうなるだろう？　社員の仕事はどうなるだろう？　社員は別の部署に異動になるのか？　それともクビになるのだろうか？　経営陣が正面からこれらの質問に答えなければ、信頼は築けない。

正直に言おう。イノベーションは企業や株主にとってはいいことかもしれないが、すべての社員がそれで得をするとは限らない。

イノベーションのプロジェクトを始めるにあたって、企業が自問しておいたほうがいいことを、ここに挙げておく。

- このイノベーションプロジェクトは、社員にどのような影響を与えるか？
- このプロセスで発言権を持つのは誰か？
- 最終決断者は誰か？
- 必要なら社員を他の仕事に回せるか？
- 組織はどのように快く支援してくれるか？
- なぜ社員１人ひとりにとってこれが重要なのか？
- このプロジェクトをみんなにとっての成功にするために、組織に何ができるか？

これらの質問に正直に答えることが、信頼を築くための第一歩になる。大きなリスクを取り、変化を生み出すには、信頼が必要なのだ。

失敗を褒め、新しい発想を奨励する

先を読み、開かれた議論を行い、新しいものを受け入れるような文化を作ることが、イノ

ベーションの土台になる。

集団思考や同調欲求は、イノベーションの敵である。問題は、有史以前からの刷り込みにある。種族が1つの考え方でまとまり、一体となって行動することが、生存に欠かせなかった時代がある。自分勝手な行動をすると、種族全体が絶滅する危険もあった。先人のやり方に従うと安心するのはそのためだ。他の人たちが信じることを自分も信じるほうが、一般的に真実とされていることに歯向かうより簡単なのだ。歴史を振り返れば、そんな例は限りない。

中世の人たちは、化石をただの岩か、創世記に書かれていた大洪水の痕跡か、そうでなければ地球の内側で育った何らかのものだと信じていた。21世紀の今でも、ほとんどの人は自分たちの信念を疑わない。一般的な世界観を受け入れ、既存の前提を否定しがたい事実だと思い込んでいる。

組織の中の人の考え方を変えるには、既成概念を疑わなければならない。

そこでゼネラル・エレクトリックが立ち上げたのが、「ファストワークス」というプログラムだ。このプログラムで、管理職はリスクを取り、学び続け、問いを発する訓練を受ける。年次の人事評価は、日々の振り返りと継続的な状況報告に変わった。イノベーション加速チームのグローバル責任者であるヴィヴ・ゴールドスタインは「これは、組織全体の変革だ」と言う。

ゼネラル・エレクトリックほどの世界的大企業でも、より協力的で開かれた空間を作ろうと、本社の壁を取り除いた。CEOのジェフリー・イメルトは、役員の食堂を「イノベーション室」に変え、カフェのような机とホワイトボードとイケアのソファを置いた。

ゴールドスタインは「これまでとは違う考えが浮かぶような環境を与え、社員にリスクを取ってもらうことが目的だ。20年もゼネラル・エレクトリックにいるが、これまでで一番、目の覚めるような体験だと言えるね」と言う。

オフィスの壁を明るい色に塗り変え、おしゃれな家具やテーブルサッカーを置くのはいい出発点になるものの、文化を変えるのはそれほど簡単ではない。イノベーションが最優先課題だと宣言し、新しいアイデアを出した社員を表彰するだけでは足りない。社員が自分に対する考え方とお互いへの考え方を変えなければならないし、それは受容から始まる。

世界的にイノベーティブな企業の多くは今、このことを念頭において組織文化を構築し直すことに励んでいる。

フォーシーズンズホテル・ニューヨークで支配人を務めるサム・イオアニックスは「アイデアがうまくいかなくても、説教しないように気をつけている」と言う。

フォーシーズンズホテルでは企業文化を変えるため、「失敗」や「間違い」といった言葉を禁止し、そのかわりに「不具合」と言うことにした。「不具合」なら修復できるし、克服することもできるが、「失敗」や「間違い」は後々まで責めているような印象がある。

言い方を変えるだけなんてつまらないことだと思う人もいるかもしれないが、それが問題の核心なのだ。言葉が心理的な重荷になる。自分たちの行動を別の言葉でうまく言い表せば、考え方も変わるし、どんな組織でも言葉は強力な道具になる。

フォーシーズンズホテルは、全社的なイノベーションのプログラムを立ち上げた。3万5000人の社員が理想のゲスト体験を発想し、実験し、改善するためのツールや姿勢を提供するのが目的だ。イノベーションハンドブックや動画もある。プログラム運営を担当するステイシー・オリバーは、「失敗を嬉しがる必要はないが、それをビジネスと人生の一部として受け止めたほうがいい」と言う。

グーグルはそれをもう一歩先に進めている。**失敗を褒める**のだ。〈グーグルX〉を率いるアストロ・テラーは、失敗するたびにチームを褒めるばかりか、早めに失敗したチームにはボーナスや休暇まで与えている。「最初に失敗すると安上がりだ。最後に失敗すると高くつく」とテラーは言う。

目標は、できるだけ早めに失敗することだ。そうすれば、成功の可能性のある他のことに挑戦できる。そのほうがおカネと時間の節約になり、自由に新しいことに挑戦する道が開かれ、みんなが大きなリスクを取れるようになる。

デザインコンサルタント会社、IDEOの社長兼CEOのティム・ブラウンは、イエール・インサイト誌のインタビューで「イノベーションを起こしたい企業や、イノベーションを起こす準備をしたい企業には、必ずいくつかの要素がなければならない。1つ目の大切な要素は、

心を開くことだ。なぜだろうと思ったり、好奇心を持ったりすることは、イノベーションに欠かせない」と語っていた。

2つ目は、「**人々が信頼し合い、リスクを取れるような環境を作る**ことだ。人は誰しも事業運営という狭い世界観にとらわれて、できるだけリスクを減らそうとしてしまう。だがリスクを取らなければ、イノベーションは起こせない。組織をある程度信頼できなければ、リスクは取れない。失敗が罰せられるなら、また多くを学べるような失敗でも罰を受けるなら、リスクを取る人はいなくなる。すると、イノベーションは生まれない」

フェイスブックの元エグゼクティブ、エリック・バーマンも、同じことを言っていた。フェイスブックでは、失敗を責めてはいけないことになっている。逆に、必死に挑戦しなければ責められる。

もちろん、自由に失敗できれば、イノベーションの文化ができるというわけではない。グローバルな経営コンサルティング会社のヘイ・グループは、世界中の企業を対象に調査を行い、最もイノベーティブな20社にはいくつかの際立った共通の特徴があることを発見した。

まず、その20社すべてが、定期的にイノベーションを表彰していた。20社以外で定期的に表彰していたのは49％だけだった。さらに重要なのは、20社のうち9割が、いいアイデアを持つ社員は命令系統を飛び越すことを許されていて、それによって罰を受けることはなかった。

イノベーションの文化　その1

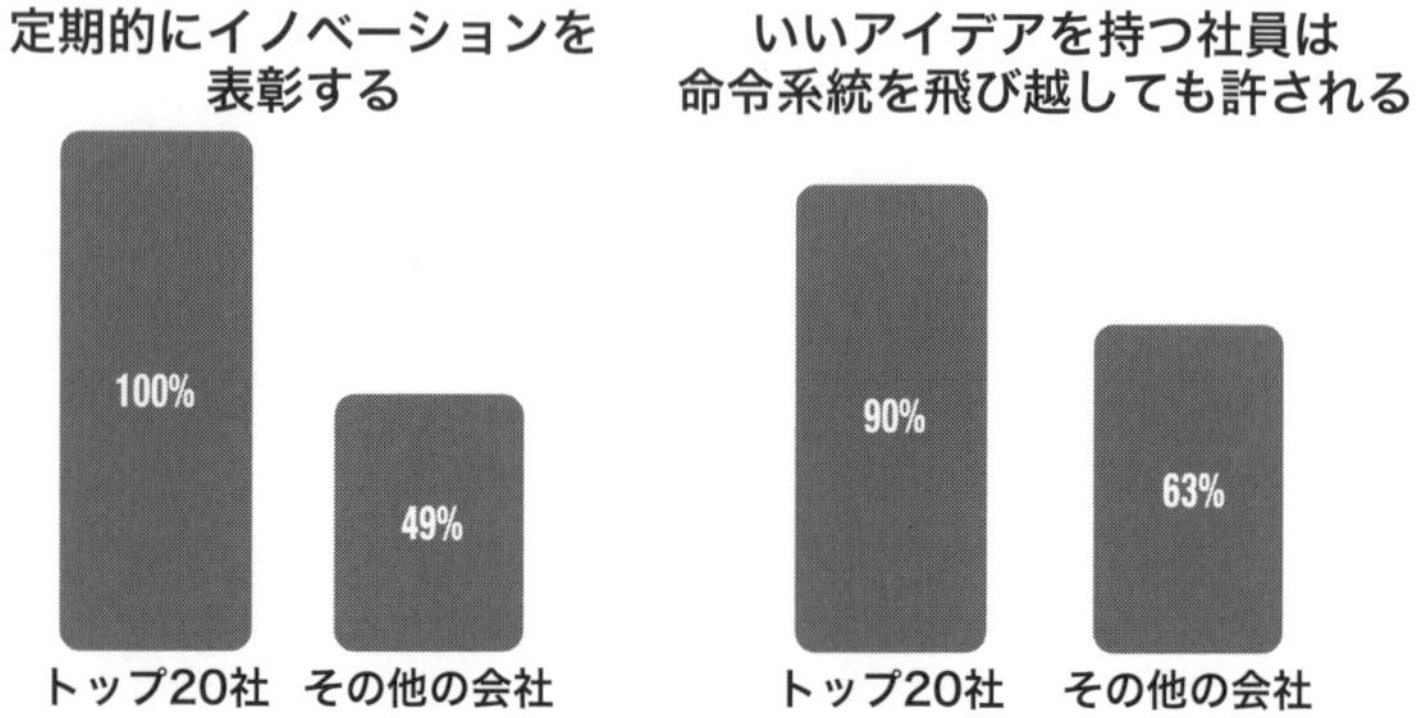

イノベーションの文化　その2

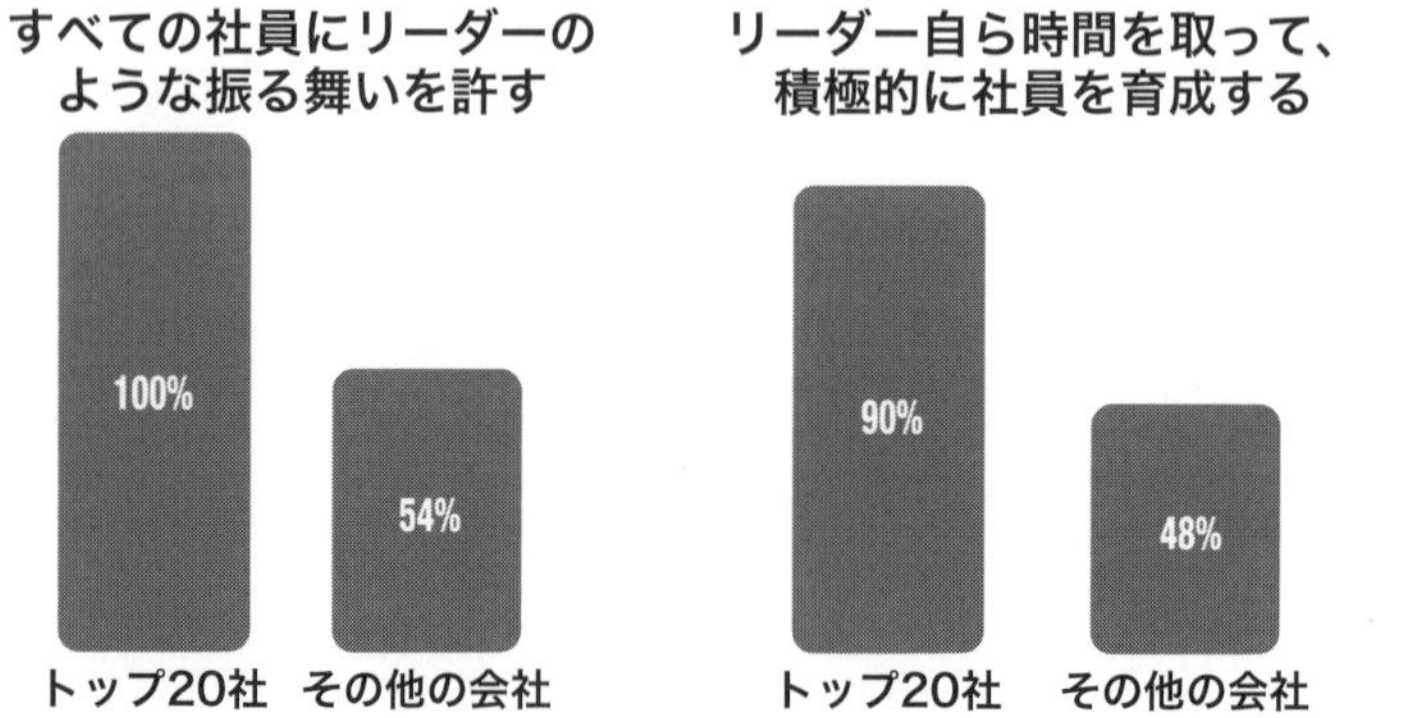

ヘイ・グループの調査では、トップ 20 社はいずれも、社員 1 人ひとりがリーダーのように振る舞うことを許されている。その他の会社で同じことができるのは 54%に留まっている。そしてトップ 20 社の 95%は問題をチャンスと見ていた。しかも、トップ 20 社の経営者の 90%は、自ら時間を取って社員の育成に積極的に取り組んでいた。その他の会社の経営者でそうしていたのは、わずか 48%だった。

トップ20社以外で、同じことが許されている会社は全体の63％に留まっていた。

「多くの企業はイノベーションを表彰している」と言うのは、ヘイ・グループでリーダーシップと人材分野を率いるリック・ラッシュだ。「リーダーシップに優れた企業は、体系的にイノベーションに取り組んでいる。小回りのきく組織を作り、協力を促し、成功を褒めたたえ、失敗から学び、組織全体でイノベーションへの情熱を高めるような文化を育んでいる」

ここから学べることは、明らかだ。**誰もが現状を打破するように励まされ、新しい発想を奨励されるような、寛容で開かれた親しみのある文化を創ることがカギになる。**

不可能を可能にできると考える人たちが受け入れられるような環境を作らなければならない。社員1人ひとりの独自の考え方を取り入れることで、はじめてチャンスが開かれる。存在さえ知らなかったチャンスに巡り合える可能性もある。そうすることで、過激なアイデアが現実のプロジェクトになるようなコミュニティが築かれ、象が鷹になる夢を見ることができる。

26 「学び」に集中して「不安」を払拭する

「私はどんな失敗からも、いつも何かを学んできた。
最初に働いた2つの会社でデザインしたプロダクトは、どれも大失敗だった。
でも今では、なぜ失敗したかわかる」

トニー・ファデル（ネスト　共同創業者）

「恐れ」を追いやるもう1つの方法は、学びに集中することだ。

あなたの部下が1年を費やし、莫大なリソースと資金を新しい製品開発に投入したにもかかわらず、それがガラクタだとわかったらどうする？　その部下に失敗ではないと伝えるにはどうしたらいい？　そのプロジェクトは日の目を見ず、会社は時間とカネを浪費し、最悪なことにみんながそれを知っている。それって、まさしく失敗じゃないのか？　控えめに言っても、成功とは言えないのでは？　貴重なカネと時間とリソースを使って、会社にはどんな得があったのか？

どんな得もない。といってもそれは、伝統的な「投資リターン」という視点から見た場合だ。ただし、目標が事業拡大ではなく学びの拡大だとしたら、失敗から得られるものは多い。プロジェクトに失敗するたび、そこに価値が生まれる。その価値とは、部下やチームがプロジェクトの過程から学ぶことの中にある。

イノベーションチームがやったことのすべてを分析し、顧客や市場や製品やプロセスについて大切な学びを社内で共有できたら、それは失敗ではなくなる。1歩前進したことになる。過去の失敗から得たデータや知見が、次の大きなブレークスルーにつながることは多い。

イノベーションチームは、自分たちが学んでいることのすべてを逐一社内に伝えなければならない。ユーザーが新しい製品の雛形を気に入っていないなら、その理由を突き止める必要がある。もし製造原価が高すぎるとしたら、何をどう変えるべきかを理解しなければならない。筋の悪いアイデアに時間とおカネをつぎ込み過ぎたら、意思決定の過程を見直し、どこで間違ったのかを突き止めなければならない。

失敗が大きいほど、学びも多い。プロジェクトの過程ではいつも、チームに学びが大切だと念を押してほしい。偉大なイノベーションは深い洞察から生まれる。突然、魔法のようにポッと現れるわけではない。どこからともなくアイデアがひらめくことはない。個々のプロジェクトの成功や失敗よりも、学習のプロセスのほうが大切だ。**イノベーションチームは学びのプロセスに集中し、その発見を社内に伝えることに力を注ぐ必要がある。**

学びを制度化するには、チームで毎週、最新の失敗を教え合い、どうしてそうなったのかをメンバーに説明するといい。そうすれば、みんなの目が失敗ではなく、知識獲得のプロセスに向くようになる。チームにいつも答えがあるとは限らないし、具体的な学びがあるとも限らない。正しい質問をするだけでいいこともある。その問いが誰かのアイデアを刺激し、あっというようなひらめきにつながるかもしれない。

学びを制度化する際には、グループとして学び、事業のあらゆる側面を問い直せるようにしてほしい。次の問いを自分たちに投げてみよう。

- このことから何を学んだか？
- これはどんなアイデアにつながるか？
- どんなデータが集まったか？
- このデータはどんなことに利用できるか？
- 外部のリソースを取り入れたほうがいいか？
- 社内で他に引き入れるべき人は誰か？
- なぜこのプロジェクトにこれほどの時間を注ぎ込んだのか？
- プロセスを変えたらどうなるか？
- 本当の価値はどこにあるか？
- この学びは他のグループにも応用できるか？
- 重要な知見をひとことで言うと、どうなるか？
- それらを社内に伝えるにはどうしたらいいか？
- このままの方向性を続けたらどうなるか？
- 全く違う方向に向かったらどうなるか？

・プロセスをどう改善できるか？
・以前に自問しなかったことは何か？

失敗にはいくつもの理由があり、社員の責任でないことも多い。失敗しようと思ってわざと失敗する人はいない。だから失敗を責めても問題は解決しない。実際、問題を悪化させるだけだ。問題を正しく認識し、正しい質問をするほうがはるかに役に立つ。では、いくつかの状況を例に、イノベーティブな企業がどう対応したかを見ていこう。

1. 決まったプロセスや慣習からはみ出すような行為を、社員がわざとした

・その社員はどうしてルールに従わなかったのか？
・その社員は、慣習から逸脱することでどんな得があると思ったのか？
・同じことを繰り返さないために、組織はどうしたらいいだろう？

救命救急病棟に関する研究によると、患者の10人に1人は医療ミスか組織的な間違いによって、死亡したり傷ついたりするという。ユタ州とアイダホ州で23の病院を運営する〈インターマウンテン・ヘルスケア〉では、医師が決まった医療プロトコル（治験実施計画書）から逸脱すると必ずそれを分析し、プロセスの改善に役立てている。逸脱がいい結果をもたらす場合もある。そのデータを集め、他の医師と共有することが、プロトコルの変更や新しいプロトコルにつながっている。新しいプロトコルを実施したところ、院内感染の肺炎による患者の死亡率

は25%も減った。

2. ある社員が標準的な手続きや慣習からたまたま逸脱した

・なぜその社員は決まったルールから逸脱したのか？
・それはよくあることか？
・同じことを繰り返さないために組織にできることがあるか？

1978年、ユナイテッド航空の飛行機が目的地に近づいた時、パイロットは車輪が出ないことに気づいた。パイロットは着陸時の衝撃を避けようと、着陸を遅らせ、原因を特定しようとした。しかし車輪の問題に気をとられすぎて、もっと大切な問題を見逃してしまう。燃料が切れそうになっていたのだ。その結果、燃料タンクは空になり、飛行機は墜落。10人が亡くなった。パイロットを責めるのは簡単だが、人的ミスは問題のほんの一部でしかなかった。責任の押し付けは問題の解決にならないと悟ったユナイテッド航空は、適切な問いを自らに投げ、同じような事故が2度と起きないようにシステム全体を見直した。

3. 仕事がきちんとできない社員がいる

・その社員は、その仕事に見合ったスキルがあるか？
・その社員は適切な訓練を受けていたか？
・社員の採用と研修をどう改善できるか？

・それは職場環境の問題か？
・それはコミュニケーションの問題か？　あるいは他の社員との協力の問題か？

その昔、インターネットが家庭に入り始めた時、ある大手通信会社が設置サービスで大きく躓いた。設置契約の75％は遂行されず、設置が遅れた件数は1万２０００件もあった。ユーザーはかんかんになり、営業担当者たちは電話対応に追われた。その会社のブランドも士気も評判も地に落ちた。なぜ、そんなことになったのだろう？　社員の教育に問題があったのか？　スキルがなかったのか？　プロセスに問題があったのか？　試験的な導入プログラムは非常にうまくいっていたのに。

しかし、試験と現実は違っていた。試験的プログラムの対象は、教育程度が高く、新しいコンピュータを持つテクノロジーに明るい消費者のグループだった。設置とサポートを行ったのは、専門のサービス業者だった。だが、現実の状況はそれとはほど遠く、導入プロセスはぼろぼろに壊れてしまった。通信会社が根っこにある原因を正しく探し当ててはじめて、問題に対応することが可能になった。その会社は、その過程で価値ある教訓を学んだ。試験的なプログラムは、理想的な環境ではなく現実的な環境で行わなければならない。そうでなければ、データに意味がなくなる。

4．優秀な社員があらかじめ決まったプロセスに従い、失敗した

・そのプロセスに間違いがあったのか？

・そのプロセスが不完全だったのか？
・どうしたらプロセスを改善できるか？

アニメーション制作会社の〈ピクサー〉では、このような問題が起きると必ず、どんな役職や地位の社員でもプロセスを疑い、変更の提案をする裁量を与えられている。追加の支援を求めることもできるし、新しいツールを開発したり、要件を更新したりすることもできる。プロセスの改善に役立ち、最終的に優れた結果を出すことにつながる提案なら、大きなことでも小さなことでも歓迎される。

5．仕事が難しすぎて、最後まできちんとやり切ることができない

・なぜ、その仕事はそれほど難しいのか？
・その仕事をやり抜くために、その社員に欠けているスキルは何か？
・その仕事をいくつかのパートに分解すれば、そこまで難しくなくなるか？
・その仕事は第三者に外注すべきか？

僕が、ある上場企業のモバイルゲーム部門の運営に手を貸していた時、アプリの品質管理試験のプロセスは複雑でややこしかった。実験する機種もソフトの要素も多すぎて、1人の品質管理者がきちんと最後まで終わらせることができなかった。そこで、僕のチームが考えた解決策は、品質管理の仕事をいくつかに分解し、それぞれの部分を異なるメンバーに任せるというものだった。すると、仕事が早くなり、ミスも少なくなった。

6. 優秀な社員にさえ、プロセスが複雑すぎる

- そのプロセスを、もっと管理しやすいように単純化できるか？
- そのプロセスのうち必要ないのはどの部分か？
- 間違いが起きないようにプロセスを設計し直すことはできるか？
- プロセスのどの部分が問題の原因になりやすいか？

僕たちの会社では、数多くのイベントを実施している。イベントが単純な場合はいいが、大規模で複雑なイベントになると、1人ではすべてを把握できなくて当たり前だ。だから、プロセスをいくつかに分解し、イベントのすべての面について細かいチェックリストを作り、滞りなく期限までに全部が整うようにプロセスを築いている。プロジェクターが壊れていたり、ビールが生ぬるいと、イベントが台無しになる。

7. 先が見えないことで、判断が鈍り、結果がふるわない

- 先の見えない原因は何か？
- その不透明さを減らしたり、取り除いたりすることはできるか？
- 先行きの見通しにつながる知見を社員に与えるにはどうしたらいいか？
- この問題の解決を助けてくれるような外部組織はあるか？

2008年の金融危機の際、シリコンバレーで最も有名なベンチャーキャピタルの1つ、セコイア・キャピタルが作ったプレゼンテーションが話題になった。そこには、「いい時代よ、

さようなら」と書かれていた。このプレゼンテーションは、投資先の経営者に向けたもので、人員削減や経費削減を進め、最悪の事態に備えるべきだと訴えるものだった。この話がどこからか漏れ、シリコンバレーにあっという間に広がった。僕たちのスタートアップの社員も、先行きを心配し始めた。自分たちはクビになるのか？ オフィスを閉鎖するのか？ 今のプロジェクトを終わらせるより、職探しに専念したほうがいいのでは？

僕たちは必死に不安を拭おうとし、先行きの不透明さを取り除こうとした。状況を説明し、恐れを鎮めながら、同時に、目標を達成することが大切だと言い続けた。この問題を無視していたら、一層悪化していただろう。

8. 新しいプロダクトやサービスの仮説を検証するための実験を行ったところ、うまくいかないことがわかった

・その実験から何を学べるか？
・新しいプロダクトやサービスについて、ここから何がわかったか？
・新しいプロダクトやサービスは諦めたほうがいいか？ それとも修正したほうがいいか？
・変更によって結果が改善できるか？

2009年にモバイル個人間送金サービス〈ベンモ〉を立ち上げた創業者は、ユーザーに好きなバンド名をショートメールで送ってもらい、MP3で返すという実験をした。そこでわかったのは、これが大きなビジネスにならないということだった。自分たちの仮説が間違いだ

とわかった彼らは、厳しく自問した。このアイデアで挑戦を続けるか、捨てるか？　同じフレームワークを使って他のプロダクトを開発できるか？　そうした自問が、友達への支払いを簡単にするアプリにつながった。このアイデアはうまくいった。12年に〈ペイパル〉はベンモを買収し、それが世界で最も拡大している決済アプリとなった。四半期ごとの決済金額は20億ドルを超えている。

9．知識やデータを得るための調査目的の実験が失敗した

- なぜその実験は失敗したか？
- 新しい、よりよい実験をデザインできるか？
- 知識やデータを得る方法は他にあるか？
- この実験から何を学べるか？

医薬品会社のイーライリリーでは科学実験に失敗し、思ったような結果が得られないと、「失敗パーティー」を開いてお祝いする。それによって失敗の烙印を取り除き、「どのように知的に実験をデザインするか？」「どんな知識が得られたか？」に注意が向けられる。そうすることで、新しいプロジェクトに科学者が取り組みやすくなる。みんなパーティーが好きなので、失敗を先延ばしにしなくなる。できるだけ早めに、かつ頻繁に失敗を祝うことで、おカネもリソースも節約できる。

27 スタートアップの失敗例に学ぶ

「起業は難しく痛みを伴う。
激しいストレスに耐えられない人には、起業は勧めない」
ナバル・ラビカント（エンジェルリスト　共同創業者）

「幸福な企業はみな似ている。不幸な企業はみなそれぞれに不幸のあり方が違っている」と言ったのはレフ・トルストイ？　それともドナルド・トランプ？　誰が言ったかは関係ない。要するに、成功よりも失敗から学べることのほうが多いということだ。そして、**失敗が大々的であればあるほど、学ぶことも多い**。この章では、失敗したスタートアップの事例を挙げながら、それぞれに何が学べるかを見ていこう。

ホームジョイの失敗

〈ホームジョイ〉はシリコンバレーのお気に入りだった。一見、アイデアはなかなかそそられるものだった。自宅まわりの〈ウーバー〉だ。誰か掃除してくれる人が必要になったら？

ホームジョイがクラウドソースしてくれて、いい体験を保証し、業界より安い値段でやってくれる。彼らは、そのサービスをすべて提供し、効率的に規模を拡大できると言っていた。グローバルなお手伝い市場は4000億ドルと予測され、この若きスタートアップは、グーグルベンチャーズやペイパル創業者のマックス・レヴチンといった大御所のベンチャーキャピタル（VC）から3800万ドルをなんなく調達した。では、なぜ失敗したのだろう？　どうしてそんなことになったのだろう？

この会社のビジネスモデルを見れば、原因は明らかだ。VCから調達した資金で彼らは急速な拡大を目指し、さまざまな甘い手を使って新規ユーザーを獲得し、そのツケを後回しにしていた。19ドルで家を綺麗にしてほしい？　ホームジョイはその値段で仕事を受けていた。顧客の生涯価値が、販促費用を上回ると信じていたからだ。

綻びはすぐに見えてきた。ユーザーは長続きしなかった。品質が悪かったからだ。掃除の質は低く、ホームジョイはきちんとした審査さえ行えていなかった。ホームジョイがわかっていなかったのは、いいお手伝いさんにはいくらでも仕事があるということだ。実際、そういう人たちは引っ張りだこだったのだ。いいお手伝いさんは口コミですぐに広がり、仕事は安定していて、新規の客は取っていなかった。いいお手伝いさんがホームジョイに登録して、必死に稼いだおカネを分け合う理由などどこにもなかった。だから、登録したのは初心者かダメな人たちだった。掃除のやり方をわかっていない人たちや、質が低くて紹介を受けられないような人たちだった。ホームジョイは新規市場への拡大に忙しく、掃除の上手な人を引き寄せる方法を見つけられなかった。結局、ユーザーには不満が残った。どちらの側にも価値を与えることができなければ、両面のマーケットプレースを作ることはできない。

その間にも、ホームジョイは破竹の拡大を続けていた。ロンドン、パリ、ベルリンなど、6ヶ月で30都市に進出した。当時ホームジョイのCEOだったアドーラ・チャンは「新しい市場に参入するたびに、新しいスタートアップを立ち上げるようなものだ」と語っていた。ウーバーは世界中に拡大していた。ホームジョイだって同じことができるはずだ。しかし、ホームジョイのビジネスモデルには欠陥があった。

お手伝いさんはタクシー運転手とは違う。仕事の後、どこかに消えるわけではない。いいお手伝いさんは、何年も同じお客様の家で仕事を続ける。25%も上前をはねるホームジョイの前にひれ伏しておカネを献上したいお手伝いさんがいるだろうか？　評判のいいお手伝いさんの多くは、ホームジョイで新しいクライアントを獲得したら、退会してお客様から直接おカネを貰っていた。このプラットフォームは「穴だらけ」と呼ばれていたし、料金設定もよく練られていなかった。

元社員の話によると、1ヶ月以内のリピート率は15〜20%に留まっていたらしい。市場によっては30〜40%だったとホームジョイは言っていた。いずれにしろ、おカネはどんどんなくなっていった。客離れ、料金の徴収漏れ、低いサービス品質、急拡大の組み合わせは、致命的だった。彼らはビジネスモデルの欠陥を修正せず、莫大なカネを湯水のように使うことになった。

すべてのイノベーターはこれを教訓にしてほしい。ビジネスモデルのイノベーションを実験するのはかまわないが、帳尻が合うことを確かめよう。

チェリーの失敗

企業向けＳＮＳ〈ヤマー〉の経営陣の1人だったトラビス・バンダーザンデンはストックオプションで１００万ドル近い報酬を得られる立場にあった。その彼が、ヤマーを辞めた。手放すには惜しい大金だが、夢があればそれに向かうのが当たり前と考える人もいる。

バンダーザンデンの夢は、携帯のボタンを一度押すだけで、1時間以内に洗車をしてくれるサービスを提供することだった。彼は水なし洗車の方法を独自に発明し、どこでも洗車できる技術を開発していた。しかも、アメリカの洗車市場の規模は１９６億４０００万ドルだった。

バンダーザンデンは50万ドルを自分の懐から出し、有名ＶＣのシャスタ・ベンチャーズから４５０万ドルの資金調達に成功した。滑り出しは上々だったが、すぐに現実が訪れた。想定していなかったことが多すぎた。まず、洗車1台あたり30ドルの値段は高い。ほとんどのドライブスルーの洗車料金は10ドルもしない。しかし、自宅やオフィスに誰かを送り込むのにはおカネがかかるため、30ドルは請求しないと割が合わなかった。ガソリンスタンドにある自動洗車機なら人手はほとんどいらないのに。

次に、たいていの人はそれほど頻繁に洗車する必要はない。死ぬほどきれい好きなら毎週洗車するかもしれないが、普通の人は1ヶ月に1度かそこらで十分だ。たいてい月に1度はガソリンスタンドに寄るし、そこで洗車すれば10ドルもかからない。〈チェリー〉のアプリを取り出して洗車を予約するより、ドライブスルーのほうが楽だ。

バンダーザンデンの洗車バブルが弾けるには、それで十分だった。結局、このスタートアップは終わりになった。もし事前にユーザーともっと時間を過ごしていたら、30ドルは高すぎるとわかったはずだった!

リワイナリーの失敗

ブラジル人のジョアナ・コリアーとポール・ラーナーが立ち上げた〈リワイナリー〉は、自宅でも、ホテルでも、公園でも、今いる場所で酔っぱらえるサービスになるはずだった。ボタンを押すと、1時間以内にワインが手に入る。安いワインなら5ドルのものからあり、それなら地元のスーパーや格安店と変わらず、高級ワインでも割安な値段で手に入った。そんな素敵なスタートアップがなぜ失敗したのだろう?

おそらく、ほとんどの人はそれほど頻繁にワインを注文しないからだろう。僕自身もあまりワインを注文しないし、ワインを飲む時はだいたい試飲して気に入ったらケース買いするし、それでしばらくワインは買わなくてすむ。本当のワイン愛好家ももちろんいる。ワイン好きは自宅にたくさんワインを置いていて、切らすことはほとんどない。だから、ワイン好きにこのサービスは必要ない。ワイン愛好家はとくに好みがうるさい。値段はあまり気にしない。美味しいワインを探すことが、彼らにとっては一番の気がかりだ。

普通のワイン好きは値段を気にするし、地元の格安飲料チェーン店にはバーゲン品がたくさんある。リワイナリーの問題は、オンデマンド配送料が高いことだった。ローエンド市場に訴求すると、利益が出ない。ハイエンド顧客には、このサービスはいらない。すると、全く商売にならない。バイバイ、リワイナリー！　この象が飛ぶ日は永遠に訪れない。

アイスクリーム・アイオーの失敗

〈アイスクリーム・アイオー〉はアイスクリーム版ウーバーだ。どうして溶けてしまったのだろう？　アイデアがバカバカしかったからだ。急にどうしてもアイスクリームが食べたくなった人に、アプリのボタンひと押しでいつでもどこでもアイスクリームを届けるサービスでは、まともな利益が出ない。

現実を見ることも時には必要だ。新しいプロジェクトに飛び込む前に、そのアイデアがまともかどうかを、信頼できる人に率直に聞いてみたほうがいい。

ターンテーブル・エフエムの失敗

2010年、ビリー・チェイセンとセス・ゴールドスタインは、〈スティッキービッツ〉というモバイルアプリを立ち上げた。利用者が商品のQRコードをスキャンすれば、ご褒美がもらえるというサービスだった。このアイデアには説得力があり、2人は100万ドルを超える資金を調達し、マスコミもこれに注目した。

しかし、このアプリは軌道に乗らなかった。利用者はこのサービスなど気にかけていないようだった。そこで方向を変え、全く違うことを始めた。音楽愛にあふれる2人が立ち上げたのが〈ターンテーブル・エフエム〉だ。バーチャルなDJがかける音楽にアバターが交じって、曲を見つけるサービスだ。

ターンテーブル・エフエムは最初の3ヶ月で36万人を超えるユーザーを集め、700万ドルを調達した。ファーストラウンド・キャピタル、ポラリス・ベンチャー・パートナーズ、ローワーケース・ベンチャーズといった大手VCや、アシュトン・クッチャー（俳優）、ジミー・ファロン（司会者）、レディー・ガガ（音楽家）、カニエ・ウェスト（ミュージシャン）、トロイ・カーター（元レディー・ガガのマネジャー、投資家）、ガイ・オセアリー（マドンナやU2のマネジャー、投資家）といった有名人も資金を提供した。マスコミもこのビジネスアイデアに飛びつき、ネット音楽の「次の大きな流れ」と呼び、〈パンドラ〉を脅かすものになると言っていた。

しかし、「はじめよければ終わりよし」というわけではない。最初の盛り上がりが終わると、利用者は飽きて他のサイトに流れ出した。根本的な欠陥は、ターンテーブル・エフエムが十分な価値を提供できていないことだった。ただ新しくて珍しいというだけだった。利用者が繰り返し使いたいサービスではなかったのだ。

必需性は低く、仮想空間でアバターとおしゃべりする習慣は定着しなかった。よく練られたゲームや映画ほど夢中にさせてくれなかった。それに、仮想空間で音楽を聞くことに違和感を覚える人はまだ多い。ほとんどの人にとって、音楽は何となく流れているものだ。運転中や運動中や仕事中に聴くものだ。長い時間を費やして音楽そのものについて議論したり、参加したりはしない。

しかし、ターンテーブル・エフエムの体験はあまり一般的でない行為で、しかも利用者が全力で注意を傾けていなければならなかった。「数週間もやっていると、燃え尽きてしまった」とチェイセンは認めている。「時間がかかるんだ。ゲームみたいなもので、仕事中にできるものじゃない」

習慣デザインを研究するニール・エヤールは、ユーザーがプロダクトに便益を感じ、頻繁にそれと関わる時、習慣が形成されると言っている。〈スポティファイ〉とパンドラは、ユーザーがどこからでも膨大な楽曲に簡単にアクセスできるから、習慣になった。一方、ターンテーブル・エフエムはそれほど便利でもなく、娯楽としての価値も低かった。

つまり、レディー・ガガやクリス・サッカ（著名ベンチャーキャピタリスト）に気に入られたとしても、何かを掘り当てたとは言えないということだ。ユーザーが繰り返し戻って来てくれなければ、愛もおカネも初期の成功も、助けにはならない。珍しい商品やサービスは最初の数ヶ月は盛り上がるが、利用者に長期的な価値を提供し続けられなければ、盛り上がりはすぐに消える。象が飛んだとしても、空中に留まるのは難しい。

セラノスの失敗

そうしたくなるのはわかるが、テクノロジーが実際に使えるようになる前に、成功したと宣言してはいけない。〈セラノス〉の未熟な創業者はそれをやってしまった。スタンフォードの学生だった創業者は19歳で起業した。たった一滴の血液で痛みもなく安価に検査をする会社を興したのだ。

シリコンバレーの一流ＶＣの多くが彼女の物語に心を奪われ、その未熟なスタートアップの価値を90億ドルにまで押し上げた。ところがセラノスは検査を外部業者に委託し、結果はとても優れているとは言えなかった。

残念ながら、薬局チェーンのウォルグリーンもセラノス独自の〈エジソン〉という検査技術を裏付けられなかったと報告していた。アリゾナとカリフォルニアの41ヶ所のウェルネスセンターにこの技術が配置される前に、それはわかっていた。

しかし、人々がそのことに気づき始めたのは、食品医薬品局がセラノスを捜索し、この技術が「未認可の医療機器」だと発表してからだ。訴訟が起き、刑事罰の可能性が迫り、株主にも創業者にも最悪な状況になった。方向転換は犯罪ではない。とくにシリコンバレーではそうだ。しかし、投資家と一般人にウソをつくのは犯罪だ。それで刑務所に入ることもあるし、少なくとも評判は傷つく。テクノロジーが約束を果たせないなら、その事実を受け止め、発売を延期し、他の選択肢を探すべきだ。セラノスの真似をしてはならない。

E租宝の失敗

中国ではP2Pレンディング（個人間のおカネの貸し借り）のスタートアップで最悪の事件が起きていた。フィンテック界の寵児だった〈E租宝〉が、76億ドルにものぼる詐欺を行っていたのだ。100人近くの投資家にウソの投資商品を売りつけ、贈り物や給料に派手にカネをつぎ込み、証拠を湮滅《いんめつ》していた。

この事件で21人が逮捕され、新しい法規制が課された。この事件の教訓は、どれほど気持ちが動いても真実を曲げてはいけないということだ。商品は創造してもいいが、カネ勘定を勝手に創造してはいけない。未来のビジョンを現実に根付かせ、うまくいかなければすぐに止めて、そのことを明らかにするべきだ。それが正しい行動だし、賢い行動でもある。

クァーキーの失敗

オンラインのモノ作りコミュニティだった〈クァーキー〉もまた、失敗例の1つだが、このスタートアップは僕にとって大切で身近なものでもある。最初にこの面白い会社のことを耳にした時、僕はそのアイデアに惚れ込んだ。僕自身が思いつきそうなアイデアだった。それは、個人の発明家に力を与え、新しいアイデアを生み出し、力を合わせて彼らの発明を市場に出すプラットフォームだった。しかも、誰でも参加でき、力を貸すこともでき、最高のアイデアに投票できる。一方でクァーキーは、製造やマーケティングといった力仕事を行い、参加者にロイヤリティを支払うことになっていた。

クァーキーは、世界中の発明家や趣味人の間で人気の的になった。VCもクァーキーに熱をあげ、1億8500万ドルもの資金を投資した。投資家には大物がずらりと顔を揃えた。マスコミも群がった。創業者のベン・コーフマンは深夜の人気トークショーや、サンダンス映画祭や、アメリカ中のテクノロジー誌とビジネス雑誌に顔を出した。

発明家もどきの人たちから、怒涛のようにアイデアが寄せられた。「犬用の自動水飲み器」「かわいい飾りのついたマフィン型押し器」「家計管理アプリ」……。参加者は一番いいアイデアに投票し、クァーキーは特許から広告、販売までを行った。初期には単純だが天才的な発明を生み出し、成功を収めた。例えば、Arosの〈スマートエアコン〉、PIVOTの〈折り曲げ可能な電源タップ〉、Nimbusの〈スマート目覚まし時計〉、Cordiesの〈ケーブル分離ホルダー〉などだ。

クァーキーはわずか6年間で400を超える商品を世に出した。資金力と人脈を持つクァーキーは、国内の大手小売店に商品を置いてもらい、オンラインでも販売した。これだけ多くの商品を生み出し、あらゆるリソースを備えたクァーキーがどうして立ちゆかなくなったのか？

理由は単純だった。あまりに多くのことに手を付けすぎたのだ。大成功している会社を見ると、とりわけスタートアップの間は、狭い範囲に集中している。アップルが再生した時は、商品の数を絞っていた。まず〈ｉＰｏｄ〉から始め、それが成功してから〈ｉＰｈｏｎｅ〉を発売した。ゴープロの場合は、ウェアラブルカメラ〈ＨＥＲＯ〉しかなかった。ネストはサーモスタットだけに的を絞っていた。フィットビットはアクティビティ記録デバイスに力を入れた。クァーキーは数多くのプロダクトを発売することに忙しく、１つの商品を本当に大ヒットさせることができなかった。Ａｒｏｓのスマートエアコンは大ヒットの可能性があったのに、バグを取り除いて洗練させることに全力を注いでいなかった。ブレークスルーとなる商品の開発には、何度もの試行錯誤と隅々への注意が必要だ。

また、クァーキーの商品の多くはもともとホームランを狙ったものではなかった。手堅い一塁打か二塁打を狙ったものが多かった。〈フック付きラバーバンド〉はいいアイデアだが、次のユニコーンビジネスにはならない。

成功するスタートアップは１つの大きなビジネスチャンスに的を絞る。小さなチャンスにあれこれと気を散らさない。小さな成功の積み上げが大きな成功につながることはめったにないが、小さなプロジェクトはそれぞれが多くの時間とリソースを吸い上げる。クァーキーは運転資金を垂れ流しながらも大ヒット商品を生み出せず、増大する費用を穴埋めできなかった。たくさんの商品を加えても、助けにならなかった。実際には、それが傷口を広げていた。この戦略的なミスが雪だるまのように積み重なり、生まれたばかりのクァーキーを殺してしまった。

言い換えると、象の数を増やしても、成功するとは限らないということだ。1頭を選んで、その象が飛ぶために必要なことをすべて確実にやるほうがいい。巨大で重くて面倒なものを地面から持ち上げるには、集中が必要なのだ。

ユーザラクティブの失敗

この節の締めくくりに、僕の身近なもう1つの例を紹介したい。

連続起業家で、ファウンダーズ・スペース社でも一番個性的なインストラクターを務めてくれているスコット・グレイは、高い代償を支払って数々の失敗からスタートアップの教訓を学んできた。中でも一番苦い失敗を経験したのは、最初のスタートアップを立ち上げた時だ。

当時、スコットはイリノイ大学アーバナ・シャンペーン校の学生だった。この大学は教育向けのテクノロジーとインターネットの分野を切り開いてきた歴史がある。コンピュータを使った教育の世界的な先駆けである〈プラトー〉や、インターネット経由でサーバーを制御する〈テルネット〉も、世界初のウェブブラウザである〈モザイク〉も、ここから生まれた。

〈ユーザラクティブ〉は、大学の微積分および数式処理分野の教員プロジェクトから派生したものだった。スコットと妻のトリシアは、学生がウェブブラウザを通してコンピュータプログラムを書けるようなシステムを設計構築した。また、オンラインのプログラミング講座を開き、独自の学習管理システムを開発した。

別会社となったユーザラクティブは利益を出し、安定的に成長し始めた。スコットが致命的なミスを犯したのは、この時点だった。ライバル会社が莫大な資金を受け、事業拡大を狙っていることにスコットは気づいた。自分たちが勝てないのではないかと心配したスコットは、ＶＣに資金を求めた。すぐに、地元のＶＣが手堅い提案を持ってきた。ただし、経験豊富なＣＥＯを据える権利をそのＶＣが持つという条件だった。

スコットたち創業者にとって、それは理にかなった条件に思えた。創業メンバーには事業拡大の経験者がいなかったからだ。しかし、ハネムーン期間は長くは続かなかった。スコットによると、そのＣＥＯは時間のほとんどを売上予測に費やすばかりで、実際の販売には役立たなかった。しかも、スタッフの数は4倍に増えた。

運転資金が急速に減っていくにつれて、緊張が高まった。最悪なことに、アクセンチュアとの２００万ドルの案件が成立するというその時、例のＣＥＯがポカをやらかし、その案件は流れた。売上が費用に追いつかず、再びＶＣに資金を求めるはめになった。スコットはＣＥＯを解雇してほしいと投資家に訴えたが、要求は通らなかった。

残された道は、投資を断り、ＣＥＯを追い出すことしかなかった。創業メンバーにはその権利があり、スコットと妻はそれが最善の策だと強く感じた。しかし、その道を選べば社員の４分の３を解雇しなければならない。他の創業メンバーにその度胸はなかった。結局、彼らはＶＣから資金を受け取り、ＣＥＯを据え置いた。

１年後、追加の投資資金も使い果たして、また同じ場所に戻ってしまった。今回は、スコットもじっとしていられなかった。それまでに、スコットは教育出版とオンラインコースで大手の〈オライリー・メディア〉と特別な関係を築いていた。そこで、オライリーを説得し、ユーザラクティブを買収してもらうことにした。ただし条件が1つあった。CEOをクビにすることだ。VCは否応なしに、この条件に同意させられた。こうして、スコットはユーザラクティブを自分の手に取り戻した。

とはいえ、それも計画どおりにはいかなかった。ユーザラクティブの顧問弁護士はCEOの親友で、スコットの足を引っ張り続けた。最終的に買収はまとまり、やっとすべてが上向いてきた。スコットとチームは、夢を諦めずに済んだ。ユーザラクティブはオライリー・メディアの一部になり、明るい未来が見えた。ただし、1つだけ問題があった。買収がまとまるまでの6ヶ月間にオライリー自体の組織再編があり、買収されたユーザラクティブは予算を与えられず自立を余儀なくされた。だが、それはまた別の話だ。

この教訓は、チームが壊れていたら、どれほどイノベーティブでも関係ないということだ。投資を受けることは結婚するようなものだ。配偶者と添い遂げられるか、よく考えてからにしたほうがいい。楽に離婚させてはもらえない。

28 組織内イノベーションを進める8つのルール

「それなりにいい計画を荒っぽくでも今実行するほうが、完璧な計画を来週実行するよりいい」

ジョージ・パットン（アメリカ陸軍大将）

組織内のイノベーションチームは、いつか必ず壁に突き当たる。避けて通れない障害に必ず出合う。

マーケティング部門から、「助けたいけど、今ちょうどすごく大切な広告キャンペーンの最中なんだ。後で出直してほしい」と言われるかもしれない。で、実際に出直してみると、マーケティング部門は助けの手を差し延べてくれず、足を引っ張るかもしれない。そこで、イノベーションチームは立ち往生してしまう。先に進めなくなる。そんな時どうするか？

できることはいくつもある。マーケティング部門から何人か引き抜いて、イノベーションチームに入れてもいい。外部のコンサルタントかマーケティング会社を雇ってもいい。しかし、そんなことをすると社内のマーケティング部門を怒らせてしまうかもしれない。マーケティング担当者は企業ブランドを外部業者に汚されたくないと思うかもしれない。マーケティング部門がこのプロセスの舵を取りたがる可能性もある。

しかし、彼らがイノベーションチームに十分なリソースを与えるつもりがないなら、舵を取らせるわけにはいかない。それは簡単ではないし、ゴタゴタするのは見えている。社内政治が関わってくるのは間違いない。管理職は、自分の縄張りが荒らされ、権力が弱まることをいやがる。


僕も、以前働いていた大企業で社内政治が介入するのを見てきた。マーケティング部門は企業ブランドを守ることに固執し、マスコミとのやりとりをすべて支配したがった。でも、僕たちのグループは素早く動きたかった。

僕たちはサテライトオフィスでゲームとメディアのモバイルアプリを開発していた。競争は厳しく、環境は刻々と変わっていたので、一刻も早くプロダクトを世に出して、大々的に売り出す必要があった。ライバルたちもみんなそうしていた。そのためにはマーケティングの支援が欠かせなかった。だから当然、彼らとの間で軋轢が生まれた。

もちろん、マーケティング部門の言い分にも理はあった。僕たちは無鉄砲だった。メンバーはみんなスタートアップ出身で、自分勝手な仕事運びに慣れていた。経営陣は、僕たちがCEOの計画をマスコミに漏らすのではないかと心配していた。上場会社だったので、法的な問題も考えなければならなかった。僕たちの発言が株主訴訟の原因になるかもしれなかった。マーケティングと広報部門が発言を厳しく取り締まるには、それなりの理由があった。

本社が僕たちの手綱をしっかり握っていたいと思うのは当然だが、僕たちはやりにくかった。アプリ名から宣伝素材、企業ロゴの利用からプレスリリース１枚１枚、またマスコミへの発言にいたるまで、すべてに会社の承認が必要だった。制約が多すぎては、どんどん追いかけてくる無数のスタートアップと対等にやりあえない。そんな環境では、リスクをとってイノベーティブな商品を開発できない。

そんな場所で、モバイル領域の限界を押し広げることができるだろうか？　僕たちは足かせと鉄球を付けられて100メートル走を走らされているように感じた。

結局、僕たちが開発していた一番イノベーティブなプロジェクトの〝ソーシャルなお見合いアプリ〟は発売できなかった。会社側はアプリ名を気に入らなかった。色っぽすぎると言うのだ。そのアプリは〈ティンダー〉と似ていたが、当時はまだスマホがなかった。折りたたみ式携帯の時代だった。でも、成功するかどうかはわからなかったが、試してみる価値はあった。そこから学ぶことは多かったはずだし、もし発売されていたら、次の斬新なプロダクトにつながっていただろう。

社内政治のせいで、僕と数名の中心的な開発者は、その会社を辞めて起業した。その会社はイノベーティブなプロジェクトを失ったばかりか、やる気満々の社員を手放すことになった。

どうしたら、そんな間違いを犯さずにすむだろう？

まずは、イノベーションチームが特殊であることを、社内のすべての部門とすべての社員にきちんと知らせる必要がある。**イノベーションチームには他の部署と同じルールは当てはまらない**。もし助けてくれない部署があれば、よそに助けを求めてもいい。外部の人材を雇ってもいいし、外部企業に参加してもらってもいい。ライバル会社と協力してもいい。要するに、必要なことは何でも許すべきだ。

イノベーションチームは独立したスタートアップのように扱われなければならない。明日、コンピュータが必要なら、面倒な購買手続きを踏まなくてすむようにしてほしい。クレジットカードを使ってオンラインで買えるようにするべきだ。翌月までにプロトタイプが必要なら、デザインエンジニアリングの部署を飛び越えられるようにしてほしい。その会社の工場が少量生産ができないならば、期限内に最安値でプロダクトを製造できる誰かを雇えるようにするべきだ。

守るべき8つのルール

組織内イノベーションの道を開くことを助ける8つの簡単なルールをここに挙げておく。これまで紹介した考え方やアイデアも、この中に含まれている。

1. イノベーションを最優先する

この使命に緊迫感を持たせて、イノベーションの重要性を社員全員に認識させ、イノベーションの列車に飛び乗るか、そうでなければチームの邪魔をしないように、社内に周知させよう。

2. 協力体制を敷く

既存事業部門の管理職とイノベーターの協力体制を築こう。イノベーターを仕切りに囲い込むと、全社にその恩恵が行きわたらない。すべての人がここに参加する必要がある。それには、カギになる参加者全員にオーナーシップと見返りを分け合う必要がある。

3. ビジョンを掲げる

未来へのビジョンがなければ、チームの支えになるものがなくなってしまう。そのビジョンは、はっきりとして説得力があるものでなければならない。ビジョンを土台に使命を築き、必要なプロジェクトを立ち上げたほうがいい。

4. 志願者を募る

タダで働いてくれる人の成果には目を見張るものがある。ボランティアが、コアメンバーと同じくらいプロジェクトに貢献することもある。優れた志願者は社内にいる。彼らがプロジェクトに志願するのは、そのビジョンと使命を信じるからだ。彼らはそれが会社の未来だと信じ、その実現に貢献したいと思っている。彼らに協力する手段を与え、イノベーターが障害を乗り越える助けになってもらったり、追加のリソースを探したり、問題解決の手助けをしてもらうといい。

5．新しい道を開く

大企業に、厳格な手続きとはっきりした命令系統があるのには理由がある。コア事業の業績を最大限に拡大するのが彼らの務めで、どうなるかもわからない小さなプロジェクトのために莫大な売上を犠牲にすることはできない。だから、彼らはいつも確立されたプロセスにイノベーションチームを従わせようとする。それでも、イノベーターに裁量を与え、目標を達成するための別の道を見つけさせる必要がある。企業の掟に押しつぶされないよう、新しい脇道を切り開き、近道を見つけ、禁じられた領域を横切る権限を、彼らに与えなければならない。

6．現実的な目標を定める

イノベーションは長く、あてどなく、苦しい旅だ。それを成功させるには、道標《みちしるべ》となるような小さな目標を設定して進歩を測り、チームで学びを共有しなければならない。チームに短距離走を走らせ、仮説を検証してほしい。1つひとつの短距離走の後、カギになる社内の参加者と、発見を共有することが必要だ。成功も失敗も組織全体の学習機会として捉え、賞賛しなければならない。

7. 最後まで諦めない

最初は勢いのあったプロジェクトも、数ヶ月もすると主な支援者が日常業務に戻り、プロジェクトに勢いがなくなる。イノベーターたちの熱意は冷めていなくても、経営陣の支えがなければ、チームは脇に置かれて忘れられたり、既存のプロジェクトに引き戻されたりする。そうさせてはならない。CEO以下の全員に、旅の最後まで参加してもらわなければならない。

8. 変化をありがたがる

ここまでに挙げたことが実現されるには、企業が劇的に変わらなければならない。象を空に飛ばすには、長く続いた伝統を覆し、確立された手続きを書き直さなければならないし、その途中でたくさんの人を怒らせることになる。しかし、それがイノベーションの本質だ。

社内起業に取り組む企業

この8ヶ条の原則を実行しようとしている大企業は多い。

1万人を超える社員と年間売上95億ドルを誇るマスターカードは、「マスターカードラボ」を立ち上げた。ここから、〈ショップ・ディス！〉のようなスタートアップが生まれた。これは、デジタル雑誌のページから直接商品を注文できるプラットフォームだ。9人のチームで始まり、早いうちに失敗することを奨励された。

「普通のスタートアップみたいな感じでした」と言うのは、新卒でマスターカードに入社した25歳のフィリップ・ホノビッチだ。ショップ・ディス！は、小売と決済の未来に向けてマスターカードが立ち上げた十数社のマイクロ企業の1つだ。

また、マスターカードはワールプールと組んで、セルフサービスのコインランドリーで自分の洗濯物を遠隔監視し自動的に料金を決済するスマートフォンアプリを開発した。これまでのように、洗濯が終わるまで待っていなくてもいい。普通なら、このような新しいプロジェクトの承認を得るだけでも数週間はかかる。しかし、その障害を取り除くことで、このアプリが生み出され、1週間もしないうちに承認された。

社内起業の試みは、マスターカードラボだけで終わらなかった。マスターカードは全社的な起業コンテストを開いて、勝利チームに25万ドルを与え、この取り組みを強化した。マスターカードのイノベーション責任者、ゲイリー・リオンズは「おカネだけではありません。何か面白いことをしたいという気持ちや、ブランドの信頼度とネットワークを活用したいという気持ちが、モチベーションなんです。社内とはいえ、自営業のようなものですからね」と言う。

こうした取り組みを行っているのは、マスターカードやワールプールだけではない。アメリカン・エキスプレス、コカ・コーラ、ゼネラル・エレクトリック、メットライフ、モンデリーズ・インターナショナル、タイコ、IBM、シスコシステムズといった企業は皆、製品開発の障害を取り除き、社内起業家にチャンスを与えている。昔の試みとは違い、独立した別組織を作ろうとしているわけではない。彼らの目的は全社に起業家精神を吹き込み、20代の社員を鼓舞するだけでなく、働き盛りの管理職や古参の社員にも刺激を与えることだ。

例えば、ゼネラル・エレクトリックは５００を超える社員発案プロジェクトに投資し、90日という短い期間でプロダクトを開発させている。プロジェクトが失敗すると、担当者はその経験から学び、再起動する。

ゼネラル・エレクトリックで研究リーダーを務めるジョアンナ・ウェリントンも、そんなプロジェクトを立ち上げたことがある。彼女は、天然ガスを電気に転換できる固形酸化物燃料電池の製品化を目指した。「スタートアップと同じくらいのスピードがありました。長期的にはかなりの利益のかさ上げになる可能性がありました」とウェリントンは言う。

ゼネラル・エレクトリックアプライアンスのＣＥＯ、チップ・ブランケンシップは社内のチームにはっぱをかけた。「消費者から見たすべての面を変えてほしい。だが予算は少ない。チームは小規模だ。３ヶ月以内に試作品を見せてほしい。11ヶ月か12ヶ月以内には、完成品がほしい」

巨大企業の中で、リーン・スタートアップのように動くことが目標だった。これまでのところ、結果は上々だ。製品開発費は50％下がり、チームのスピードは2倍になり、売上も2倍になった。ゼネラル・エレクトリックは管理職研修のため５０００人のコーチを雇い、リスクを取り、失敗を喜び、スタートアップのように考える方法を教えた。経営的な立場の人材を社内スタートアップに送り込み、その仕事ぶりを見せた。

タイコもまた、社員教育を一番の優先課題にした。有名な起業家やベンチャーキャピタリストを招き、社内チーム向けに講演を行ってもらっている。

コカ・コーラは外部起業家と手を組んで、新製品やサービスを開発している。そのうちの1社がウォノロだ。〈ウォノロ〉はコカ・コーラ製品を必要に応じて店舗に補充するアルバイト向けの、〈ウーバー〉のようなプラットフォームだ。コカ・コーラでイノベーション部門のバイス・プレジデントを務めるデイビッド・バトラーは「すべての大企業が採用できるような、新しい働き方のプラットフォームだ」と言っている。

大企業が優秀な人材を採用して引き留めたければ、組織を変える必要がある。ミレニアル世代の大多数は、スタートアップで働きたいと答える。彼らは自由と挑戦と責任を心から求め、新しいことを始めて何かをゼロから築き上げたいと思っている。

マスターカードは勝負をかけて、ミレニアル世代をものすごい勢いで採用している。2010年には全社員の1割しかいなかった若年層が、今は38％を占めている。

大企業が不利なのは、株式を与えられないことだ。社内起業では億万長者になれない。そこで、例えばシスコシステムズでは「スピンイン」方式を実験している。最高のアイデアに対してベンチャーキャピタル（VC）のように資金を与え、独立させる。ただし、ひねりがある。社員には将来その株を買い戻す権利がある。こうすれば社内起業を本当の起業にできるし、本物のスタートアップのような自由と構造が与えられる。ただし、ここに参加できない社員の嫉妬をかき立てるリスクはある。

悲観論はイノベーションを殺す

ここで気をつけてほしいことがある。伝統的な大企業の中で新卒社員を自由に走り回らせ、独立したスタートアップのように活躍させるという考え方は、紙の上では魅力的に見える。しかし、誰かが現状を変えようとすると必ず、後ろ向きな感情がどこからか湧き出てくる。とくに、生意気な20代のMBAが昔ながらの組織を変えようとすれば、否定的な意見が出る。だから注意してほしい。変化を嫌い、嫉妬の炎を燃やすのは、たいてい上層部なのだ。

人は誰しも縄張り意識を持ち、自分の縄張りを支配したがる。外部から誰かがやって来て、とくに若い人が来て変化を起こし、何かを要求し、注意深く設定した計画を混ぜ返されて嬉しい人はいない。だが、それがまさにイノベーションチームの仕事だし、スタートアップのやることだ。

どんな組織でも変化への抵抗は根強い。だから組織が硬直化する。

新しい大規模な戦略的プロジェクトの7割は目標に達することができないことは、調査でも示されている。中でもイノベーションのプロジェクトは最も敬遠される。劇的な変化が必要になるからだ。可能性が半分あったとしても、社内の反対派が介入して侵略者を排除する。まるで、伝染病が拡大する前に止めたがるようなものだ。

それを防止する方法はたくさんあるし、ここで細かく説明していくが、まずは基本的なものから始めよう。

まず、後ろ向きなものの見方だ。人が変化をどう捉えるか、から考える必要がある。変化は前向きにも後ろ向きにも受け止められる。コップに水が半分も入っていると見るか、半分空っぽと見るかの違いだ。半分空っぽと見る人が組織にいてはならない。**悲観論はイノベーションを殺す**し、そのような姿勢を許してはならないことを社内に周知させてほしい。

何より、後ろ向きな態度はイノベーションチームから活気を吸い取ってしまう。進歩を阻害するような表現を慎み、話し方に気をつけるよう、全社で努力しなければならない。ここに、禁句を挙げておく。もちろん、これ以外にもまだまだＮＧ表現はある。

- 不可能
- 無理
- バカバカしいアイデア
- 手いっぱい

- 時間がない
- 企業方針に反する
- 冗談でしょう
- ありえない
- 予算がない
- ルール違反
- それじゃない
- 承認されない
- 雲をつかむような話
- それはこっちの仕事じゃない
- 利益が出ない
- そういうやり方は許されない

歴史を振り返れば、悲観論者の例で溢れている。彼らの多くは優秀だが、未来を見通せていなかった。過去の経験や常識があだとなり、新しい情報や可能性が見えなくなってしまう。自分では賢いつもりでも、未来を見通せると過信してはならない。ここに挙げる天才たちでさえ次の津波を見逃してしまうとすれば、凡人はなおさらだ。

- **トーマス・エジソン**は「蓄音機は商業的価値が全くない」と言っていた。
- ノーベル物理学賞を取った**ロバート・ミリカン**は「人間が原子力を利用する日は来ない」と言った。
- ウェスタンユニオン社長の**ウィリアム・オートン**は「この『電話』とやらは、あまりにも欠陥が多すぎて、まともな通信手段にはなり得ない」と言った。
- ワーナー・ブラザースの創立者、**ハリー・ワーナー**は、「俳優の声を聞きたい人間がどこにいる？」と言っていた。
- 20世紀フォックスの共同創業者、**ダリル・ザナック**は、「テレビは最初の半年を過ぎれば誰も見向きもしなくなるだろう。ベニア板の箱を毎晩見ていたら、すぐに飽きるはずだ」と言った。
- ＩＢＭ会長の**トーマス・ワトソン**は「コンピュータの需要は世界中で5台くらい」と語った。
- ＤＥＣ社長の**ケン・オルセン**は「家庭にコンピュータを置く理由はどこにもない」と言った。
- イーサネットの共同発明者、**ロバート・メトカーフ**は、「インターネットは超新星のように光輝き、１９９６年には大々的に崩壊するだろう」と言った。
- コンピュータオタクの作家、**クリフォード・ストール**は、「オンラインデータベースが新聞に取って替わることはなく、ＣＤ－ＲＯＭが優秀な教師に取って替わることもなく、コンピュータ・ネットワークが政府の機能を変えることは永遠にない」と言った。

・マイクロソフトのCEO、**スティーブ・バルマー**は、「〈iPhone〉が大きな市場シェアを奪う可能性はゼロだ」と言った。

・ユーチューブの共同創業者、**スティーブ・チェン**は、自分の会社の先行きを心配して、「見たい動画がそれほど多いわけじゃない」と言った。

頭のいい人たちがイノベーターの道を塞がないようにするにはどうしたらいいだろう？まず、頭のいい人たちの言い分を聞こう。バイアスは誰にでもある。それが人間というものだ。しかも、賢ければ賢いほど、自分が正しくて相手が間違っていると信じ込んでしまう。頭のいい人たちはいつも周りが見えているとは限らない。

悲観論者と戦うには、前向きな考え方の人がイノベーションチームを率いるしかない。前向きな人のほうが後ろ向きな人よりはるかに成功の可能性が高いことは、研究でも明らかだ。前向きな人は挑戦に立ち向かう。不利な状況の中でこそ一層、勝ちたくなる。

まことしやかなウソ「イノベーションは計画できる」

人生は偶然の連続だし、計画を捨てて新しいものを探し始めた時に、イノベーションは起きる。イノベーションを計画することはできない。イノベーションの本質とは、未知の何かを発見することだ。何を探しているのかを自分でわかっていないことも多い。

偉大なイノベーションの大半は、偶然から生まれた。イノベーションは探索の過程で起きる。それがいつか、どのくらいの時間がかかるか、どんなリソースが必要かはわからない。わかっているのは、仮説を検証し、調整し、変更し、再び検証して、最終的にどれがうまくいくのかを見つけるまでそれを続けるということだけだ。

企業自体の大変革が必要

イノベーションチームが、成熟事業と同じ基準で評価されることも多い。彼らは次のような質問を浴びせられることになる……。

- なぜ遅れたのか?
- なぜ予算をオーバーしているのか?
- いつ利益が出るのか?
- なぜそのリソースが必要なのか?
- なぜ他の部署と同じようにできないのか?
- どの手順に従っているのか?

既存事業なら、こうした質問は理にかなっている。しかし、まだ検証されていない新しいビジネスには、何の意味もない。イノベーションとは実験であり、これまでとは違う基準や質問が求められる。その進歩は、仮説を検証するための効果的な実験を行う能力によって評価されるべきだ。**イノベーションチームに合った組織創造や独自の評価過程を設置しなければ、失敗は避けられない**。道がはじめから塞がっているようなものだ。

法務部が障害になることもある。プロジェクトを殺してしまうこともある。イノベーションチームが市場にプロダクトを出す可能性まで、社内弁護士が潰してしまう場合もある。CEOでさえ、法律顧問の意見にはなかなか逆らえない。法務部が何ヶ月も案件を棚上げにすることもある。大量生産品なら大問題になることでも、実験的なプロジェクトではどうでもいいような条件について交渉していることもある。

スタートアップにとって、数ヶ月は数年に等しい。製造物責任、免責事項、商標、特許、法的制約、規制、その他にもさまざまな問題があるのは確かだが、ほとんどはどうでもいいものだ。スタートアップはリスクと共に生きている。中でも最大のリスクは時間切れと資金切れだ。訴えられることではない。少なくとも、これから起業するという時は違う。

もし典型的な社内弁護士が関わっていたら、ユーチューブもファンデュエルもエアビーアンドビーもこの世に生まれていなかっただろう。法的な問題が多すぎるからだ。しかし、**法の境目こそ、肥沃なイノベーションの土壌になる**。スタートアップのチームがこの領域に足を踏み出すことを許さなければ、成長の可能性に満ちた次の前線を見逃すことになりかねない。

このやっかいな問題を解決するには、イノベーションチームが社内弁護士を迂回できるような計らいが必要になる。社内弁護士の目的は、本社を守ることと、クビにならないことだ。スタートアップに慣れた信頼できる外部の法律事務所に、チームに関わってもらうほうがいい。

シリコンバレーには、この分野での経験豊富な弁護士事務所があるが、事務所の中でも、大胆な判断を恐れない弁護士を見つけたほうがいい。法的なたわごとに切り込んで、「このリスクは取る価値がある」「このリスクは取る価値がない」と判断してくれるような弁護士が必要だ。そんな弁護士は珍しいが、スタートアップが社会の法的な限界を押し広げ、新しい市場を切り開くことを許してくれるのは、そんなタイプの弁護士だ。

とはいえ、広報やブランドの問題はどうなる？

マスコミとの対話の際は、事前にルールを決めておいたほうがいいだろう。マーケティング部門からイノベーションチームのメンバーの1人ひとりに指導してもらい、何を言うか、どう言うか、何を言ってはいけないかを教えてもらおう。そうしたら、後は放っておけばいい。

ブランディングに関しては、本社の主流サービスやプロダクトと区別できるような、別ブランドやウェブサイトや宣伝材料を考えてもいい。創意工夫と協力があれば、すべての部署が満足するような形で、問題を解決できるだろう。

過激なイノベーションを起こすには、企業自体の大変革が必要になる。

イノベーションのグループを、親会社にサービスを提供する子会社の一部にしてもいい。その子会社がインキュベーターのようにチームメンバーを集め、一番いい形でイノベーションチームを支援してもいい。子会社の使命は、あらゆる障害を取り除き、イノベーションチームが組織内のすべての部門とうまく力を合わせて働くことを助けることだ。イノベーションチームには他のスタートアップと戦う準備が必要だし、スタートアップのような行動を許す組織変革がなければ戦えない。

スタートアップには、大企業のような制約はない。いつも危険と隣り合わせで、行き止まりでUターンし、フェンスをよじ登ったり、フェンスの下にトンネルを掘ったりするのがスタートアップだ。社内のイノベーションチームに同じ自由を与えなければ成長できないし、物事を最後まで成し遂げられない。その自由がなければ、メンバーは不満を募らせ、勢いが削がれるだろう。

29 全員のモチベーションを一致させる

「個人の才能で試合には勝てるが、
優勝するにはチームワークと知性が必要だ」
マイケル・ジョーダン（バスケットボール界のスター）

僕は、多国籍企業の経営者たちと戦略について議論することに多くの時間を費やしてきた。彼らはいつも「イノベーションを最優先している」と言う。「社員はみんな乗り気になっている」「管理職は皆、イノベーションについて指導を受け、変化を起こすことに力を注いでいる」と口を揃える。それを聞いて、僕はいつもこう聞き返す。「管理職の人たちは今も売上目標を達成するよう求められているんですか？」と。すると、「もちろん！　売上目標達成は必須だ。そこは変わっていない」と経営陣は答える。

問題は、「イノベーション」と「売上目標達成」の2つが相容れないことだ。

もし僕が管理職で、売上目標を絶対達成しなくちゃならない一方で、イノベーションを起こすことも求められたら、どうするだろう？

きっと売上目標の達成に力を入れるはずだ。そのほうが目標がはっきりしているから。そっちのほうがわかりやすい。ボーナスも昇進もおそらくそっちの目標に紐付いている。それならこれまでもやってきたし、やるべきこともわかっている。一方、イノベーションはぼんやりしている。そもそも意味がよくわからない。成功の確率はどのくらいだろう？　それさえ測れない。どんなふうに評価されるんだろう？　それもさっぱりわからない。一方、売上目標を達成できなければ、ボーナスは減り、昇進できないことはわかっている。

もし僕が賢い管理職なら、上層部に気に入られるようにイノベーションについてはリップサービスにとどめて、売上目標の達成に力を注ぎ続けるだろう。少しくらいはイノベーティブなプロジェクトに時間を割いても、絶対に売上目標の邪魔をしないように気をつける。経営上層部はイノベーションが起きていて、全員がそこに参加していると思い込むが、実際には本質は何も変わっていない。

イノベーションチームが社内の異なる部署にリソースを求めると、問題はさらに深刻になる。「管理職にとってどんな得になるのか？」「自分たちの公式な仕事ではないプロジェクトに優秀なメンバーを送り込む理由があるのか？」「自分たちの課題だけに集中すべきではないか？」「コア事業はどうなるのか？」「キャパシティは限られている。イノベーターというが、何者なんだ？」「経営陣じゃない。うまくいきそうもない、とんでもないアイデアを持った、ただのひよっこじゃないか？」

そこにまた、エゴが入り込む。「ひよっこのくせに要求が許されるなんておかしいだろう？

もし運良く成功したら？　他の部門がみんな時代遅れに見える。ひよっこが自分たちの上司になるかもしれない。あいつらを助けて何の得がある？　功績を独り占めするに決まってる！」

文句を並べればきりがない。対抗するには、イノベーションチームを最初から組織構造に組み入れるしかない。まず、既存事業の管理職に、イノベーションを育むとどんな得があるかをはっきりと示さなければならない。彼ら自身の生き残りがイノベーションに懸かっていることを理解すべきだ。会社の未来はここにある。他に道はない。ただの酔狂なプロジェクトではない。これからは事業のやり方が変わる。

プロジェクトごとにイノベーション役員会を作る

ボストン市長室の例（P248参照）と同じように、イノベーションに関わった部署には、その功績を認めなければならない。イノベーションチームがスーパースターであってはならない。彼らは社内全体にイノベーションを起こすためのファシリテーターと考えるべきだ。参加者全員に等しく功績を認める必要がある。1人の個人や1つのグループがプロジェクトの功績を独り占めしてはいけない。そんなことをすれば、嫉妬や縄張り意識が生まれる。それこそ、イノベーションの敵だ。要するに、イノベーションリーダー、イノベーションチーム、そして他の事業部門のモチベーションを一致させなければならないということだ。

そのための1つの方法は、**プロジェクトごとにイノベーション役員会を作り、その会がプロ**

ジェクトが道から外れないように見守り指導するというやり方だ。この役員会のメンバーは、プロジェクトの成功に欠かせない主な事業部門の人たちで構成する。

イノベーションが成功すれば役員会のメンバーと各部署が功績を認められ、もし失敗したらイノベーションチームが責任を取る。つまるところ、イノベーション部門の仕事は失敗から学ぶことだ。彼らは失敗を逐一分析し、重要な学びを全社で共有する一方で、成功はグループの功績とされ、関わったすべての事業部門が認められる。

イノベーション役員会を、「機能横断チーム」と呼んでもいいし、「案内役チーム」と呼んでもいい。どんな名前でもかまわないが、次の７つの目標の達成を目指してほしい。

- イノベーションチームの功績を組織全体で共有する
- 部門横断のコラボレーションと協力を推進する
- 経営陣だけでなく、すべての階層と機能の社員を参加させる
- 実行を見守るような戦略的リーダーのグループを作る
- 邪魔になりそうな部署の垣根を取り払う
- すべての重要な関係部門からリソースと支援を得る
- 既存の事業部門と成功の功績を共有する

まことしやかなウソ

「イノベーションの計画は立てられる」

これは真実ではない。車で通勤するのとはわけが違うのだ。イノベーションは直線的なものではない。計画を立ててそれに従えるものでもない。どちらかというと金を掘り当てるようなものだ。すぐに見つかることもあれば、ニセモノをつかむこともある。プロジェクトが完了しても、イノベーションは生まれないかもしれない。

イノベーションは、計画よりもプロセスが大切だ。プロセスが適切なら、何がうまくいくかを見つけ出す確率は上がり、それを見つけるまでの時間は減る。

イノベーションチームの評価方法を見直す

もう1つ、**モチベーションを一致させるカギになるのは評価方法だ。**コア事業を評価するのと同じ基準は使えない。新しいプロジェクトを古い基準で評価しても意味がない。新しいプロジェクトは、成熟したプロダクトやサービスと肩を並べることはできないし、間違った基準で測ろうとすれば、みんながやる気を失うことになる。バランス・スコアカードや似たような戦略管理ツールを使うとすれば、そこにイノベーションプロジェクトならではの評価基準を組み入れたほうがいい。

例えば、「売上」を「学習」に変え、「市場シェア」を「プロジェクト進捗度」に変えてもい

イノベーションを起こす6つのプロセス

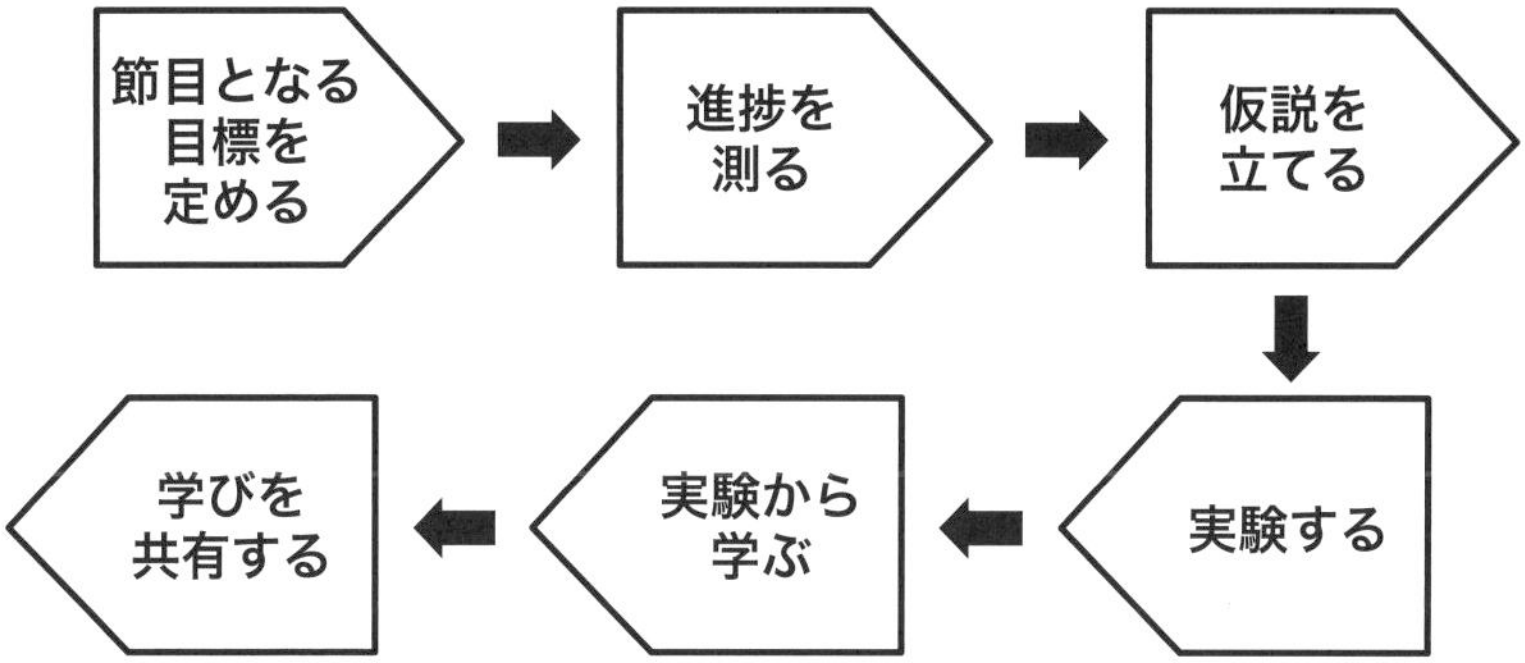

い。イノベーションの評価基準をプロセスに直接組み入れるべきだ。

イノベーションチームを、次のような基準で評価してほしい。

- 節目の目標は適切か？
- そうした目標に対してどのように進捗しているか？
- 意味のある仮説を立てたか？
- 賢い実験を行い、仮説を検証できたか？
- 失敗からも成功からも学んだか？
- 学びを全社でうまく共有できたか？

あなたの事業に合わせて、この質問を変えてほしい。ただし、「売上」と「効率」は質問に含まないのが普通だ。というのも、イノベーションプロジェクトのほとんどは、たいした売上もなく、効率を心配する段階には達していないからだ。売上と効率を考えるのは、規模拡大の準備ができてからでいい。イノベーションの段階では、正しい実験と各段階での学習に力を注ぐべきだ。売上や経費削減といった単純な数字で表わせれば簡単だが、たいていはできない。より主観的な評価基準が必要になる。経験豊富なイノベーターや、外部のコンサルタントが進捗を評価してフィードバックを返し、プロジェクトが軌道を外れていないかを見守ってもいい。

評価基準ができたら、個人のインセンティブを考えなければならない。個人の成果をどう評価するか、ボーナスをどう与えるか、昇進や昇給をどうするかを見直す必要がある。

イノベーションチームに大きな報酬を与えるのは間違いだ。チーム全体の報酬は社内の他の部門と同じでいい。そうしなければ他の部門の怒りを買い、イノベーションプロジェクトへの抵抗や反対につながりかねない。そんな不一致は避けたほうがいい。全員が同じチームの一員だと感じられることが必要だし、公平に扱われていると感じられることが必要だ。そうでなければ、モチベーションが一致しなくなる。

それが集団心理というものだ。それなのに、多くの企業がイノベーションチームに多額のボーナスを与えたり、成果を独り占めさせたりしている。イノベーションの報酬は、そのイノベーションに力を貸し、イノベーションを進めることを助けてくれた既存事業部にも同じように与えられるべきだ。全員を同じ方向に向かわせるには、そうするしかない。

要するに、**イノベーションプロジェクトをプロセスに組み入れるには、評価体系全体を変え**

る必要がある。 そうするには、次のことを自問しなければならない。

- そのイノベーションプロジェクトは既存事業にどう影響するか？
- 長期と短期の目標にどんなインパクトがあるか？
- そのイノベーションプロジェクトに必要なリソースは何か？
- これらのプロジェクトは主要な事業部門の売上と効率にどんな影響を与えるか？
- これらのプロジェクトは他の部署にどんなインパクトを与えるか？
- 現在のインセンティブと報酬にどんな影響があるか？
- ショックを和らげ、モチベーションを一致させるにはどうしたらいいか？

最後に、次の４つを実現してほしい。このどれが欠けてもイノベーションは生まれない。

1. **イノベーションは経営トップから始まる。CEOと経営陣は真剣にこれに参加しなければならない。** 経営陣の長期的な貢献を測るようなイノベーションのKPI（業績評価指標）を設置するべきだ。例えば、実験の頻度を評価してもいい。仮説を裏付けたり無効にするような実験を一定の期間内に何回行えるかを測るといったことだ。

2. **次に来るものの計画と実行に、経営陣は自分の時間の25〜50%を使うべきだ。** それこそが経営陣がやるべき最優先の仕事で、日常業務は部下の管理職に任せていい。

3. **イノベーションを起こさないことのリスクを、社員全員が理解すべきだ。**もし自分たちがイノベーションを起こさなければ、ライバル会社がそうする。すると、既存市場と売上はどうなるだろう？　5年から10年以内に、この会社はどうなるだろう？

4. **イノベーションへの投資は、既存の成長率と目標成長率のギャップを埋めることに直接役立つものでなければならない。**

おわかりのように、「イノベーションは最優先課題だ」と言っても、ことはそれほど単純ではない。言葉だけなら簡単だ。難しいのは、組織構造を構築し直し、参加者全員が得をするような新しいシステムを作ることだ。ほとんどの場合、イノベーションが成功するか失敗するかは、それにかかっている。

成功したければ、最初から全員を参加させることだ。組織全体を考え直し、モチベーションを完全に一致させてはじめて、それができる。参加する人たちの情熱と善意だけには頼れない。事業のすべての面に、注意深く、思慮の行き届いた構造変化をもたらさなくてはならない。そうすることで全員のモチベーションが一致し、イノベーションのプロジェクトが花開き、最終的に会社の姿が変わる。

第6章

大きなリスクを取って大胆に挑戦する

30

イノベーションは速さが命

「素早く動け。ライバルの大企業に君たちが勝っている点はそこだ」

サム・オルトマン（Yコンビネーター　社長）

イノベーターにとっては「**速さ**」が大きな課題だ。これだけ急速に技術が進化する世の中では、スタートアップが置かれる環境も半年ごとに変わる。今日通用したことが、明日も通用するとは限らない。たった数ヶ月で時代遅れになってしまうスタートアップも少なくない。大企業はさらに不利だ。社内のイノベーションチームは超えるべきハードルが多く、たった1つの試作品を検証するのに半年もかかり、そうしている間に市場全体の方向が変わってしまう。開発中のプロダクトはもう誰も見向きもしないものになっている可能性もある。

小回りの利くスタートアップなら、そんな問題はない。彼らは足が速い。アイデアから発売までに数ヶ月しかかからない。数年なんてことはない。企業内イノベーションにも同じスピードが求められる。まとまりがなく、重荷もなく、しがらみがないほうがいい。許可が出るまで待ちぼうけを食わされたり、書類の山に埋もれたりすることがあってはならない。官僚的な手続きを取り除き、加速させなければならない。

どんな企業にも、速さは欠かせない。確立された流通経路、マーケティング力、支配的な市場シェアだけではもはや十分ではない。破壊的テクノロジーの新世界で、イノベーションチームの生き残りは速さにかかっている。自分たちと同じアイデアを同時期に開発しているライバル企業は、ごまんといる。その中には、速さを再優先している会社もある。

フェイスブックの元エグゼクティブ、エリック・バーマンは「批判したり、議論したりはしない。動くだけだ」と言っていた。

ウォルマートでCIO（最高情報責任者）を務めるロリン・フォードも、同じことを言っている。「誰も知らない秘密なんてもうない。勝負は速さで決まる。組織はイノベーションと新しいテクノロジーを生み出し続けるしかない。結局、A地点からB地点まで誰よりも速く到達する会社が勝つ」

速さは事業のすべての面に影響する。テクノロジーが同じ姿で留まることはない。技術は常に進化する。たった1つの新しいテクノロジーが一晩で産業を変えてしまうこともある。同時に、プロダクトの寿命は短くなっている。

昔は1つのプロダクトが何年ももった。今では、数ヶ月でより優れた新製品が現れる。ソフトウェアなら数日で入れ替わる。攻撃的なスタートアップは毎日のように新しいものを生み出し、ライバルの先を行こうとする。ベスト・バイで企業CIOを務めるネビル・ロバーツは、経営陣の気持ちをこうまとめている。「売上の多くはイノベーションから来るが、すぐに模倣される。だからイノベーションを速く世に出さなければならない」

いつも新製品やサービスをいち早く市場に出し続けている会社は、リーダーと見なされる。フォロワーではない。そのブランドイメージへの影響は大きい。消費者はパクり品ではなくイノベーターの製品を買いたがる。混みあった市場で際立った存在になるには、イノベーターとして見られることが欠かせない。マーケティングの専門家は、人間は「本物らしさ」を求めていると言う。人は本物を買いたがる。つまり、オリジナルだと見なされれば優位に立てるし、他がみんなパクりに見えるということだ。ユーザーを味方につけることが成功のカギになるし、1番手であることが心理的な優位性にもなる。

僕の親戚で、〈MTV〉〈ニッケルオデオン〉〈VH1〉そして〈コメディ・セントラル〉を生み出したチームの一員でもあるマーク・ロゼンタールはよくこう言っていた。「最初に名前をつけて、自分のものにするんだ！」。また、先のロリン・フォードは言う。「毎朝起きたら、『見逃してることは何か？』と問うんだ。毎日、隣の奴より速く走らなくちゃならない」

では、スタートアップより速く社内チームを走らせるにはどうしたらいいだろう？

大企業は不利だ。社員の大半はそれほど必死に働きたがらないし、リスクも取りたがらない。だからスタートアップで働いたり起業したりせず、安定した会社員になったのだ。でも、スタートアップは違う。彼らの文化は生きるか死ぬかだ。一番下のアシスタントからトップのCEOまで、みんなが同じ船に乗っている。

事業を高速化する

スタートアップと同じ緊張感やモチベーションを大企業に吹き込むのは簡単ではない。スタートアップでは普通の社員が一晩で億万長者にもなれるのだ。グーグルがいい例だ。起業した頃の秘書、料理人、落書き作家など、全員が株式オプションを受け取った。そして今では大金持ちだ！

大企業で、社員にがむしゃらに頑張らせるのは難しい。比べて見れば明らかだ。スタートアップに入れば、みんなが金持ちになれる。大企業に入れば、経営陣を金持ちにしてあげるだけだ。そんなニュースを、僕たちは毎日目にしている。

スタートアップには、創業チームの優位性もある。創業メンバーは超がつくほどテンションが高く、かなりの株式を持ち、成功しなければ元をとれない。彼らはすべてをこれに賭けている。定期的な給料さえない創業者もいる。だから超高速でプロダクトを市場に出し、資金を調達しようと走り回る。一方で、企業の管理職にはそんなプレッシャーはない。大失敗しない限りは給料がもらえるので、スピードより注意深さを優先する。

あなたが大企業の管理職だったらどうする？

スタートアップとスピードで肩を並べることなんて可能なのか？

まず必要なのは、問題を認識し、次に解決策を設計することだ。

基本から始めよう。まず、給料やボーナスではなく、**挑戦に背中を押されるような人だけを**

イノベーションチームに入れよう。怠け者は入れない。タダ乗りしようとする人もダメだ。どんな障害があろうと、物事を最後までやり遂げなければ気がすまないようなタイプの人でなければならない。口先ばかりの人間や、先送りしがちな人間はいらない。自分を鼓舞できる行動者が必要なのだ。

正しいDNAを持ったチームができたら、速度制限もデコボコもない追い越し車線を設ける必要がある。そして、誰にも邪魔をさせてはならない。

承認に数日以上をかけてはいけない。それなりの時間内に承認か否認かされなければ、自動的に青信号とすればいい。イノベーションチームは、他の部署がやっている書類の処理は免除されなければならない。チームリーダーは自分たちのクレジットカードで必要なものを購入する権限を与えられ、説明しなくてもあとで精算できるようにしなければならない。信頼できるリーダーがいることは、欠かせない。

イノベーションチームは他部署の縄張りに入ったり、ルールを破ったりする特権を与えられなければならない。ライバルと手を組む必要があるなら、そうする権限を持たなければならない。外部のデザイン会社を社内の倍の値段で雇う必要があるのなら、それが許されなければならない。マスコミに大口を叩いても、クビにしてはならない。

言い換えれば、ここは速度無制限のアウトバーンでなければならない。メンバーは速度違反を心配せずに、好きなだけ速く激しく運転できる。

追い越し車線は必要だとしても、イノベーションをそれ以外の社内の部署と完全に切り離してはいけない。そんなことをすると、心理的な分断が生まれ、イノベーションチーム以外は速く動かなくてもいいし、チームに参加しなくてもいいと思われてしまう。イノベーションのチームだけでなく、会社全体を加速させなければいけない。だから**全員がイノベーションを起こし、業務を迅速化することを確実にするとともに、イノベーションチームには障害を迂回する自由を与えなければならない。**

事業の高速化のもう1つの方法は「**外注**」だ。デザインであれ、マーケティングであれ、製造であれ、**自分たちが最高で最速でなければ、最高最速の誰かを探したほうがいい**。「自前主義（ＮＩＨ症候群）」は、高速道路に置かれた信号のようなものだ。すべてを止めて、渋滞を引き起こす。今日の世界では、それがどこで発明されたかは関係ない。核になる知的財産が社内に留まっていればいい。それ以外は公平な闘いだ。

上手に外注するには、信頼できるパートナーと強力な支援体制を築かなければならない。それには時間がかかるかもしれないが、長期的には報われるだろう。

こうした手段を取ることで、スピードをあげ、社内チームとスタートアップを同じ土俵に立たせることができる。簡単ではないが、21世紀の競争に勝つには、企業文化とプロセスの変革が欠かせない。

自分が戦う市場を知る

自分の市場を知ることには価値がある。

IEEE（米国電気電子学会）は開発中の新製品692点を調査し、**スピードは、変化の激しい馴染みのない新興市場では欠かせない**ことを発見した。一方で、馴染みのある安定的な既存市場では、スピードはそれほど重要ではなかった。

とはいえ、安定した市場ならのんびりしていていいというわけではない。決してあぐらをかいてはいけない。変化の激しい市場では素早く動かなくてはならないし、既存市場ではプロダクトの完成度をあげ、品質を向上させ、コストを下げることに時間を使うことができる。

ネットワーク効果のある市場では、1番手であることがより重要になる。〈フェイスブック〉〈イーベイ〉〈エアビーアンドビー〉はいい例だ。いずれもネットワーク効果に頼っている。より多くのユーザーが集まれば、プラットフォームの価値が高まり、ライバルが逆転することが難しくなる。あるスタートアップがいったん市場を支配して、ネットワーク効果が利き始めると、その1番手があっという間に市場を独占する。

あれほど人材も力もあるグーグルでさえ、必死に自社のソーシャル・ネットワークを開発しようとしているが、いまだにフェイスブックには追いつけていない。エアビーアンドビーや〈スナップチャット〉やイーベイに、彼らの市場で誰が対抗できるだろうか？　過激で優れた新しいプロダクトだけが彼らを駆逐する可能性はあるが、そんなプロダクトはめったに生まれない。ネットワーク効果が広がり始めると、もう試合は終わったようなものだ。

まことしやかなウソ「テクノロジーがいつも勝つ」

残念ながら、優れたテクノロジーが勝つとは限らない。テクノロジーは複雑な方程式の中の一要素にすぎない。マーケティング、流通、広報、ユーザーエクスペリエンス、顧客フィードバックその他多くの要素が方程式には含まれる。世界一のテクノロジーがあっても、他の分野で勝る賢いライバルに市場シェアを奪われるかもしれない。

初期のマイクロソフトとアップルの闘いを見るといい。ウィンドウズPCはマッキントッシュよりはるかに劣っていた。それなのに、イノベーションの天才として名高いスティーブ・ジョブズでさえ流れを変えることはできず、自分の会社から追放されてしまった。

1番手にならなくてもいい

ここで1歩引いて、**市場に1番乗りしても成功は保証できない**と認めよう。ものごとを正しく行わなければ、誰かがやってきてあなたの取り分を奪うだろう。歴史を振り返れば、後発の企業が市場を支配しているケースは多い。次に挙げるのは、してはいけないことの例だ。

年配の人なら、ソニーが独自に開発したビデオテープ〈ベータマックス〉を憶えているだろう。市場に1番乗りした優れたテクノロジーが失敗した典型的な事例だ。どうしてそんなことになったのか？　ベータマックスはライバル製品の〈ＶＨＳ〉より画質の面ではるかに優れていたし、家電の雄であるソニーが背後についていた。だが、アキレス腱があった。ベータマックスはＶＨＳより録画時間が短かったのだ。誰もがハリウッド映画をビデオで見たがったので、ＶＨＳが勝った。誰が予想しただろう？　ベータマックスはその後、録画時間の長いテープを発売したが、時すでに遅しだった。

アタリ（ビデオゲーム会社）もまた大きな注目を集めたものの、潰されて跡形もなくなった。アタリが〈ポン〉を発売したことで、ビデオゲーム業界が生まれた。任天堂より6年も先を行き、〈アタリ２６００〉で市場を支配していた。では、どうやって任天堂はおもちゃのようなパクリ品でアタリに勝てたのだろう？　じつは任天堂が勝ったわけではなかった。アタリが自滅したのだ。〈アタリ５２００〉は値段が高すぎ、デザインも悪かった。それから、１９８３年の不況でビデオゲーム業界は大打撃を受け、アタリの資金繰りは苦しくなった。任天堂が新製品の〈ニンテンドー・エンターテインメント・システム〉を発表したとき、アタリは波瀾の最中にあった。市場が大きく開かれ、任天堂がそこに飛び込んだ。

〈ネットスケープ〉もまた生き残れなかったスーパースターだ。90年代の半ばにネットスケープはブラウザ市場の9割を支配していた。ありえないような数字だ。だが、それも長くは続かなかった。１９９８年までに市場シェアは7割になり、どんどん下がり続けた。経営陣はネットスケープをＡＯＬに売り渡し、ネットスケープはブラックホールに消え失せた。

なぜネットスケープは死んだのか？　1つは、マイクロソフトが〈インターネット・エクスプローラー〉をウィンドウズOSと併せ売りしたことが原因だ。ウィンドウズOSは8割の市場シェアがあった。それに組み込まれたブラウザを使う人は多かった。問題はネットスケープが戦略転換できず、さらなるイノベーションを生み出せなかったことだった。だから追いつけなくなった。

インターネットの初期のもう1つの失敗例は、第1波の検索エンジンだ。〈ウェブクローラ〉〈ライコス〉〈エキサイト〉〈インフォシーク〉その他多くの検索エンジンがひしめいていた。いずれも〈グーグル〉以前に生まれ、どれも成功できなかった。理由は単純だ。グーグルのほうがよかったからだ。グーグルは、意味のある検索結果を見せてくれた。たまたま検索ワードの含まれたサイトの羅列ではなかった。

〈iPod〉以前に発売されたMP3プレーヤーは数多い。スティーブ・ジョブズが競争のルールを書き換えるまでは、どれもうまくいっていた。iPodはハードウェアから選曲から購入まで、生態系のすべてを創り出した。デザインは美しく、使いやすく、超おしゃれだった。アップルのイノベーションはライバル全員を市場から追い出した。

〈ワールド・オブ・ウォークラフト〉やその他の大規模オンラインゲームのはるか以前に一世を風靡したのが〈エバークエスト〉だ。45万人以上のファンが登録する超人気ゲームだった。どうして消えてしまったのか？　プレイしてみれば、理由はわかる。面白いが、ありえないぐらい難しかったのだ。最高レベルに上るには、膨大な時間が必要だった。レベルが上がるほど、痛みが増した。普通に生きるか、エバークエストをプレイするか、どちらかを迫られるほどだった。中間はなかった。多くのプレイヤーはイラつき、ワールド・オブ・ウォークラフトのようなもっと簡単で満足できるゲームが発売されると、エバークエストを見捨てた。この話の教訓は、ユーザーを知りなさいということだ。

内蔵ハードディスクにTV放送を録画する家庭用ビデオレコーダー〈ティーボ〉は時間の決まったテレビ放送の呪縛から人々を解放した、過激な発明だった。世界中の注目を集め、爆発的に成長した。しかし、大手ケーブル会社もじっとしてはいなかった。セットトップボックスに同じ機能を組み込んで、タダで配布したのだ。すぐにティーボは用なしになった。この教訓は、**ライバルが無料で同じものを配布できるなら、絶対に勝てない**ということだ。

次の残念な例はパームだ。憶えているだろうか？　〈iPhone〉が世に出る前のiPhoneのようなものだと言ってもいいだろう。〈パームパイロット〉は革命的なパーソナルデジタル機器として発売され、アメリカ人の頭と心を虜にした。だが、致命的なミスをいくつも犯してしまった。ちょうどスマートフォンが世の中に出始めたころ、パームは大ポカをやらかした。色付きのタッチスクリーンとウェブブラウザを搭載した初代のスマートフォン〈トレオ〉を発売したのだ。しかし、トレオは競合機種に比べてダサかった。レンガのようなスマホを誰も欲しがらなかった。消費者は薄くておしゃれなスマホに惹かれた。そこにiPhoneが登場し、トレオは過去の遺物になった。今の20歳以下は誰もパームを知らない。二流品には誰も振り向かない。

〈フレンドスター〉は、もしかすると世界を獲れたかもしれない企業だった。彼らは世界初の大規模なソーシャル・ネットワーキングサイトで、数ヶ月で３００万人を集めた。〈マイスペース〉がその1年後に生まれ、〈フェイスブック〉が2年後に生まれた。ネットワーク効果の利があるはずのフレンドスターが、どうして負けたのだろう。

ベンチャーキャピタル（ＶＣ）の潤沢な資金と新しい経営陣を持ちながらも、サイトはつらいほど遅く、しょっちゅう落ちていた。規模拡大への備えが足りず、ユーザーは新しいサービスが出るとすぐに乗り換えた。ユーザーは軽い痛みにも我慢してくれないということだ。

フレンドスターからごっそりと脱出してきたユーザーでマイスペースはしばらく賑わったが、イノベーションは起こせなかった。マイスペースのページは目をひくサイトからあっという間に目障りなサイトになった。ユーザーインターフェースは最悪だった。ページの大半に文字や絵が散らばり、眩しく点滅していた。安っぽく悪趣味に見えた。フェイスブックのフィードのデザインとコミュニティ作りを見た人たちは、マイスペースを捨てた。あとは皆さんご存じのとおりだ。1番手でも、プロダクトが恐ろしく劣っていれば勝てないということだ。

ここで挙げたのは、イノベーターとマーケットリーダーが先行者利益を守れず、後発のライバルに市場を奪われた例のほんの一部だ。**スピードは大切だが、それだけがスタートアップの成功を決めるわけではない。**

後手に回るよりは先手を打ったほうがいい

後発企業が市場を奪った華々しい事例はあるものの、それでもまだスピードはシリコンバレーのスタートアップの成功に決定的な役目を果たしている。

先ほど事例に挙げげた、市場に一番乗りしたイノベーターはみな市場シェアを握り、最初に成功したが、イノベーションを生み出し続けられなかったか、ビジネス戦略またはプロダクトに致命的な欠陥があったかで失敗している。そのような欠点さえなければ、負けていなかったはずだ。もし賭けるとしたら、やはり先手を行く馬に賭けたほうがいい。

スピードは非常に大切だ。だから僕がスタートアップを見る時、あとどのくらいの時間、彼らにチャンスが開かれているかをいつも頭の中で計算してしまう。その期間にトラクションを得られなければ、そこでたいていは試合終了になる。

そうした例の1つが、僕も協力した仮想現実のスタートアップ〈サービオス〉だ。

サービオスは僕の母校、南カリフォルニア大学から生まれた。南カリフォルニア大学はオキュラスがオープンソースのVRソフトウェアを手に入れた場所であり、サービオスの創業者たちはかつてオキュラスの共同創業者のパーマー・ラッキーと机を並べて働いていた。彼らのデバイスは最先端のもので、仮想現実を一段上の水準に持ち上げられる立場にあった。

サービオスの創業者たちはロサンゼルスから僕に会いに来てくれた。僕はビジネスプランを見直し、人を何人も紹介し、1ヶ月もしないうちに彼らはシリコンバレーの一流VCから数百万ドルの出資を受けた。はじまりは上々だったが、VR分野の競争はすでに激しくなっていた。翌年にはソニー、サムスン、マイクロソフト、HTCなどが自社のVR機器を発表した。

サービオスの創業者たちはすぐに、自分たちが勝てないことに気づいた。技術的には優れていても、製品化のスピードと販売力は欠かせない。新しいVR機器で成功できるチャンスが急速にしぼんできたため、彼らは方向転換し、すべての力をVRアプリの開発に注いだ。彼らは賢かった。ハードウェア戦争には勝てないと気づいて、そこで競争しても仕方がないと悟ったのだ。自分たちが先頭に立てるレースに集中したほうがいい。

サービオスは、〈ゾンビ・オン・ザ・ホロデック〉など初期のVRゲームを数多く制作し、それぞれのプロジェクトから多くを学んできた。共同創業者のジェームス・イリフは、「自分たちはゲームの開発屋ではなく、VRの新しい言語を創り出すのが目的だ」と僕に何度か言っていた。VRは他のメディアと根本的に違うもので、既存のゲームをVRに移植するだけでは足りないと彼らは信じていた。

ローデータを発売するとたちまち国内のVRゲーム市場で売上1位になり、彼らの努力が報われた。このゲームは、架空の別世界にプレイヤーを連れだした。そこでは、悪徳企業が秘密裏に人間の脳を盗み出し、それをサイボーグに移植して販売し、儲けているという設定だった。ほとんどのVRゲームと違って、このゲームはデモのような感じがしなかった。プレイヤーがその世界に没頭し、恐ろしいほど夢中になれるゲームだった。

後手に回るよりも先手を打ったほうがいいことを示すもう1つの事例は、自動車シェアのスタートアップ〈サイドカー〉だ。

誰もが認める天才のリチャード・ブランソンはこの会社に投資して、「まだ時期は早いが、価値ある顧客体験を提供できる」と宣言した。問題は、すでにウーバーとリフトがはるかに先を行っていたことだった。

ウーバーとリフトは世間の大きな注目を集める1番手企業だった。スタートアップの世界では普通、3番手や4番手の居場所はない。ブランソンは間違っていた。それからわずか15ヶ月後、サイドカーの共同創業者兼CEO、スニル・ポールは敗北を認め、会社をたたむと発表した。

サイドカーの例は、後発企業が先発企業に取って代わる事例よりも、はるかに一般的だ。シリコンバレーで新しいイノベーションが起きるといつも、それをコピーした企業が数十社と生まれる。どの企業も自分たちが優れていると言うが、結局そのほとんどは1番手に取って代わるほどのものは持っていない。1年もすると市場から消えていき、たいてい最後に残るのは先発企業だ。だから、他の条件が同じなら、速さがすべてなのだ。

31 素早く失敗し、反復検証する

「本当の成功の基準は、
24時間の間にどれだけ多くの実験を詰め込むことができるかだ」
トーマス・エジソン（発明家）

速さを極めるということはすなわち、反復検証改善のサイクル数を増やすということだ。プロダクトを繰り返し検証し、変更し、変更した部分をまた検証することで、はじめて本当に進歩できる。

新製品のほとんどは失敗する。しかも、大コケする。シリコンバレーでは幸運にもエンジェル投資家から種銭（シードマネー）を受け取れたスタートアップの7割が、次の資本調達ラウンドの前に消えていく。たとえ追加の資金調達ができても、利益が出せるとは限らない。プロダクトを市場に出せるかどうかはそれほど重要ではない。学習スピードが重要なのだ。

市場が本当に必要としているのは何か？　を学ぶことではじめて、優れたプロダクトを生み出せる。

僕たちの失敗と成功

高速反復のいい例が、僕の2番目のスタートアップだ。素晴らしい共同創業者とともに、僕たちは〈スパイダーダンス〉という会社を作った。この社名は、アイデアが蜘蛛の巣のように広がっていく様子を表したものだ。

そうしたアイデアの1つが、ほぼ完成されたMMORPG（大規模多人数同時参加型オンラインPRG）をもとに新しいビジネスを立ち上げるというものだった。当時はまだドットコム時代で、ゲームやアプリのほとんどは単独プレイヤー型だった。リアルタイムでオンラインで友達とプレイするゲームは珍しかったが、僕たちはそこに未来があると思っていた。

僕はパートナーたちを説得し、シリコンバレーを駆け回ってゲーム開発者と話をして、僕たちのプラットフォーム上にゲームを作ってくれる人がいないかを探すことにした。ゲーム開発者が僕たちのプラットフォームに群がって売上を分け合いたがるだろうと、僕は信じて疑わなかった。そうしないはずがない、と思っていた。僕たちのプラットフォームを使えるなら、彼らが1年かそれ以上もかけてMMORPGを開発する意味はないはずだ。

だが、大間違いだった。〈スチーム〉や同じようなプラットフォームが人気になるはるか以前の時代だ。当時のゲーム開発者のほとんどは、「自前主義」にとらわれていた。すべてを自分で作ることに慣れていたし、他人のコードに頼りたがらなかった。僕たちのプラットフォームを使おうと言ってくれた人たちも、売上のほんの一部しか分けたがらなかった。

僕にとっては目からウロコの体験だった。理にかなっているからといって、みんながそうするとは限らない。

6週間がんばったあと、僕はわかった。何か別のことを試してみる時だった。僕のパートナーは、1人はプログラミングの天才で、もう1人は優秀なデザイナーだった。2人はすでにプラットフォームを作りあげていた。そこで3人で〈ジャバーチャット〉というアプリを立ち上げた。チャットと軽いゲームを組み合わせた、当時は珍しいアプリだった。

ジャバーチャットはすぐにヒットした。10を超えるウェブサイトがジャバーチャットを組み込んでくれ、SXSW（P101参照）でもベストオンラインゲームに選ばれた。僕たちは天にも昇る気持ちだった。ほんの数ヶ月で成功できた。僕たちは甘い成功をダンスで祝った。

それなのに、シャンパンが流れ込む前に、現実が割り込んできた。

ジャバーチャットを組み込んだウェブサイトから料金を徴収していなかったので、売上が一銭もなかったのだ。資金もなかった。僕らは若く、経験不足で、チャットゲームにおカネを払おうなんてユーザーは1人もいなかった。だから、どうしようかと周りを見回した時、オンライン広告のネットワークを作っている会社があると耳にし、このビジネスモデルにしようと決めた。

初期のネット広告代理店の1社に連絡を取り、数週間のうちにアプリにバナー広告を入れてもらい、ただ待っていたら、おカネが舞い込んできた。1ヶ月後に最初の小切手が届いた時、僕たちの希望は砕かれた。広告収入の合計は25ドルにもならなかった。これじゃあ一晩分のピザとビールも買えないし、規模拡大など夢のまた夢だ。インターネット広告の時代はまだ到来していなかった。僕たちは早すぎた。

リセットボタンを押す時だった。最初の2度の方向転換は平気だったが、3度目となるとあせりを感じていた。日に日に銀行の残高は減っていった。僕たちのプロダクトに誰がおカネを払ってくれるのかと自問した。その時、風の噂でMTVが双方向のテレビ番組を制作したがっているが、プラットフォームがないという話を聞いた。天の恵みのような話だった。

パートナーの2人は以前に〈ネットウィッツ〉というオンラインのテレビゲーム番組を制作したこともあり、スパイダーダンスが双方向テレビのプラットフォームになるはずだと考えた。あちこち聞き回ってMTVインタラクティブの責任者の電話番号を突き止め、その人の留守電にメッセージを残し続けた。絶対に電話を返してもらえると思っていた。そうに決まってる。あちらは世界最大のメディア企業のバイアコムで、なにしろ僕らはスパイダーダンスなんだから！　さて、どうなっただろう？　どうにもならなかった。その人は電話を返してくれなかった。誰からも電話はなかった。

この頃、共同創業者のトレーシー・フラートンがコンシューマー・エレクトロニクス・ショー（CES）にパネリストとして招待された。話し上手の彼女は、その壇上で未来の双方向テレビ番組を開発していることを話し始めた。壇上から降りた彼女に、聴衆の中から誰かが駆け寄ってきた。その人は「お話しさせてもらえませんか?」とあわてて聞いた。「私たちが求めていたものにぴったりです。まさに、そういうものを探していたんです」と。じつはこの人こそ、MTVインタラクティブの責任者、リック・ホルツマンだった。

「存じあげています」とトレーシー。「ずっと留守電を残し続けていましたから」

僕たちが探し求めていたチャンスがやってきた。最初のユーザーを見つけた僕たちは、数十万ドルの大型契約にこぎつけた。その上、さらにおいしいことに、MTVは史上最大の双方向テレビ番組を制作しようとしていた。

それまでは、双方向テレビ番組はいずれも数千人の顧客しかいないような小規模な実験だった。セットトップボックス経由で、絶対に主流になりそうもないものだった。MTVはゼロから新しい双方向の番組を作ろうとしていた。〈ウェブリオット〉という名前の音楽ゲーム番組で、視聴者が自分のパソコンとウェブブラウザからリアルタイムで参加できる番組だった。最高得点のプレイヤーは賞品をもらい、名前が番組の中で発表される。

これで生き延びられる！　いくつものアイデアを実験し、次々と素早く検証し、プロダクト・マーケットフィットを見極めた僕たちは、自分自身にイノベーションを起こし、新市場に参入したのだった。

ファウンダーズ・スペース社のスタートアップもそうしている。ほとんどのスタートアップは、自分たちが正しい軌道に乗っているかどうかを、成功するまで知りようがない。探索の途中で偶然、成功に出くわすことや、僕たちのようにたまたまチャンスを掴むことも多い。
スパイダーダンスの物語はまだ終わらないが、教訓はここまでだ。これが、スタートアップが毎日経験するイノベーションのプロセスだ。

不恰好でもプロダクトを世に出してすぐに学習を始める

学習と発見のプロセスを加速させるためには、反復のスピードに注目しなければならない。反復のサイクルは毎回、チームの前提を検証する機会であり、何がうまくいって何がうまくいかないかを発見する機会でもある。このサイクルを圧縮することで、ライバルよりも先に正しいソリューションを見つけることができる。

だから、スピードとは、例えばプロトタイプやアルファやベータといった自分たちの勝手な目標にどれだけ速く到達するかではない。その事業についての深い知見を得られなければ、意味がない。**大切なのは、そのビジネスの隠れた真実を表に出すことであり、ユーザーがプロダクトに何を望み、何が爆発的なリターンにつながるのかを正確に理解することだ。**

ビジネス特化型SNS〈リンクトイン〉の共同創業者のリード・ホフマンが「自分のプロダクトの最初のバージョンが恥ずかしくないなら、発表が遅すぎるということだ」と言ったのは有名だ。つまり、不恰好でもプロダクトを世に出してすぐに学習を始めるほうが、時間をかけて美しいプロダクトを開発するよりはるかに大切だ。どうせ最初のプロダクトではユーザーの望むことはできないんだから、美しくしたところで時間のムダだ。**重要なのは反復のスピードで、ユーザーの手にプロダクトを委ねないと本当の反復のプロセスは始まらない。**

調査やデモやプロトタイプでは、ユーザーの欲しいものがぼんやりとしかわからない。口ではなんでも言えるが、本当の学びが始まるのはユーザーがプロダクトをどう使うかを見た時だ。

動画配信サービス〈ネットフリックス〉の主任デザイナーはこう言っている。

「とにかく**進みながらいろいろなものを作っていく**んだ。ウソじゃない。どれがうまくいくかなんて決めつけないし、現実に検証しないうちに勝手に予測もたてない。予測するとバイアスがかかるからね。だからいろいろやりながら、うまくいくものは残して、うまくいかないものは捨てて、それを続けながらビジネスを作っている。試したものの9割はうまくいかない」

ネットフリックスが世界一イノベーティブな会社と言える理由もそこにある。上手に反復検証のサイクルを回してきたことが、彼らをDVDレンタル会社から、独自の流通とコンテンツを保有する世界最大手のメディア企業に押し上げた。

グーグルの検索とユーザーエクスペリエンスの責任者だったマリッサ・メイヤーはかつて、こう言っていた。「ツールバーのベータ版では、主要機能（カスタムボタン、ブックマークの共有）の試作には1週間もかからなかった。じつはブレインストームの段階で、その5倍の主要機能を検証したし、1週間の試作の間に多くを捨てることになった。5個から10個のアイデアのうち1つしかうまくいかないので、アイデアの検証期間をできるだけ短くすることで、より多くのアイデアを素早く検証できたし、それで成功の確率を上げていた」

これほど高速で反復するとチームの不満が高まるのではと思うかもしれないが、じつは反対だ。完璧を目指して数ヶ月もかけて、結局たいしてユーザーのためにならないとわかるほうが、はるかにイライラがたまる。反復サイクルを短くすれば、実験の自由が増える。チームの気分も変わる。いつもはできないことにも自由に挑戦できるようになる。気軽に何かを投げて、刺さるかどうかを見ることができるのだ。開発プロセスはより柔軟で適応性が高まり、チームは「何を作ったか?」より「何を学ぶか?」を気にかけるようになる。

素早く失敗することは、シリコンバレーの常識として受け入れられるようになっている。僕たちの研修に参加するスタートアップにも、「失敗しろ!」と教えている。失敗するものを作っていい。それを外に出し、隅々まで検証し、欠陥を明らかにしてほしい。それが解決できれば、何かを学べる。解決できなければ、検証を続けてほしい。

この姿勢は、遅さと戦うことでもある。最初からうまくいかせようとすると、チームはたっぷりと時間をかけ、じっくりとすべてを考えることになる。残念ながら、じっくり考えてやっても、手当たりしだいに何かを試してみても、失敗する頻度は同じだ。完璧を目指して努力しても、完璧になることはめったにない。ほとんどのものはうまくいくか、いかないかのどちらかだ。それを教えてくれるのはユーザーだけだ。

まことしやかなウソ「イノベーションとは解決策を思いつくことである」

イノベーションとは、新しい解決策を出すことではなく、本当の問題をはっきりと理解することだ。誰も気にかけないような問題のソリューションを出そうとして、多くのイノベーターが同じ落とし穴にはまっている。ワクワクするような発想がはじめにあり、それをかなえるために存在しないユーザーを探して時間をムダにしているスタートアップが多すぎる。アインシュタインはこう言った。「問題を解く時間が1時間与えられたら、問題を考えるのに55分を使って、その解決に5分をかける」

ユーザーが最高の応援団・支援者となってくれる

反復検証嫌いは会議が好きだ。機能の利点と欠点を議論するのが好きなのだ。意見はあるがデータはなく、長く強く主張できる人が決定権を持つようになる。すると、たくさんのいいアイデアが検証もされずに葬られてしまう。メンバーは傷つく。支配的な人間がアイデアを受け入れないと、何も言わなくなるメンバーも出る。

議論するよりも、よさそうなアイデアがあればチームに任せてユーザーに検証してもらったほうがいい。おカネをかけずに簡単な実験を設計し、ユーザーに見せて、できるだけ多くのデータを集めたほうがいい。アドリーの創業者ショーン・ラッドが言ったように、「データは感情に勝る」のだ。

素早い反復検証には、もう1つの利点がある。ユーザーにデザインに協力してもらうことができる点だ。変更を加え、フィードバックを募り、そのフィードバックを開発過程に取り入れることで、最も献身的なユーザーをプロダクト開発の協力者にできる。それがよりよいプロダクトにつながるばかりか、ユーザーが自分の役割を見直すきっかけにもなる。ユーザーがアイデアを出し、欠陥を指摘し、オーナーシップを持つことになる。あなたが頼まなくても、**ユーザーが最高の応援団となり支援者となってくれる**。

またそれが、リスクを減らすことにもなる。検証する時間が長引けば長引くほど、リスクはどんどん高まっていく。うまくいくかどうか全くわからないアイデアに、1日1日と開発費もリソースもかさむ。反復検証サイクルを短縮するということは、リスクを減らすということだ。

毎回の反復検証サイクルが、そのビジネスについての誰も知らない隠れた真実を見つけ出すチャンスになる。そうした新しい真実は常にどこかで生まれている。技術進歩からも、経営手法の変化からも、新しい社会の潮流からも、競争のあり方を変えるような規制からも、新たな真実が生まれる。世界はいつも動いている。自分もライバルも気づかないうちに、市場全体が全く別の方向に向かっているかもしれない。それに気づかなければ、ビジネス自体を失ってしまう。

32 イノベーションを止めてはいけない

「絶対に諦めるな。
今日は厳しく、明日はもっと大変だが、明後日は陽が射すだろう」
ジャック・マー（アリババ　創業者）

さまざまなものを試し、アイデアを検証し、そのほとんどを廃棄していると、ある時突然、何かが起きていることに気づくことがある。どうしてそうなったのか、なぜなのかはわからないが、その新しいものが予想もしなかった形ですごくうまくいっているとわかる。

真のイノベーションは直線的ではない。ジグザグだったり、遠回りしたり、〝森の中で迷子〟になったり、ジェットコースターのように高みに上って急降下することもある。つまり、どこかにいきなりたどり着くまで、どこに向かっているかわからないということだ。

森から抜け出るまで道を切り開き続ける

僕のよく知っている〈サン・バスケット〉というスタートアップの話をしよう。

この会社を起業したのは、僕の友人で元ビジネスパートナーでもあるアダム・ズバーとブラクストン・ウッダムだ。2人とも、ものすごく頭がいいし、打たれ強い。彼らが最近立ち上げたのが、オンラインの買い手と地元の店舗をつなげる、ロケーションベースの買い物アプリだった。一見素晴らしいアイデアに見えたが、シードマネーを調達できず、結局、軌道に乗らなかった。買い物客も店舗オーナーも、そんなサービスを必要としていなかったのだ。

賢い起業家の2人は、そのアイデアを捨てて方向転換した。次に立ち上げたのが、オンラインのワインとチーズの宅配サービス〈ラッソ〉だ。タイミングはばっちりで、すぐにシードマネーを調達できた。それなのに、事業を軌道に乗せられず苦しんでいた。オンデマンドの業界は着実に競争が厳しくなり、2人は脱落しそうになっていた。ニッチ企業の2人には、〈インスタカート〉〈アマゾン〉〈グラブハブ〉のような力はなかった。

ズバーがそれまでの起業経験で学んだことがあるとすれば、コアのビジネスモデルがうまくいっていなければ、捨てたほうがいいということだった。何をやっても、ダメなものはダメだ。どんなに努力しても救えない。数ヶ月苦しんだ後、2人は諦めて1から出直すことにした。3度目の正直だ。

ほとんどカネのなくなった会社で、2人は新しいアイデアを思いついた。名前は〈サン・バスケット〉。簡単に調理できる食事を宅配するサービスだ。ただし、パレオ、ベジタリアン、グルテンフリーといった、特殊な食事に的を絞った。例えばグルテンフリーの食事にこだわる人なら、この宅配サービスを定期購買すれば、地元のスーパーを歩き回ってグルテンフリーの食材を探さずにすみ、すべての食材を家まで届けてもらえる。
サン・バスケットは、特種な食事法の拡大の流れに乗っただけでなく、食品の買い出しの面倒臭さを省いてくれた。このアイデアは魔法のように花開き、急成長した。事業開発マニアのズバーは次々と案件をまとめ、ベンチャーキャピタル（ＶＣ）から２８００万ドルを調達した。本書執筆中の今、彼らが軌道に乗っていることは明らかだ。年間経常収入は1億４０００万ドルにのぼり、さらに拡大している。２人は森から抜け出たか？　それはわからないが、それほど遠くない未来に上場してもおかしくない。

この話のポイントは、森の中で迷子になったら、うまくいっていないアイデアはさっさと諦めたほうがいいが、挑戦を止めてはいけないということだ。**後戻りしているように感じても、森から抜け出るまで、新しい道を切り開き続けなければならない。**

時には原点に戻る

〈グリッチ〉の開発者だったスチュアート・バターフィールド、カトリーナ・フェイクとそのチームは、オンラインゲームを開発していた時に、プレイヤーに写真を投稿させてはどうかと思いついた。だが、そのゲームはあまり流行らなかったので、おそらく聞いたことのある人はいないかもしれない。〈終わりのないゲーム（Game Neverending）〉というタイトルで、ニッチなファンだけに向けたものだったが、開発者たちは写真共有機能に可能性があると気づき、それを別のプロダクトとしてスピンオフした。コミュニティと写真共有の組み合わせは大評判になった。それが〈フリッカー〉だ。

ヤフーがフリッカーを買収するまでに、長くはかからなかった。「フリッカーがかなり早い時期に出現していたことを忘れている人は多い」とバターフィールドは言う。「フェイスブックが写真共有機能を追加したのは、フリッカーがヤフーに買収された1年後だった」

2008年、バターフィールドはヤフーを辞め、ゲーム開発に戻った。今回のタイトルはグリッチだ。暴力のないMMORPGで、プレイヤーはライバルの宗教派閥から改宗させることを競うゲームだった。この独特で奇妙なゲームは大コケした。ユーザーはジンガの〈ファームビレッジ〉のようなゲームに向かった。

グリッチは12年末に閉鎖され、バターフィールドは不満を抱えていた。チームのほとんどのメンバーがいなくなり、残ったメンバーは一緒になって頭を絞った。会社を救わなければならない。でも、どうしたら救えるだろう？

そこで思い出したのが、フリッカーを開発中にメンバー同士の会話に使っていた、IRCだった。大昔のチャットツールだ。フリッカーを開発していた頃、彼らはIRCにとり憑かれ、自分たちでそれにたくさんの機能を加えて、メンバー同士の協力ツールにしていた。

バターフィールドと仲間はこのツールの開発に戻り、古臭いIRCを捨てて、自分たちに使い勝手のいいように1からコミュニケーションのプラットフォームを築き上げた。それが〈スラック〉の誕生物語だ。今やシリコンバレーでもっとも熱いユニコーンの1社になっている。バターフィールドが次に作るゲームが待ちきれない！

食べる暇もない体験から生まれる

ロブ・ラインハートは、Yコンビネーターに合格したことにワクワクしていた。彼らのスタートアップが使命として掲げていたのは、途上国向けのワイヤレスネットワークを構築することだ。しかし、このプロジェクトはたちまち行き詰まり、おカネもすぐに底をついた。

共同創業者たちが去っていく中で、ロブと2人のルームメイトはあれやこれやのプロジェクトに手を出していた。食べる暇も惜しかったロブは、アマゾンで買ったサプリメントを水差しに入れて混ぜ合わせ、お腹が空いたらそれを飲んでいた。まもなくすると、ロブはものを食べなくなった。1ヶ月後、見た目も気分もすっきりしたロブが、自分の体験をブログに投稿し始めると、あっという間にそれが拡散した。今や〈ソイレント〉は栄養機能食品のスタートアップ大手になった。次のビッグアイデアがどこから生まれるかわからないといういい例だ。

ユーザーの行動を深掘りする

ポール・シャラとベン・シルバーマンは会社を辞めて、2人で起業することにした。スタートアップの名前は〈コールド・ブリュー・ラボ〉だ。ポールはラディアス・キャピタルを辞め、ベンはグーグルをやめた。大金持ちへの道まっしぐらのつもりだった。

製品名は〈トート〉で、オンラインカタログからデータを引っ張ってきて、好みのカタログをその時々で作る、買い物客向けのiPhoneアプリだった。間もなくベンチャーキャピタルからの資金も入り、レース場に向かった。ただし、その馬が出走することはなかった。

トートはあっという間に行き詰まった。とんでもない大コケだった。2009年当時、アプリで買い物をする人はほとんどいなかったし、彼らの開発したアプリは、アップストア側の問題から遅くてダサかった。しかしカタログから自分に画像を送ってそれを保存しているユーザーがいることに、シルバーマンは気づいた。予想外の行動だったので、そこを深掘りしていった。

このユーザー行動を起点に新しいプロダクトを開発することにした2人は、トートのプラットフォームを改良したウェブサイトを立ち上げて、より多くのユーザーを惹きつけられるかどうか試してみた。この新しいプロダクトは、ユーザーの選んだ画像をカゴに入れて整理するプラットフォームだった。シルバーマンはこれを買い物サービスともカタログとも呼ばず、名前をつけなかった。意図的にあいまいにしておいて、ユーザーに好きに使ってもらうことにした。

取締役会には、方向転換ではないと言った。最初のコンセプトの新しいバージョンに近いと言っていた。しかし、壮大なビジョンや計画があったわけではない。ユーザーが欲しがるプラットフォームにしただけだった。いずれにしろ、ユーザーは気に入ったようだった。トートは引退し、ここに〈ピンタレスト〉が生まれた。成長曲線がうなぎ上りに急上昇するにつれ、ピンタレストは莫大な資金を調達し、フェイスブック以来最も人気のあるソーシャル・ネットワークの1つになった。**ユーザーを注意深く観察すると、見返りがある**ということだ。

まことしやかなウソ「イノベーションはひらめきから生まれるもの」

僕たちはひらめきの物語が大好きだ。アイザック・ニュートンの頭にりんごが落ちてきて、パッとひらめきが生まれ、重力を思いついたという話を知らない人はいない。素敵な話だが、ニュートンは時間をかけてこの概念を温めていたし、それには物理学への深い理解が必要だった。りんごの話は単に、現実の世界で重力がどう働くかを説明するための例え話であって、それが人々の想像力を刺激しただけだ。

ほとんどの科学者や発明家は、最高のアイデアが徐々に育まれてきたと言うし、検証と実験を繰り返したあとでやっとそれが本当だと信じられたと教えてくれる。最初から完璧な形でアイデアがひらめくことはめったにない。人生はそれほど魔法のようにはいかないものだ。

賢い人の意見に耳を傾ける

シカゴ大学で公共政策を学んでいたアンドリュー・メイソンは、〈ポリシー・ツリー〉という政治サイトを運営していたが、成功した起業家のエリック・レフコフスキーのために副業でデータベースを作っていた。

メイソンはレフコフスキーの事務所の居候のようなものだった。社会活動家のメイソンは、新しいサイトを立ち上げ、〈ポイント〉と名付けた。大勢の人たちが一緒に問題解決をするためのサイトだ。これで大金を稼ごうという気はなかった。ビジネスプランもなかった。社会のためにいいことができるようにと立ち上げたサイトだった。

メイソンを気に入っていたレフコフスキーは、アドバイスを与え指導した。ほとんどの人はこのサイトを社会貢献活動のために使っていたが、ある時、おカネの節約にこのサイトを使っているユーザーがいることに、レフコフスキーは気づいた。このプラットフォームを使って、業者からグループ割引きを得ようとしていたのだ。レフコフスキーはメイソンに、グループ購買用に別のページを作るよう指示した。

メイソンたちは自分たちの使命は違うところにあると思っていた。そのアイデアは以前にも持ち上がっていたが、その方向に行きたくなった。だが、レフコフスキーは諦めなかった。その時、完璧なタイミングで嵐が訪れた。2008年9月、リーマン・ブラザーズが破産を申請し、シリコンバレーのVCはブレーキを踏んだ。メイソンとレフコフスキーはスタッフを解雇しなければならなくなった。

この時点で、メイソンはしぶしぶグループ購買のアイデアを試してみることに合意した。喉から手が出るほど収入が必要だったからだ。地元の中小企業に的を絞って、買い手のグループに割引を提供することにしたのだ。すると、それがまたたく間に大ヒットした。マスコミも大衆も気に入った。そのサービスは〈グルーポン〉へと改名され、上場へと一直線に突っ走った。**賢い人たちの中に自分を置いて、彼らの意見に耳を傾けてほしい。**もしレフコフスキーがこの大チャンスを発見して繰り返し持ち出していなければ、メイソンは象を飛ばすことはできなかったはずだ。

どこに価値があるかは顧客に教えてもらう

ジェレミー・ストップルマンはオンラインでいい医師の推奨がなかなか見つけられず、1人イライラを募らせていた。友達に聞いたほうが早いかも？　ラッセル・シモンズと共に、友達に推薦をお願いする自動メールシステムを開発した。そして、ペイパルの共同創業者だったマックス・レヴチンに100万ドルを出資してもらった。

ただ、おカネは集まったものの、トラクションは得られなかった。ユーザーは友達に推薦を求めたがらなかったのだ。しかし、多くのユーザーが地元の商店のレビューを書き始めたのを見て、ストップルマンは驚いた。彼らが探していたカギはここにあった。〈イェルプ〉と名付けられたそのサービスを、今では月に1億5000万ユーザーが利用し、そこには1億件のレビューが寄せられている。

この話の教訓は、**起業家よりユーザーのほうが上手にビジネスチャンスを発見する**ということとだ。どこに価値が眠っているかは、ユーザーに教えてもらったほうがいい。

自分が抱える問題を解くことから始める

〈ショッピファイ〉は、社内の問題解決から生まれたいい例だ。２００４年、トビアス・ルトケとスコット・レイクは、自分たちが立ち上げたスノーボードのビジネスに合うオンラインの買い物カゴを必死で探していた。しかし、ぴったりの買い物カゴが見つからなかったので、自分たちで作ることにした。２人は開発した買い物カゴがすごく気に入ったので、他の小さな会社でも使えるようにした。今では１５０ヶ国で27万５０００店がショッピファイの買い物カゴを使い、１７０億ドルもの売上をあげている。

自分たちが詳しい問題を解けば、誰にもかなわない。**成功したイノベーターの多くは、自分の抱えている問題を解くことから始めている。**

直感に従う

ハワード・シュルツはヨーロッパのコーヒーが大好きで、１９７１年にアメリカで高級エスプレッソマシンとコーヒー豆の販売を始めた。83年にイタリアを訪れた時、ヨーロッパ風の喫茶店をアメリカで開こうと考えた。それがスターバックスで、アメリカでプレミアムコーヒーが一世を風靡する先駆けになった。まずいコーヒーはもういらない。その夢がきっかけとなり、ほぼ全世界の街角にスターバックスができた。

直感に従おう。あなたが大好きなものを、他の誰かが好きになってくれる可能性は大いにある。

いろいろなことに挑戦する

〈スーパーマリオ〉と〈ドンキーコング〉のはるか以前、任天堂は花札から掃除機まであらゆるものを作っていた。タクシー会社をやっていたことも、ラブホテルのチェーンをやったこともある。任天堂がゲーム機に参入したのは１９７７年になってからだ。

大当たりを出すまでに、いろいろなことに挑戦しなくてはならない場合もある。

オマケが本物の商品になる

デイビッド・Ｈ・マクコーネルは地方を回る書籍販売員だった。本を買ってくれた人たちにはオマケの香水をただで配っていたが、たくさんの家を訪問して、香水のほうが本よりウケがいいことに気づいた。そこで、自分で香水ブランドを立ち上げ、大勢の女性を雇って販売させた。その会社がエイボンだ。成功は甘い香りだった！　今ではエイボンは６００万人を超える販売員と100億ドルの売上を誇っている。マクコーネルは、**タダで配っていたものが本物の商品になる**と気づいたのだった。

バカバカしいアイデアを次々と考える

ジャスティン・カンとエミット・シアーは幼なじみでイエール大学の同級生だった。最初は自分たちが何をしているかをさっぱりわかっていなかった。ただバカバカしいアイデアを次から次へと考えていただけだ。

そんなアイデアの1つが、カンの生活をリアリティ番組にするというもので、カンは24時間365日、頭にカメラをつけたまま過ごすことにした。ダサいカメラを頭につけてサンフランシスコを歩き回っていたカンを見たことがある。

ビジネスなどと言えるものではなかったが、Yコンビネーターの共同創業者のポール・グレアムは彼らを気に入って、5万ドル投資することにした。

「全く何のあてもなかった。見ていた人はすぐにわかったと思うけど」とカンは言う。とはいえ、マスコミはこの番組を気に入った。ジャスティンはスターになり、ライブストリーミングは大人気になった。テレビ局になった〈ジャスティンTV〉では、誰でも自分の人生を公開できた。2010年までには、月に3100万人のユニークユーザーが視聴していた。

この頃ちょうど、ゲーマーたちがジャスティンTVを使ってゲームやトーナメントを放送し始めた。これが「ひらめき」の瞬間だった。ゲームのストリーミングは拡大し、彼らは専門チャンネルを立ち上げた。これが後の〈ツイッチ〉だ。２０１４年までにツイッチは５０００万人の視聴者を獲得し、アマゾンがこの会社を９億７０００万ドルで買収した。ジャスティンＴＶは閉鎖されたが、創業者たちは金持ちになり、ツイッチはアマゾンの中で生き続けている。

なんて劇的なストーリーだろう。この話の教訓は、**イノベーションを止めるな**ということだ。**断りきれないほどの大金を積んでくれる誰かが現れるまで、やり続けよう！**

33 大企業に必要なイノベーション人材

「新しいテクノロジーが押し寄せた時、
私たちはみな、勇気と創造性によって縛られている」
アストロ・テラー（科学者、作家）

他人と違う考え方が必要なら、変わった人を雇わなければならない。賛成する人のいないアイデアや意見を持ち、変化のきっかけを作るのは、そうした人たちだ。彼らがあなたの触媒になる。彼らがあなたのチームに挑戦し、居心地のいい場所からチームを踏み出させる。

変わった人こそチームには必要

イノベーションチームには、スーパースターばかりを入れたくなるかもしれない。一流の科学者、バリバリの営業マン、賢いマーケター、世界一頭のいい戦略家。しかし、そんな人たちが、イノベーターとして最高とは限らない。伝統的な考え方に縛られ、何が可能かを見逃してしまうかもしれない。

言い換えれば、**イノベーションチームにトップの人材だけを集めてはいけない**。交ぜ合わせたほうがいい。最高の人材を、その他の人たちと一緒に働かせたほうがいい。ヘッドフォンをして隅っこに座り誰とも話さないフランクが、ビジネスへの深い知見を備えていたり、他の誰にもできないようなものの見方をするかもしれない。奇抜な服装で空気を読まない変人のメリー・ジェーンも同じだ。彼女は他のチームメンバーに刺激を与え、守りの姿勢を解き、リラックスさせ、創造性を伸ばしてくれる触媒のような存在かもしれない。

イノベーションチームを作る時には、限られたグループだけでなく、そのプロセスを全社に開放したほうがいい。コンテストを開いて、CFO（最高財務責任者）から清掃員まで全員がアイデアを応募し、イノベーターになれるチャンスを競ってもいい。

発想のプロセスも民主化し、全員の投票で最高のアイデアを決めてもいい。それが正しい雰囲気を作り、組織を活性化させ、全員の参加が必要だということをはっきりさせる。

意外な人材が事業を一変させることもある。ソニーでどちらかというと若手の社員だった久《く》夛《た》良《ら》木《ぎ》健《けん》は、余った時間を娘の任天堂ゲーム機の改良につぎ込んでいた。もっと使い勝手をよくして、かつ能力を高めたかった。

彼のプロジェクトが注目され始めると、ソニーの経営陣の多くは不快に感じた。ゲームなど時間と資源のムダだと思っていたのだ。彼らはソニーの未来をそこに見ていなかった。そんな反対にもかかわらず、久夛良木のプロジェクトは〈プレイステーション〉として実を結んだ。

史上最も成功した家庭用電子機器の1つになったのだ。

まことしやかなウソ「みんな新しいアイデアが大好き」

残念ながら、すべての人が新しいアイデアに飛びつくわけではない。権力の座にある人はとくにそうだ。歴史を通して、伝統的な考え方を覆すような新しいアイデアを持つ人は投獄されたり、焼き殺されたり、いじめられたり、さまざまなやり方で迫害されてきた。人間はそもそも保守的なのだ。慣れたものに愛着を持つ。過去にうまくいったことを信頼する。何よりも安心と予測可能なものを望み、自分にとって害になる場合でさえ現状にしがみつく。

問題は、過激な新しいアイデアはたいてい既存の構造を脅かすということだ。既得権益に挑戦しなければブレークスルーは生まれないし、自分の利益はいつでもイノベーションに勝る。地位やルールを脅かすような変化に人は抵抗する。だから、最高のアイデアがいつも最初に勝ち残るとは限らない。手術前の器具の消毒のような、人命を救うことが証明されたアイデアでさえ、教育程度の高い医師の抵抗を乗り越えるのに何年もかかった。

新しいアイデアを受け入れてもらうためのカギは、既得権益への脅威をできるだけ減らすような形でそれを提示し、すべての関係者へのメリットを強調することだ。素晴らしいアイデアを持っているだけでは十分ではない。そのアイデアを売り込み、支援を募らなければならない。それは政治ゲームだ。

残念ながら、多くの創造的な思想家や発明家は、政治の達人ではない。ガリレオ・ガリレイがいい例だ。ガリレオはローマ教皇の親しい友人だったのに、教皇を激怒させ異端審問に追い込まれてしまった。天才だからといって、すべてに優れているわけではない。

大企業のイノベーションチームに必要な人の8つのタイプ

第2章で、理想的なスタートアップの遺伝子について述べた。そこではハスラー、ハッカー、ヒップスター、ホットショットの組み合わせが理想だと言った。また、企業内イノベーションチームには、政治家とオーガナイザーを加えるべきだとも触れた。では、大企業でのイノベーションに必要な人材のタイプへと視点を広げてみよう。

会社の同僚の中からイノベーションチームのメンバーに選ぶ人を考える時、次の点に注目してほしい。**協調圧力の壁を突き破れるかどうかは、経験や知能やモチベーションよりも、人柄にかかっている。**

好奇心のある人は最高の探検家になれる。好奇心、創造への燃えるような情熱、新しい体験への積極性、慣れ合いを嫌う姿勢が組み合わされば、理想的なイノベーターに近づける。ただし、同じようなタイプばかりを選んではいけない。同じように考え、同じように行動する人の集まる同質的なチームはよくない。ものの見方、アイデア、経歴の異なる人が集まるほうがいい。動きのあるグループにはそれが必要だ。ここに、どんなチームにも必要な性格の特徴を挙げておく。もちろん、このうちの複数の特徴を持つ人もいる。

オポチュニスト（目ざとい人）

オポチュニストはいつも、大化けしそうな何かを探している。市場の間隙をいち早く見つけ、そこに飛び込むことを恐れない。挑戦が好きで、誰よりも先頭に立てるチャンスならもっとやる気になる。世界一賢い人でも、目の前のチャンスが全く見えないこともある。それに比べてオポチュニストは「どこかに幸運がないか？」といつも目ざとく周りを見回し、ためらわず儲けを狙う。

その道のプロ

高校を中退して世界を変えたイノベーターは注目を集めるが、ほとんどのイノベーターは高い教育を受けていて、知識と訓練によって点と点をつなげ、可能性を見つける。イノベーションは、複雑なビジネスプロセス、テクノロジー、社会トレンドといった深い世界観の上に築かれる。世の中で何が起きているかを理解し、何を変えなければならないかを知るには、カギになる分野の深い知識が欠かせない。その道のプロであれば、一流大学の学位があるか独学かは関係ない。

強い人脈を持った人

EQ（こころの知能指数）の高い人が少なくとも絶対1人はチームに必要だ。その誰かが、社内の他の部署に対してチームの顔にならなければならない。イノベーションには協力が欠かせないし、イノベーションチームは他の部署の人たちに関わってもらうことが必要になる。強い人脈を持った人がそのいい候補になる。イノベーションは1人きりでは成し遂げられない。最適なタイミングで最適な人と接触することが、大きな違いをもたらす。

経営の大家ジョン・カッツェンバックは「イノベーションチームでは、メンバーとその人脈を切り離せない」と言っている。プロジェクトの成功が個人の関係にかかっていることもある。組織の中で誰かに糸を引いてもらうことで、状況が大きく変わる場合もある。

ストーリーテラー

チームが本当にイノベーティブな何かを行っているなら、それを社内に知らせる必要がある。ストーリーテリングは、賛同を得るための最も強力で効果的な方法だ。ベンチャーキャピタル（VC）は、ストーリーを聞いてスタートアップに資金を提供する。チームの誰かがストーリーを語り、確実にビジョンを売り込んでほしい。

ダメと言われても諦めない人

チームにはいつもメンバーの尻を叩いてくれる人が必要だ。それは、ダメと言われても諦めないタイプの人間だ。ものごとがうまくいかない時には、どんなに難しい問題でもこの人がなんとか解決してくれる。希望のかけらも見えないような時に、この人がチームにはっぱをかけ、一層必死に挑戦し、果敢に立ち向かう。それが原動力となる人だ。この性格は何物にも代えられない。それが真の起業家とごくつぶしを分けることになる。

プロジェクト・マネジャー

細かいことに気のつく人は必要だ。整理下手なチームは進歩できない。何もかもがそのうちにぐちゃぐちゃになる。チームの中ですべての破片を拾い集め、それをあるべき場所に収めてくれる人が必要だ。たいていはそれがプロジェクト・マネジャーで、計画を確かめ、全員が何をすべきかを確かめ、取りこぼしがないかを確かめる達人が、その役目を担う。

チームを煽ってくれるアウトサイダー

チームの全員が社内の人間である必要はない。外部から誰かを加えたほうがチームのためになる。その会社の文化に染まっておらず社内政治にも関わりのない外部コンサルタントは、チームの背中を押して、思ってもみなかった場所にチームを導いてくれる。チームを煽ってくれるアウトサイダーは、新しい方向にチームを導くことができる。チームメンバーになってくれる、経験や知識を持つ誰かを探そう。企業コンサルタント、ベテラン起業家、専門分野の深い知識を持つ研究者はいい候補になる。誰を選ぶかは、チームがどんな人を一番必要としているか次第だ。

プロジェクトに魂を注いでくれる人

何よりも大切なのは、核になるチームメンバーの中に、中途半端な気持ちで取り組む人がいないことだ。パートタイムのメンバーがいてもかまわないが、コアのメンバーは１００％の力を注ぐ必要がある。経験豊富なＶＣのほとんどは、創業者たちが会社勤めを辞めて完全にそのスタートアップに命運を賭けていなければ投資しない。アップデータ・パートナーズのベンチャーキャピタリスト、カーター・グリフは、起業家は「人生すべてをこのプロジェクトに賭けなければならないし、中途半端なら失敗する。それに魂を注いでない人はだいたい生き残れない」と言う。大企業のイノベーションチームも同じだ。全員が集中し、プロジェクトの成功にすべてを捧げなければならない。戻る場所はない！

チームが非常にうまくいっていて、目覚ましい結果を出しているのがわかったら、口を出してはいけない。勝利の方程式を見つけたら、勝手に変更しないほうがいい。メンバーが好きなだけ、いつまでもチームで働かせてほしい。魔法を生み出すことは極めて難しい。もしそれができていたら、チームを守り、育んでほしい。そんな組み合わせは珍しく、再現はほぼ不可能だ。１つだけ言えるのは、チームが輝き始めれば、必ずわかるということだ。もしその輝きが見えなければ、もう１度メンバーを入れ替えてみればいい。

34 自分自身をイノベートする

「最初は無視され、次に笑われ、それから挑みかかられる。
そして最後に私たちが勝つ」

マハトマ・ガンディー（インド独立運動リーダー）

イノベーションを生み出すということは、みんながやらないことをやるということだ。何か違うことをすることだ。イノベーションチームのメンバーを自由にさせなければならない。期待されることをやらないのが、メンバーの仕事だと伝えなければならない。慣れ親しんだことをしてはならない。得意なことをやるのもダメだ。イノベーションとは限界を押し広げ、間違いを犯し、辺境に踏み込み、不可能を可能にすることだ。

群れから離れて自分だけ別の方向に行くのは難しい。人と違うということは、つらいものだ。だが、そのままではイノベーションはおぼつかない。あなたとチームの世界の見方を完全に変える必要がある。それは、あなた自身から始まる。

少し時間をとって、普段の1日の行動をすべて書き出してほしい。おそらく自分のパターンに気づくだろう。同じことを何度も繰り返しているはずだ。同じオフィスに行き、同じ人と話し、同じ食べ物を食べ、同じような本を読み、同じテレビ番組を見る。それを止め、人生を見直し、違うことをしてほしい。

その目的は、段階的な改善ではなく、世界と人生の体験を過激に変える方法を学ぶことだ。

自分自身を作り変える

僕が人生で学んだことが1つあるとすればそれは、**偉大なことを成す人たちは、世界だけでなく自分自身を常に作り変えている**ということだ。

彼らは同じ場所に留まっていない。自分を永遠不変の存在にはしない。変わろうと思えば変われるし、成長できると信じている。世界を新しい目で見るように、自分にいつも挑戦している。そしてすべてに対して飽くなき好奇心を持っている。

僕の真意を知ってもらうためには、セオドア・ルーズベルトの伝記を読んでもらうといい。彼は強い意思の力で自分を何度も作り変え、その過程でアメリカを作り変えた。子供の頃のルーズベルトは病弱だったが、戦地では恐れ知らずの英雄となり、雄弁な演説家、政治の達人、社会活動家、そして世界を旅する冒険家になった。第26代アメリカ大統領になったことは言うまでもない。30冊を超える本を書き、強固な独占企業群を解体し、鉄道を自由化し、労働者を保護し、食品医薬品衛生法を成立させ、パナマ運河を確保し、国立公園制度を作った。その他にも功績は多い。

セオドア・ルーズベルトは新しいアイデアを恐れないイノベーターだった。常に権威に立ち向かい、一般常識を疑った。彼は現状に満足しなかった。さらにいい世界を信じ、それを思い描き、実現した。そんな彼の姿勢は、次の言葉によく表れている。

「頼りになるのは批評家ではない。それは、強い人の躓きを指摘する人でもなく、行動している人に向かってどうしたらもっとよくできるかを説明する人でもない。賞賛されるべきは、その場に実際にいる人だ。血と汗と埃にまみれている人だ。果敢に挑戦する人だ。何度も道を間違え、失敗を繰り返している人だ。間違いや失敗がなければ、努力もない。それは実際に行動する人だ。偉大な情熱と偉大な献身を知る人だ。大切な志のために自分をすり減らす人だ。幸運なら最後に大きな成果を収め勝利できるし、最悪でも失敗するだけだと知る人だ。そして、困難なことに大胆に挑戦しながら失敗できると知る人だ。その魂は、勝利も敗北も知らない、冷たく臆病な魂と同じ場所にいることはない」

僕は皆さんに、大胆な挑戦をしてほしいと思う。

自分の強さと弱さを見つめ、どんなに困難でも、不可能に見えることでも、1歩1歩進んでいけるよう、自分に問うてほしい。失敗を恐れないでほしい。若い頃にはありえないほど臆病で不安に苦しんでいても、自分を無理やり表舞台に出して臆病さを克服してきた人たちを、僕は多く知っている。その中には、政治家も、演説家も、企業経営者もいる。神経の回路を変えることは可能だ。

人の脳は驚くほどに柔軟だ。人間は、自分の考え方だけでなく、物理的な反応や心や人格を変える能力がある。臆病さや乱暴さといった、生まれながらの性格を変えることもできるし、世界にどう反応するかを変えることもできる。

これがイノベーションにどうつながるのだろう？　イノベーションは僕たちの頭と心から始まる。本当にクリエイティブな人間になろうと思えば、ものの見方を広げなければならない。イノベーションとは、世界がまだ見たことのない何か、試したことのない何かを思いつくことだ。簡単なことではない。**普通の人が想像できる範囲を超えて考えられる能力を、生まれつき持っている人はほとんどいない。それは努力して身に付けるものだ。**

マラソンやオリンピックに向けてアスリートが訓練するように、あなたも一流のイノベーターになるために頭と心を訓練することができる。

「組み合わせの妙」からアイデアが生まれる

訓練を始めるには、新しいアイデアは突然どこからともなく現れるものではないことを認めなければならない。あなたが学んだこと、経験したことすべてが意識によって関連づけられ、1つになって、そこから新しいアイデアは生まれる。

アインシュタインはそれを**「組み合わせの妙」**と呼んだ。それは既存のアイデアを持ってきて、それらを新しい方法で組み合わせ、結果を思い描くプロセスだ。あるトピックについて深く考えることがその訓練にもなるし、新しい概念を自由に結びつけ、思考実験の中で検証してもいい。世界で最も優れた思考家の多くは、そうやってブレークスルーを起こしている。

ビジネスにおける「**思考実験**」の例を、ここでいくつか挙げてみよう。

アイデアを成功させる方法を思い浮かべるのではなく、そのアイデアを殺すにはどうしたらいいかを必死に考えてほしい。偉大なイノベーターの多くはまず、自分たちの夢がどうしたら破壊できるかを、ありとあらゆる角度で考えるところから始める。

「どうしたら風船に穴があいて地面に墜落するだろう？」

この思考実験では、自分の会社をできる限り早く潰すにはどうしたらいいかを考える。もし失敗するなら、今、頭の中で失敗しておいたほうが、後で現実のものになるよりもいい。

次に、超強力なライバルが現れて、あなたの事業を完全に潰そうとしている場面を想像してほしい。

「ライバルならどうするか？　より良い製品を作り、あなたのビジネスモデルを破壊し、顧客を奪い、競争力を削ぎ、あらゆる分野であなたを追い抜くにはどうしたらいいだろう？」

その次に、どのように市場を拡大するかを思い浮かべよう。

「どうしたら2倍、3倍、4倍に成長できるだろう？　新製品を開発する？　別の顧客層を狙う？　地理的に拡大する？　顧客を一段上のサービスにアップグレードさせるにはどうする？

その他の成長手段は？」

最後に、10年後のあなたの会社を思い描いてほしい。

「それは重要か？　そんなことに意味があるのだろうか？　生き残るには何が必要だろう？」

ある分野からアイデアを借りてきて別の分野に当てはめる

思考実験が役に立つことは、アインシュタインでなくてもわかる。

イノベーションの大半は、ある事業の既存アイデアを別の事業に当てはめることから生まれている。成功している起業家は、そうしたアイデアを最初に見つけ、それを違う目的に当てはめたらどうなるかを思い描くことができる。

例えば、〈リンクトイン〉は紙の履歴書とソーシャル・ネットワークを組み合わせた。〈イーベイ〉は昔ながらのオークションをインターネットに合わせて作り変えた。〈グルーポン〉はクーポンとグループ購買をつなげた。〈クレイグズリスト〉は新聞のクラシファイド広告を模倣した。電子メールは誰かのデスクにメモを置いておくというコンセプトから生まれた。**大きなイノベーションはいずれも、人々が既にやっていることや考えていることが元になっている。**

このプロセスには名前がある。「**知識仲介**」だ。ある領域で成功しているアイデアを、新しい文脈で生まれ変わらせるということだ。このプロセスを体系化し、古いアイデアを掘り出して新しい問題に応用している企業は多い。

デザインコンサルティング企業のＩＤＥＯはこの方法を使い、世界的に有名な製品をいくつも生み出してきた。ＩＤＥＯは、デザイナーにどこにでもある製品や材料を探して、とくに今使う目的がなくても、それで遊んでみることを進めている。こうした知識がイノベーションに欠かせないことをＩＤＥＯは知っている。それがデザイン思考を刺激する原材料になる。ＩＤＥＯは、ガジェット、電子機器、おもちゃ、社員が集めてきた小物などの保管システムも作ってしまったほどだ。

トーマス・エジソンはかつて「発明には、優れた発想と山ほどのガラクタが必要だ」と言った。だから、視野を広げることが大切なのだ。役に立つガラクタで、頭と心を埋めてほしい。

イーロン・マスクもそうし続けている。彼はいつも本を読んでいる。小さな頃はブリタニカ百科事典を読破した。家の中に他に読むものがなくなってしまったからだ。新しいプロジェクトに飛び込む時、例えば人を火星に送る時、その分野のありとあらゆる本を読みまくる。情報の中に文字どおり自分を埋め、アイデアの土台を築き、未来への道筋を作り始めるのだ。


起業家はビジネス書ばかり読んでいてはいけない。

僕はビジネス書が大好きだが、科学雑誌から古典文学、ファンタジー小説、詩、歴史、哲学まで何でも読むようにしている。どうしてか？　多様な情報源から新しいことを発見し、学ぶことで、多角的な視点で世界を見るためだ。

シュメールの恋愛詩や鳥類学について読むのは時間のムダだろうか？　絶対にそんなことはない。普段あまり関わりのない分野の情報が、じつは最も価値がある。自分が知らない情報だからだ。それが僕たちの心を開き、新しい考えのきっかけになり、創造性の土台になる。

僕の場合、認知音楽学者がどう音楽を分析し理解するのかについて書かれた本が、ビジネスの考え方にも影響する。自分が解決しようとしているビジネスの問題にどうしても音楽理論を当てはめてしまうのだ。天文学でも、量子生物学でも、宗教学でも、栄養ゲノム情報科学でも、中世史でも、自分の仕事と直接には関係ない他の無数のトピックでも同じだ。

自分にはほとんどあるいは全く馴染みのない分野の新しい本を探すのが、僕のクセになっている。そこがイノベーションの肥沃な土壌だからだ。

最もイノベーティブな研究論文を分析してみたところ、その大半には新しいアイデアが含まれていなかったという。彼らは古いアイデアを取り込んで、新しい分野に応用していた。

心理学のアイデアが企業経営に持ち込まれ、「組織心理学」が生まれた。「計算社会科学」は、統計とビッグデータとコンピュータ・サイエンスと社会学を組み合わせて、社会現象や長期トレンドを理解しようとするものだ。「組み換えミーム学」は、組み換え遺伝子からアイデアを借りてきて、ミームが社会問題にどう応えることができるかを研究する学問だ。「認知経済学」は認知科学と計算機経済学を組み合わせ、合理性と意思決定の理論を付け加えて大規模な経済行動の新しいモデルを作ろうとするものだ。

このように、**ある分野からアイデアを借りてきて別の分野に当てはめることで、イノベーションが生まれる。**人間の歴史を科学革命以前から振り返ると、知識を高め視野を広めるために、人はずっとこれをやってきたことがわかる。イノベーションを起こしたければ、これよりいいやり方はない。

僕はよく旅行する。世界中の人がどう思いを伝え、力を合わせ、問題を解くかを観察するのは、一番楽しい。こうした体験は、社会や事業における自分の役割について、また自分自身についてこれまでと違う視点を与えてくれる。自由に探索し、街をさまよい、普通の人たちと話し、その文化を知る時、新しい考え方が宿る。文化への知的な理解と直感が1つになった時、ビジネスの新しいアイデアと手法がよりはっきりとしてくる。

世界の偉大な思想家は、他の文化から最良のアイデアを持ってきて、自分たちの文化に当てはめた。ギリシャの哲学者、ピタゴラスは古代エジプトから借りてきた。モネとゴッホは日本の芸術からひらめきを得た。ダンテの『神曲』はイブン・アラビーのようなイスラム学者の宗教的な文章から得たアイデアを取り入れている。

自分の文化に没頭しすぎると、ものごとが見えなくなりがちだ。すべてを当たり前と思ってしまう。しかし、別の文化に1歩足を踏み出すと、新鮮な目で人生を見る機会ができる。

マルコ・ポーロ、フェルディナンド・マゼラン、ルイス・クラーク探検隊、トーマス・クック、玄奘三蔵、そして イブン・バットゥータといった人々がもしいなかったら、世界はどれほど違っていたかと考えてほしい。自分たちの文化を超越した視点を持てば、新しいつながりができ、見過ごしてしまいがちなものが見えるようになる。

いつものやり方とは全く違う何かをやってみる

歴史の勉強は、もう1つの大切なアイデアの源だ。

チンギス・ハンが歴史上、最も偉大なイノベーターの1人だったことをご存じだろうか？　西洋では、アジアと中東とヨーロッパで略奪と焼き打ちを行った残酷な野蛮人として知られている。しかしそれは彼の一面でしかない。ハンは新しいアイデアを実験し続け、世界を変えるような帝国を建設した、賢い人物だった。

下層階級だったハンにとって、出世のための唯一の方法はモンゴルの人々を1つにまとめることだった。そのために、身分制度をなくし、実力主義を確立した。彼は自分の弱みを強さに変え、一大帝国の土台を築いた。

ハンは闘いの戦術にイノベーションを起こした。電光石火の攻撃を完成させ、退却するふりをして包囲攻撃を仕掛けた。敵をビビりあがらせたり、悪魔のように思わせたりする心理戦術さえ構築した。その上で、自分が出会った工芸家や学者、宗教、発明をすべて吸収し、モンゴルの社会構造の中に組み入れた。身に付けた知識と才能を使って、広がる帝国を管理し成長させた。モンゴルは、中国だけでなく中央アジア、ロシア、中東、インド、一部ヨーロッパの広大な領土を統治するまでになった。

野蛮人にはそんなことはできない。イノベーティブな天才にこそできたことだ。

あなたもハンのように、**居心地のいい場所を出て、未知の世界を歓迎しなければならない。**限界を広げよう。たとえ怖くても、空から飛び降りよう。行動してみれば、それがどんなものかわかる。

オペラに行ったことがなければチケットを買って劇場を体験してみよう。レースカーを借りられるトラックを見つけてスピンに挑戦してみよう。ハッカソンに参加したことがなければ、今やってみよう。そのチーム体験は素晴らしいものだ。赤の他人と数時間で親友になり、協力できることに驚くだろう。どんな経営本より学ぶことが多いはずだ。

毎晩11時に寝ているなら、コーヒーをがぶ飲みして完徹し、頭に浮かぶことをすべてじっくり書き出してみてもいい。自分が思いつくことにショックを受けるかもしれない。野生の原野を2週間旅してみよう。詩を書こう。禅合宿で数日間静かに瞑想し、自分の心がどう変わるかを見てみよう。自分と正反対の意見を聞いてみよう。地元の芸術家と付き合い、展示会を訪れ、あなたのプロジェクトに彼らを引き入れよう。今まで手に取ったことのない本を読むだけでもいい。

あなたの頭と心を新しい体験に開く方法はいくつもある。そのすべてがいいことだ。**いつも**

のやり方を抜け出して、全く違う何かをやってみるべきだ。それが、人と違う生き方、考え方につながる。

多様なチームを作るだけでは十分ではない。あなたの頭と心を多様化しなければならない。人と違うたくさんの新しいアイデアを、頭の中でいつも弾ませていなければならない。こうしたアイデアが合体してどんな新しい考えを生み出すかが、イノベーションのカギになる。人の脳は、過去のすべての経験を引き出し、ぴたりと合うものができるまで、新しい方法で断片をまとめる合成機械だ。

すべてを疑ってほしい。なぜ今のやり方がそうなのかを自問してほしい。

自分と違う考え方にも心を開こう。自分の直感が間違っていることも認めよう。明らかに間違ったことを信じている人がいる。そうした人には見過ごしている点やわざと見ていない点があるのだろう。この世界には、僕たちには見えない多くの真実がある。かつてコンピュータは科学研究以外に使われることはないと思われていたし、真空管が絶対でキーボードは必要ないと思われていた。世界は変わるのだ。

ものごとの内側を見て、自分自身を疑わなければ、チームを導くことも、見えない未来の姿を見せることもできない。あなた自身が新開地に行ったことがなければ、チームを鼓舞し、育み、新開地に導くことはできない。**真の偉大なイノベーターになるには、自分自身をイノベートすることから始めなければならない。**

35 大当たりが1つだけ出ればいい

「失敗なんて気にするな。一度成功すればそれでいい」

ドリュー・ヒューストン（ドロップボックス　共同創業者）

僕たちはみんな、この世界は「勝者総取り」だと知っているし、みんなが勝者になりたがる。だから、勝者と敗者を分けるのは何かを自問しないといけない。

ここまで、イノベーションを起こすにはどうしたらいいかについてたくさん述べてきたけれど、見返りがないならイノベーションを起こしても仕方がない。この本は、新たな巨大ビジネスを生み出すような大胆なイノベーションについての本だ。つまり、次の〈ツイッター〉や〈グーグル〉や〈アリババ〉を生み出すことが目的だ。

でも、ちっぽけなアイデアが巨大企業に育つかどうかは、どうしたらわかるのだろう？

まずは、カネ儲けの話をしよう。世の中にビジネスモデルは2つしかない。ユーザーがカネを払うか、広告主がカネを払うかだ。それしかない。その他にカネを儲ける方法はない。

ユーザーが支払う場合、それぞれのユーザーがその生涯にわたってたくさんの少額取引をするか、数回の多額の取引をするかどちらかだ。流行りのモバイルゲームは、プレイヤーから少額のカネを繰り返し受け取るが、その回数ははるかに少ない。航空機や自動車メーカーはクライアントから多額のカネを受け取る。どちらにしろ、こうした企業にとっては、顧客から生涯にわたって受け取る収入が、顧客獲得や事業運営にかかる費用よりも多くなければならない。そうでなければ、その事業は長期的に成功しない。単純なことだ。

2番目は広告モデルの話だ。もちろん、その他に売上を得る方法はない。オンラインの売上シェア、スポンサー料、アフィリエイトなどだ。しかし、それもまた別の形の広告に他ならない。名前を変えてもルールが変わるわけではない。

広告で儲けるには、莫大な数のユーザーの参加が必要になる。その参加の頻度が多く、長期にわたるほど、儲かる。ユーザーが少なすぎたり、参加頻度が少なければ、広告モデルで利益は出ない。視聴者かアクティブユーザーの数がクリティカルマス（商品やサービスが一気に広がる普及率の分岐点）に達してはじめて、広告サービスで利益が出せるようになる。その数は、100万人か、それ以上だ。その規模に達しない場合は、広告では儲けられない。

どんな新しいビジネスでも、それが最初のリトマス試験紙になる。ビジネスモデルは複雑だと誰もが思っているが、そんなことはない。これ以外の方法でおカネを儲けている会社はないし、たくさんのおカネを儲けられなければ巨大事業を築くこともできない。だからアイデアを出すところに逆戻りすることになる。

あなたのイノベーションが優位性を築く7つの条件

次に考えるべきは、守りの力だ。新しい企業が倍々ゲームで伸びていくには、ライバルを寄せ付けないような何かが必要になる。言い換えると、参入障壁がなければ、支配的な存在にはなれないということだ。偉大な企業はいずれも、ライバルよりもはるかに有利にユーザーを引き寄せ、維持し、おカネを儲けられるような、不当な優位性を持っている。かなりの不当な優位性がなければ、価格競争に陥り、成長は遅く、儲けも限られる。ほとんどのイノベーターがこの手の事業に手を出したくないのは明らかだ。

では、あなたのイノベーションが支配的な存在になれる可能性があるかどうかは、どうしたらわかるのだろう？　ここに、７つの不当な優位性を挙げておく。

1．何十倍も何百倍も優れたプロダクトを開発する

ライバルより何十倍も何百倍も優れたプロダクトを作ろう。何倍かいい程度なら、ユーザーは一番安いものに向かう。それでは巨大ビジネスを築くことはできない。ユーザーを捉えて離さないためには、はるかに大きな価値を提供する必要がある。前にも言ったが、そのいい例が〈グーグル〉だ。グーグル以前に検索エンジンはいくつもあったが、グーグルのほうがはるか

に優れていた。だから市場を総取りできた。〈フェイスブック〉もそうだ。フェイスブックは最初のソーシャル・ネットワークではなかったが、ライバルより数百倍も優れていた。

2. 新しい市場を作る

これまでにないような、新しい市場を作ろう。あなたのプロダクトがすごく独特で説得力があるものなら、全く新しいカテゴリを作ることができるし、そこで自然に勝者になれる。簡単にできることではないが、そんな例は数多い。サーモスタットの〈ネスト〉はIoTの波を起こし、〈オキュラスリフト〉はバーチャルリアリティに人々の目を惹きつけた。いずれも市場が証明される前に数十億ドルで売却された。それは、彼らが新しい市場を作ったからだ。その他にも、フィットネスの〈クロスフィット〉、ファストフードの〈チポレ〉、ヨガウェアの〈ルルレモン〉、家具の〈イケア〉など例はたくさんある。

3. 最初に破壊する

新しいテクノロジーまたはビジネスモデルのイノベーションで、既存市場を最初に破壊しよう。既存企業と同等の製品またはサービスをはるかに安く提供できれば、ユーザーを奪うことができる。それが、典型的な破壊だ。例えば、映画の〈ネットフリックス〉、クラシファイド広告の〈クレイグズリスト〉、株式仲介の〈イー・トレード〉、不動産の〈レッドフィン〉、銀行の〈シンプル〉などがいい例だ。

4．ネットワーク効果を利用する

ネットワーク効果を利用しよう。ネットワーク効果とは、ネットワークにいるユーザーの数が増えれば増えるほど事業の価値が上がることを指す。ソーシャル・ネットワークや両面のマーケットプレースは、いい例だ。〈ネクストドア〉の価値は、近所の人たちが参加するたびに上がる。〈ホームアウェイ・ドットコム〉の価値は、新しいホストとゲストが参加するたびに上がる。大手インターネット企業のほとんどは、ネットワーク効果を利用している。〈グーグルアドワーズ〉には広告主と掲載先がいる。〈アマゾンマーケットプレイス〉には売り手と買い手がいる。〈リフト〉には乗客と運転手がいる。〈スナップチャット〉には友達がいる。〈リンクトイン〉には仕事仲間がいる。〈イーベイ〉には売り手と買い手がいる。例を挙げればきりがない。

5．独占的なものを持つ

独占的な手法や関係を確立しよう。特許、独占的な流通チャネル、政府の支援、法的な障壁などだ。例えば、ＡＢＣ、ＮＢＣ、ＣＢＳといったアメリカの３大ネットワーク局は、新技術によってケーブル局との競争が生まれるまでは、政府の認可事業として長年、放送市場を独占してきた。〈クアルコム〉は特許の利用に力を入れている。中国の〈滴滴出行〉は政府の強い支援を受けている。

6．ユーザーを囲い込む

ユーザーを囲い込もう。巨大ビジネスは、ユーザーとの一度きりの取引では成り立たない。長期の関係を築くことがカギになる。ユーザーがその製品を長く使えば使うほど、離れにくくなる。マイクロソフトとアップルの生態系を見るといい。一度プロダクトを使い始めたら、なかなか乗り換えられない。〈グーグルドキュメント〉と〈Gメール〉も同じだ。〈セールスフォース〉も世界有数の強力な生態系を築き上げている。偉大な企業はたいてい偉大な生態系を作り上げている。ユーザーはそこに時間とおカネと信頼と気持ちを投じる。そうするとなかなか乗り換えられなくなり、それが大きな不当な優位性になる。

7．ブランドを築く

新しいトレンド、社会変化、市場の変化、積み上がったニーズを誰よりも先に見つけることができたら、市場に参入してブランドを築くことができる。ブランドそのものがプロダクトを差別化する力を持つ。ブランド医薬品、食品、洋服に、ノーブランドの全く同じものより高いカネを払うのはなぜだろう？　〈アドヴィル〉〈プロザック〉〈コカ・コーラ〉〈ネスレ〉〈カルティエ〉〈プラダ〉などは、いずれも強力なブランド力のおかげで不当な優位性がある。ブランドを築くにはおカネがかかるし、難しい。一番いい方法は、満たされていない顧客の欲求を見つけ、最初にそれを満たすことだ。ただし、幻想を持ってはいけない。ブランドがあるからといって価値が高いとは限らない。特許を申請したからといって、それに価値があるとは限らないのと同じことだ。最初に市場に出たからといって成功は保証されない。新しい技術を思いついたからといって、おカネが儲かるとは限らない。1つひとつのイノベーションを批判的な目で分析し、あなたの信じているような可能性が本当にあるかどうかを見なければならない。

この7つの条件はどれも、その力が極めて強い時だけ通用する。その力が弱ければ、何をしようが、どれだけ多くのリソースを投入しようが、大きな事業にはならない。それがリセットボタンを押す潮時だ。

大きなブレークスルーは時間の問題だ

これを憶えておいてほしい。醜態をさらしたり、実験に失敗したり、プロジェクトが中止になったりしても、**会社を大化けさせるような当たりが1つだけ出ればいい**。世界で最も偉大な新しいビジネスは、たった1つのブレークスルーの上に成り立っている。

コカ・コーラは炭酸飲料、ジレットは安全カミソリ、クロロックスは漂白剤、ベルは電話、フォードは組み立てライン、インテルは4004プロセッサー、シスコはルーター、フェイスブックはソーシャル・ネットワーク、グーグルは検索。まだまだ他にもある。

イノベーションチームが数百ものアイデアを試して、1つ以外は全て失敗しても、それで十分だ。たった1つの重要な知見が産業全体の姿を変えることもある。そのことを心に留めてほしい。その1つを見つけることは簡単ではない。失敗の上に失敗が重なると、タオルを投げて、負けを認めたくなるものだ。

でも、諦めないでほしい。真実は醜い。イノベーションプロジェクトのほとんど、つまり、あなたのプロジェクトのほとんどは、いずれゴミ箱行きになる。一銭の売上もなく、誰にも認められず、マスコミにも注目されず、進歩の兆しさえないだろう。誰もが、そのプロジェクトに価値があるのかと疑うことになる。だが、打ち切りを恐れてはいけない。もっと深いところを見てほしい。

そうしたすべてのことの裏側に、真の価値はある。イノベーションは、個別のプロジェクトが成功するか失敗するかということではない。チームが何を学び、何をするかということだ。もし、あなたのチームが画期的な製品を1つも市場に出せなくても、その努力から直接の売上を一銭も上げられなくても、社内に共有できる価値ある知識と経験を蓄積していることに変わりはない。それが既存製品を、顧客サービスを、製造を、マーケティングを、販売を改善する助けになり、すべての部門をよりイノベーティブに、より儲かるようにするかもしれない。

あらゆる部署から、また異なる地域から社員が参加し、親密なチームになれば、絆が生まれ、関係が築かれ、新しい社内ネットワークができ、組織全体がより強く賢くなる。イノベーションチームは数ヶ月しか一緒でなくても、以前の仕事に戻った時に新しい手法やプロセスやツールを持ち帰るだろう。また、さまざまな部署のカギになる人材と、新しいコミュニケーションの網ができる。人間の脳と同じで、そうしたつながりが多くなればなるほど、組織は賢くなる。そんな関係作りだけでも、費用をかける価値がある。

長い期間、必死で挑戦し続け、プロセスを完成させ、イノベーションの方法をチームに教え込めば、いつかは大きなブレークスルーを生み出すことができる。それは時間の問題だ。

イノベーションは残酷なプロセスだ。ほとんどのスタートアップは失敗し、2度と話題にものぼらない。大きな成功を収めた一握りの勝ち組と、大失敗した負け組だけが話題になる。無数の小さな敗者は名も無き墓に葬られる。しかし、そうした失敗がなければ、この世界にグーグルもフェイスブックも存在していなかった。

大胆に挑戦することによってはじめて、偉大な成果が得られる。

大きなリスクを取ることではじめて、世界がまだ見たことのない何かを発明できる。

会社のプロセスを過激に一変させることではじめて、将来の成功が見えてくる。

そのすべてを行うことで、組織はより健康に、活き活きと、クリエイティブになれる。

さあ、1歩を踏み出して、あなたの象を空に飛ばしてほしい！

愛をこめて

ホフ船長より

参考文献

1. Viguerie, Patrick, Sven Smit, and Mehrdad Baghai. *The Granularity of Growth: How to Identify the Sources of Growth and Drive Enduring Company Performance.* Hoboken: John Wiley & Sons, 2008. 邦訳『マッキンゼー式最強の成長戦略』パトリック・ヴィギュエリ、スヴェン・スミット、メルダッド・バグハイ著、斉藤裕一訳、エクスナレッジ、2009 年

2. Rigoglioso, Marguerite. "Jeffrey Pfeffer: Untested Assumptions May Have a Big Effect," interview with Jeffrey Pfeffer,*Insights by Stanford Business*, June 1, 2005. https://www.gsb.stanford.edu/insights/jeffrey-pfeffer-untested-assumptions-may-have-big-effect(accessed May 4, 2017).

3. McKinney , Steve . "Admit and Test Your Assumptions." McKinney Consulting. April 29, 2015. http:// mckinneyconsulting.com/index.php/the-mckinney-blog/34-admit-and-test-your-assumptions (accessed May 6, 2017)

4. Elliott,Seth. "Avoiding Bad Assumptions." LinkedIn.Apple 28, 2016. https://www.linkedin.com/pulse/avoiding-bad-assumptions-seth-elliott(accessed May 6, 2017).

5. Rao, Jay, Joseph Weintraub. "How Innovative Is Your Company's Culture?" *MIT Sloan Management Review* vol.54 no. 3(Spring 1993), March 19, 2013. https://sloanreview.mit.edu/article/how-innovative-is-your-companys-culture/(accessed May 6, 2017)

［著者］

スティーブン・S・ホフマン（Steven S. Hoffman）

ファウンダーズ・スペース社代表、シリコンバレー業界団体組合議長、ニューメディア評議会理事、インタラクティブ・メディア・アカデミー創設者。カリフォルニア大学でコンピュータ工学の理系学位を取得した後、南カリフォルニア大学でシネマテレビジョン・プロダクション美術学修士号を取得する。その後、さまざまな業界や職種に携わり、シリコンバレーでベンチャーキャピタルによるスタートアップを数社起業した後、起業家や社内起業家の支援を目的にファウンダーズ・スペース社を設立。数百社におよぶスタートアップの創業支援を行ってきた同社は、今では世界22ヶ国に50を超えるパートナーを持つ世界的アクセラレーターである。

［訳者］

関 美和（せき・みわ）

翻訳家、杏林大学外国語学部准教授。慶應義塾大学卒業後、電通、スミス・バーニー勤務を経て、ハーバード・ビジネス・スクールでMBA取得。モルガン・スタンレー投資銀行を経て、クレイ・フィンレイ投資顧問東京支店長を務める。主な翻訳書に、『ハーバード式「超」効率仕事術』『ファンダム・レボリューション』（共に早川書房）、『シェア』『MAKERS』『ゼロ・トゥ・ワン』（いずれもNHK出版）、『Airbnb Story』『「おカネの天才」の育て方』（共に日経BP社）などがある。

シリコンバレー式　最高のイノベーション

2018年4月4日　第1刷発行

著　者――スティーブン・S・ホフマン
訳　者――関 美和
発行所――ダイヤモンド社
〒150-8409　東京都渋谷区神宮前6-12-17
http://www.diamond.co.jp/
電話／03·5778·7227（編集）　03·5778·7240（販売）
装丁―――井上新八
本文デザイン・DTP―森の印刷屋
校正―――東京出版サービスセンター
製作進行――ダイヤモンド・グラフィック社
印刷―――勇進印刷（本文）・加藤文明社（カバー）
製本―――ブックアート
編集担当――平城好誠

ISBN 978-4-478-10387-6